Jorge Luis
Borges

Textos cautivos

文稿拾零

[阿根廷] 豪尔赫·路易斯·博尔赫斯 著

陈泉 徐少军 等 译

上海译文出版社

题注：1936 年，博尔赫斯的父亲健康迅速恶化。为了增加家庭收入，从 10 月 16 日开始，博尔赫斯担任布宜诺斯艾利斯《家庭》杂志"外国书籍和作者"栏目的主编。栏目有四部分内容：作家生平、创作、作品评论和新闻性的"文学生活"。该专栏持续三年之久，博尔赫斯写了大量文章，经常同一期内有数篇文章发表。这些文稿的选集，由恩里克·萨塞利奥和埃米尔·罗德里格斯·莫内加尔编辑出版。原版《博尔赫斯全集》将同期发表的文章归置一处。

目 录

i

卡尔·桑德堡*

　　卡尔·桑德堡——也许是美国第一位诗人，毫无疑问，他也特别地美国式——一八七八年一月六日出生在伊利诺伊州的盖尔斯堡。他的父亲奥古斯特·琼森是个铁匠，瑞典人，在芝加哥铁路公司工段做工。由于工段里有很多人名字叫琼森、琼松、杰森、琼斯顿、琼斯通、吉松、吉森，还有詹森，他的父亲就改换了一个不会搞错的姓，因而选择了桑德堡。

　　卡尔·桑德堡同沃尔特·惠特曼、马克·吐温，还有他的朋友舍伍德·安德森一样，没有移居国外，而是做了许许多多的工作，其中有些是很艰苦的工作。从十三岁到十九岁，他先后做过理发店的看门人，当过赶车人、布景员，做过砖窑小工、木匠，堪萨斯、奥马哈和丹佛等地酒店的洗碗工、小农场的短工、炉灶油漆工、墙面油漆工。一八九八年他志愿参加了伊利诺伊州的第六步兵部队，在波多黎各当了将近一年的兵，跟西班牙人打仗（他在诗歌里不愿意提及这一段戎马生涯）。他的一个战友鼓励他读书。回国以后他进了盖尔斯堡学院。他初期的作品就是这个时期（一八九九～一九〇二）写的：一些并不像他的散文和诗歌习作。那时，他以为自己最感兴趣的是篮球而不是文学。他的第一本书——那是一九〇四年——已经拥有那些他的任何一位崇拜者都不会拒绝的段落。真正意义上的桑德堡是在十年以后，在《芝加哥》一诗中才出现的。几乎是霎时间，美国就承认了他、庆贺他、背诵他，也有人辱骂他。由于他的诗歌没有什么韵律，他的反对者认为那不是诗歌。于是，赞成他的人进行反击，引用了诸如海涅、大卫王[1]、沃尔特·惠特曼等名字和例子。重复至今在布宜诺斯艾利斯依然盛行的争论毫无意义，因为这在

---

* 本篇及以下三篇初刊于 1936 年 10 月 16 日《家庭》杂志。

1 David（前 1040—前 970），以色列第二代国王，据犹太教传说，他是几部赞美诗的作者。

世界其他国家早已被撇在了一边。

一九〇八年，桑德堡（那时他在密尔沃基当记者）结婚。一九一七年他进入《芝加哥日报》工作；一九一八年他到瑞典和挪威进行了一次尽孝心的旅行，这是他长辈们的土地。几年以后他出版了《烟与钢》。他的题词是这样写的："致爱德华·让·史泰钦上校，夜曲和脸庞的绘画家；微光和瞬间的记录人；下午蓝色的风和鲜艳黄玫瑰的聆听者；幻想家和发现者；花园、峡谷、战场上的清晨骑士。"

桑德堡走遍了美国各个州，做讲座，用缓慢的节奏朗诵他的诗歌，收集并吟唱古老的歌谣。有一些留声机唱片记录了桑德堡庄重的嗓音和他的吉他声。桑德堡的诗歌所使用的英语有点像他的嗓音和讲话方式；一种口语，交谈性的英语，他用的词汇在字典中是没有的，那是美国马路上的语言，充其量不过是英国的土语。他在诗中不断地玩弄着虚假的笨拙，还有许多佯装疏忽的精巧。

在桑德堡身上有一种疲倦的忧伤，一种平原傍晚时的忧伤，泥沙浊流的忧伤，无用却又精确回忆的忧伤，一个在白天和黑夜之间感受到时光流逝的男人的忧伤。在纽约还是三四层楼房高的时候，惠特曼曾庆贺城市垂直向上直指蓝天；桑德堡在令人目眩的高大的芝加哥，却常常看到它遥远年代里的那种孤独，老鼠和散落在城市瓦砾之间的空地等景象。

桑德堡出版了六本诗集。最近几本中的一本名字叫《早安，美国》。同时，他还写了三本儿童故事和一本详尽的传记，讲的是年轻时代的林肯，他也是伊利诺伊人。今年九月，他发表了长篇史诗：《人民，是的》。

过于陈旧的大街

我走在旧城的大街上，狭小的马路
就像藏在木桶里多年的
咸海鱼那干硬的喉咙。

真老！真老！我们真老！——不停地说着话
那些墙面，它们肩靠着肩，就像村里的
老妇人，就像年老疲倦的老妪
还在做着不能省的事情。

城市能够给予我这个外乡人

最伟大的东西，就是国王的雕塑，每个街角

都有国王的青铜雕塑，年老的大胡子国王

在写书，在给所有的臣民宣讲上帝的爱，

年轻的国王，率领军队驰骋疆场，

砸烂敌人的头颅，壮大自己的国疆。

在这古老的城市，最教我奇怪的

是穿梭在青铜国王的腋下和指缝间

那阵阵风声，不可避免吗？

它将永远如此吗？

一个下雪天的早晨，国王中有一个叫了起来：

把我扳倒吧，扳倒在那些疲倦的老妪

看不见我的地方。把我的青铜扔进烈火之中，

为我融化成舞蹈儿童的项链。

——卡尔·桑德堡

陈　泉　译

5

古斯塔夫·梅林克《西窗天使》

　　这部名为《西窗天使》的小说差不多是一部神智学小说，但内容并不像它的书名那样美丽。使古斯塔夫·梅林克出名的是他的鬼怪小说《假人》。这是一部极其形象化的小说，它将神话、色情、旅游、布拉格的"地方色彩"、带预兆的梦、别人的梦或者前世的梦，甚至现实生活有趣地结合在一起。在这本有趣的书之后还出了一些不那么有趣的书。在那些书中可以看到的，已经不是霍夫曼和爱伦·坡的影响，而是德国过去盛行（现在仍然盛行不衰）的各种神智学派的影响。我们可以看到梅林克受到东方智慧的"启发"，这肯定是他访问那些地方的必然结果。渐渐地，他与他最天真烂漫的读者取得认同。他的书变成了一种信仰，甚至是一种宣传。

《西窗天使》是一部编年史，充满着神秘的奇迹，因其完美的诗的意境，有时简直很难让人觉得那是一部编年史。

陈　泉　译

弗·奥·马西森
《托·斯·艾略特的成就》

这本书的主题不是谈论托·斯·艾略特的黑暗，而是他的光明。他同一些人的大惊小怪和另一些人略带赶时髦和学究气的推崇，保持着相同的距离。马西森在这本书里关心是艾略特的诗作，并且用他的批评著作对之进行了评判。托·斯·艾略特其人不如其思想更令人感兴趣；而其思想不如其思想所带有的形式更令人感兴趣。马西森认为，想了解艾略特所写的每一页里的人的情况，或者想了解一首诗所释放出的笼统的思想，都将是一个错误。因此他选择做一个仔细而正式的评论。最大的遗憾就是刚刚宣布了这个艰巨的计划，他就觉得还是不完成为好。我们没能看到在该书头几页里所显露出的那种详尽的修辞研究，却看到了一系列的讨论，当然也是十分精彩的。

对艾略特的诗歌，对其诗歌那有限、随意却又特别强烈的空间，我不知道还有什么更好的引言。

陈 泉 译

《法兰西百科全书》

《法兰西百科全书》要比中国的一种一千六百二十八卷、每卷三十二开两百页的百科全书篇幅少得多。由阿纳托尔·德·蒙奇——周围还另有许多专家——主编的《法兰西百科全书》不过二十一卷。已经出版了三卷。第七卷很快就要出版。这种不正常的情况是因为：新的百科全书拒绝按照字母顺序排列，而尝试按照内容进行"有机"分类的另一种方法。出版者，甚至批评界，都说拒绝按照带有随意性的字母顺序排列，而改为按照分类原则排列是一种独创。但他们忘记了这种做法正是百科全书最初的做法，而按照字母排列是当时引进的一种新方法。

另有一种更得意的"革新"：这部百科全书（就像纽约的

某种百科全书）可以卸下旧页并换上订阅人以后定期收到的新书页。

这套百科全书的装帧很精美。

陈　泉　译

弗吉尼亚·吴尔夫 *

弗吉尼亚·吴尔夫被认为是英国第一流小说家。排名是否精确这并不重要，因为文学并不是一种比赛。但是无可争议的是，她是目前正在对英国小说进行有益尝试的最为聪明又最富想象力的作家之一。

阿德利娜·弗吉尼亚·斯蒂芬一八八二年出生在伦敦（那第一个名字如今已经不见影踪）。她是斯威夫特、约翰逊和霍布斯的传记作者莱斯利·斯蒂芬的女儿，这些传记的价值就在于其散文的明快和资料的翔实，很少进行分析，但从不编造。

阿德利娜·弗吉尼亚在四个兄弟姐妹中排行老三。画家罗森斯坦回忆说"她是一个专心致志、悄然无声的人,一身黑装,只有领口和袖子有白色的花边"。从小时候起,她就习惯于没什么要说时就不讲一句话。她从来没有上过学,但是在家里的功课之一就是学习希腊语。她家星期天时有客来:梅瑞狄斯[1]、罗斯金、斯蒂文森、约翰·莫利[2];戈斯和哈代则是常客。

她常在康沃尔郡,在靠海边的一间僻静小屋里过夏天。这是一座缺少整修的大庄园里的一间小屋,有平台,有院子,还有一个小暖房。这座庄园在她一九二七年的小说里屡屡出现。

一九一二年,阿德利娜·弗吉尼亚在伦敦与伦纳德·吴尔夫先生结婚,两人合买了一家印刷厂。他们很喜欢印刷业这种文学的同谋,但这常常也是叛徒的行当。他们自己编撰并出版自己的书。毫无疑问,他们是想到了印刷厂主兼诗人威廉·莫里斯的光荣先例。

---

* 本篇及以下三篇初刊于 1936 年 10 月 30 日的《家庭》杂志。
1 George Meredith (1828—1909),英国小说家、诗人。
2 John Morley (1838—1923),英国出版家、传记作家和政治家。

三年以后，弗吉尼亚·吴尔夫出版了她的第一部小说《远航》。一九一九年发表《夜与日》，一九二二年发表《雅各的房间》。后面这本书很有特色，没有叙事意义上的情节，主题是一个人的性格问题，她并没有对这个人本身进行研究，而是通过围绕着他的事物和人物进行间接的研究。

　　《达洛维夫人》（一九二五年）讲的是一个女人的一天，是乔伊斯的《尤利西斯》并不震撼人的映像。《到灯塔去》（一九二七年）也是同样的手法，展示一些人生活中的几个小时，以便我们通过这几个小时看到他们的过去和将来。在《奥兰多》（一九二八年）中也有对时间的关切。这部小说，毫无疑问，是弗吉尼亚·吴尔夫最有分量的小说，也是我们时代最独特和最令人不耐烦的小说之一，其中的英雄生活了三百年，有时他也是英国的象征，特别是象征着它的诗歌。在这本书中，魔幻、痛苦、幸福交织在一起。同时这也是一本音乐之书，不仅因为散文悦耳的韵律，也是因为文章的结构本身，它由有限的几个主题不断回复组合而成。在《一间自己的房间》（一九三〇年）中我们听到的也是音乐，这里梦幻与现实交替并且找到一种平衡。

一九三一年，弗吉尼亚·吴尔夫发表了另一部小说《海浪》。作为书名的海浪，在漫长的、充满痛苦的岁月里，倾听着各种人物。他们生命的每一个阶段都对应着从早到晚的不同时辰。全书没有情节，没有对话，也没有动作。但是，这本书是动人的。就像弗吉尼亚·吴尔夫其他的书一样，这本书里充满着活生生的事实。

陈　泉　译

埃勒里·奎因 *《半途之屋》

　　我可以向喜欢侦探小说（不应该将它与纯冒险小说混为一谈，也不应该与国际间谍小说混为一谈，后者不可避免地充斥着挥金如土的间谍们的爱情故事和秘密文件）的人推荐埃勒里·奎因最近的一本书。我可以说它满足了这类小说的基本条件：把问题的各方面都陈述清楚；人物简单，手段也很简单；带有必要而且神奇的，但并不是超乎自然的答案。（在侦探小说中，催眠术、心灵感应的幻觉、巧施魔法的灵丹妙药、巫婆巫士、真正的魔术、消遣性的物理学都是骗人的。）埃勒里·奎因像切斯特顿一样玩弄着超自然性，但是他使用的是一种合法的方式，在提出问题时就影射着更大的神秘，而在答案中又把它忘却或者否定。

在侦探小说的历史上（可以追溯到一八四一年四月爱伦·坡的《莫格街谋杀案》的出版），埃勒里·奎因的小说引进了一种流派或者说一个小小的进步。我指的是他的技术。小说家对秘密常常先是提出一种通俗的说明，然后再给读者提供一个聪明的答案使其恍然大悟。埃勒里·奎因就像其他人一样，先提出一个没有什么意思的解释，（然后）故意透露一种非常漂亮的答案，读者会喜欢上这个答案，最后他会再进行反驳并且发现第三个答案，这是正确答案，总是不如第二个答案那样奇特，但毕竟是不可预见的、令人满意的。

埃勒里·奎因的其他优秀小说还有：《埃及十字架之谜》、《荷兰鞋之谜》和《暹罗连体人之谜》。

陈 泉 译

---

* Ellery Queen, 美国侦探小说作家弗·丹奈（Frederic Dannay,1905—1982）和他的表兄曼·班·李（Manfred Bennington Lee,1905—1973）共用的笔名，也是他们作品中侦探的名字。

阿韦德·巴里纳《神经症》

　　"活生生的历史"丛书的出版者决定重版这本书。书名很一般，不禁使人猜想是集合传记性和文学性的两项研究：一个是关于奈瓦尔，另一个是关于托马斯·德·昆西。作者几乎只是从病理和感情的角度对他们进行了研究。比如她认为德·昆西"要不是因为落入鸦片的魔爪"，应该是一位伟大的作家。她还探讨了他的忧伤和梦魇。她忘记了德·昆西本来就是一位伟大的作家，他的梦魇源于他灿烂的散文作品，他在散文中追忆或者创造了梦魇。这位被"抹煞"的作家在文学、批评、历史、自传、幽默、美学和经济学等方面的著作足有十四卷之多。这些著作也没有被波德莱尔、切斯特顿和乔伊斯等人白读。如果未来学派需要寻找一位先驱的话，他们大可以引用德·昆西——大约一八四一年前后——那篇热情洋溢的关于新的"运动的荣耀"的文章的作者，他的勤奋刚刚从中得到披露。

陈　泉　译

亨利·德·蒙泰朗[*]
《少女们》

  这本书信体小说的主题（加以必要的变通后）即萧伯纳的《人与超人》的许多场景的主题：女人作为色情的追逐者，而不是被追逐者。这本书引起了许多人的愤慨。据说（有些说法也被印刷成文）书中被求爱的主人公皮埃尔·科斯塔是蒙泰朗的别名。占全书将近一半的女人信件，真叫人难为情，都是真实的。正如你所看到的，不同意见只是在道德方面。在现实主义的书中，所引用的文件材料都像真的一样，这是一大优点。如果切切实实是真的，那么小说家的功劳就是加工、推动并组织这些信件。仅挑选材料这一项就是一门艺术。"传记的艺术，"莫洛亚[1]说过，

"首先就是忘却的艺术。"

陈　泉　译

---

* 　Henride Montherland（1896—1972），法国小说家、剧作家。

1 　André Maurois（1885—1967），法国传记作家、小说家。

里昂·孚希特万格 [*]

"德国小说"这说法简直是一种矛盾。因为德国，它有那么丰富的形而上学研究人才，那么多的抒情诗人、博学者、预言家和翻译家，在小说方面却是非常的可怜。里昂·孚希特万格的作品则打破了这一概念。

一八八四年初孚希特万格出生在慕尼黑。不能说他十分钟爱他的故乡。"它的地理位置，它的图书馆、艺术画廊、狂欢节，还有它的啤酒，都是它所拥有的最好的东西。"他曾经这样说过。"至于所谓的艺术，"他略带尖刻地补充说，"它由一家学术机构作为官方代表，这家学术机构是由酒鬼们出于旅游目的而维持的。"看得出，孚希特万格深谙辱骂的艺术。

孚希特万格是在慕尼黑开始上学的，在柏林学过几年哲学。一九〇五年回到巴伐利亚并且创立了以革新为目的的文学协会。那时他便开始涂写一部十分浮华的小说，也就是现在令他后悔的那本小说。在这本小说中，他非常坦率地描写了一位贵族青年的生活。他还写了一部同样令人惋惜的悲剧，是"关于文艺复兴时期的一位画家与一个着了魔的女人之间的爱情故事"。

一九一二年他结了婚。一九一四年八月他在突尼斯碰上了战争。法国当局把他逮捕，但是他的妻子玛尔塔·勒夫勒让他登上了一艘意大利货船，得以返回祖国。他参了军并且更近地了解到了战争。一九一四年十月他在《戏院》杂志上发表了他在德国写的第一批革命诗歌中的一首。后来又发表了《沃伦·黑斯廷斯》，这是一部悲剧，其中的主人公，就是那位后来当上印度总督的热情奔放的缮写员；《托马斯·温特》，这是一本戏剧小说，还有独幕剧《战俘》，后来被禁止演出。他从希腊语翻译了讽刺喜剧《和平》，这部喜剧中出现

---

* 本篇及以下三篇初刊于 1936 年 11 月 13 日《家庭》杂志。

了诸神在炮筒里吃人、把和平女神关在地下水槽里的场面。这部喜剧（讲的是两千三百年前的事）在一九一六年实在是太"现代"了，政府怎能让它演出，当然把它给禁止了。

孚希特万格的两部主要小说是《犹太人苏埃斯》和《丑陋的女公爵》。这两部小说不仅都包含着主人公的心理和命运，而且还详细生动地展示了见证他们坎坷人生活动的复杂欧洲的完整图景。两部小说都非常生动有力，都征服了读者，可以说甚至（用散文一气呵成的气势）把作者也征服了。两部都是历史小说，但是它们与艰辛的拟古主义和那种折磨人的、繁杂而让人受不了的小说毫不相干。

一九二九年他发表了一本讽刺诗集，不很顺利，是关于美国的。人家说他从来没有到过美国，他回答说他也从来没有在十八世纪生活过。还说这段令人惋惜的空白（他是想尽可能地修改）并没有能够阻止他写《犹太人苏埃斯》。

一九三〇年底他发表了《成功》。这是一部当代小说，但完全是从将来的角度来观察并回顾的。

陈　泉　译

阿拉伯的劳伦斯

在英国出版了一本关于神话般的劳伦斯的书。他是阿拉伯的解放者、《奥德赛》了不起的译者、禁欲主义者、考古学者、战士和伟大的作家。书名叫《托·爱·劳伦斯的画像》，署名的是维维安·理查兹，主人公的私人朋友。是私人朋友而不是亲密朋友，因为在劳伦斯紧张的生活中没有非常亲密的朋友，就像也从来没有什么爱情一样。他难以置信地保持着自己的独立性，他拒绝别人对他身体的梦想和垂涎，拒绝针对他的男子汉心灵的一切柔情。他拒绝一切，拒绝荣誉，拒绝文学创作的欢乐。到最后他停止了写作。

关于劳伦斯有很多的书，但是理查兹的这一本我们觉得是最好的。（巴·亨·李德·哈特先生的那一本也很出色，特别是谈到了他的战略和战术方面的问题。而别的书只是宣扬一种爱国主义精神，要不就是善意的神话故事。）理查兹就像劳伦斯的所有传记作家一样，开始时都处于很大的弱势：需要用另外一些话来重复劳伦斯在《智慧七柱》中所讲述的事实。要想在叙述这些事实方面跟劳伦斯进行竞争是不可能的。理查兹发现，唯一的解决办法就是：归纳这些事实，大量地援引原文句子，阐明劳伦斯没有提到过的那些年代的生活。

理查兹写得非常认真，不放过任何一个有意义的细节，甚至讲到劳伦斯对印刷是多么的敏感，常常增删文字以便使他书的每一页都那么完美。

陈　泉　译

阿伦·普赖斯－琼斯 [*]
《个人见解》

　　毫无疑问，如果说有许多英国人很少跟别人交谈的话，那么还有相当多的人根本不交谈。（也许）就是出于这个原因，产生了很多优秀的英语散文家的口语体或者说对话体作品。从这个意义上来说，我们要介绍的书就是一个典范。

　　很不幸，作者的意见比他的文字更加容易反驳。在某个地方他曾提到斯图尔特·梅里尔[1]，认为他"也许是爱伦·坡以来美国最好的抒情诗人"。

　　这种推崇是十分的荒唐：同他自己的象征主义同行相比较，斯图尔特·梅里尔是相当微不足道的；同弗罗斯特、桑德堡、艾略特、李·马斯特斯、林赛[2]相比，同其他二十位诗人相比（更不用说同西德尼·拉尼尔[3]了），他根本是不足挂齿的。阿伦·普赖斯-琼斯在另一个场合声明："有时我在现代诗歌的问题上引用散文的观点，即其形式与内容有一半要归功于蒙得维的亚城。"

这个观点（已经被许多最开始的摇摆不定开脱和淡化）很有意思，但是坦率地说，我们不认为朱尔斯·拉弗格[4]的童年和令人难以忍受的洛特雷阿蒙伯爵[5]的青春岁月能够说明这一点。

相反，普赖斯-琼斯先生说，蒙得维的亚没有什么迷人之处。我敢以老城玫瑰园的名义，以帕索-德尔莫利诺充满柔情的、潮湿的乡间别墅的名义，轻声但是充满信心地表示我的不同意见。

陈　泉　译

*　Alan Pryce-Jones（1908—2000），英国作家、评论家。

1　Stuart Merrill（1863—1915），美国诗人。

2　Vachel Lindsay（1879—1931），美国诗人。

3　Sidney Lanier（1842—1881），美国诗人、批评家。

4　Jules Laforgue（1860—1887），法国诗人，生于蒙得维的亚。

5　Comte de Lautréamont（1846—1870），法国作家，生于蒙得维的亚。

丹尼斯·惠特利、约·格·林克斯等
《迈阿密城外的凶杀案》

不能否认这部小说（在印刷方面）的创新。惊奇的读者要知道，这不是一本书而是一个大案卷，它包括西部联盟的传真文件、好几份警察报告、两三封手写的信件、一幅地图、证人签过字的声明、证人的照片、一片带血的窗帘和几个信封。好奇的读者还要知道，在其中的一个信封里有一根火柴，另一个信封里是一根人的头发。这包杂乱的什物是寄给佛罗里达的警察约翰·米尔顿·施瓦布的，有关案子的事实都在里边。读者必须比较这些证据，检查这些照片，研究人的头发，发现火柴的秘密，研究带血的窗帘片，最后猜测或者推断出罪犯作案的方式，找出犯罪人。答案装在第三个信封里。

这个构思非常聪明，这样可以在侦探小说中引出许多变化。按照时间先后，我敢预言几种情况。第一阶段：两张照片上的人很相像，读者应该理解那是父亲和儿子。第二阶段：两张照片上的人很相像，读者怀疑他们是父亲和儿子，最后却不是。第三阶段：两张照片上的人是那么相像，敏感的读者会判定他们不可能是父亲和儿子，而最后却是。

至于窗帘和火柴，它们使我想起画家的一种做法，他们不是在布上画一个黑桃 A，而是把黑桃 A 牌贴在布上。

陈　泉　译

一九三六年十一月二十七日

诺贝尔文学奖获得者尤金·奥尼尔 [*]

诺贝尔奖（百科全书、词典都有记录，它由炸药及其他硝化甘油与二氧化硅结合体的发明人和传播者阿尔弗雷德·伯纳德·诺贝尔所创立）的规定中有这么一条，即一年五个奖项中的第四项，应该不考虑作者的国籍，给予最出色的理想主义倾向的文学作品。这最后一个条件是最棘手的，天底下没有哪一本书不可以被称作"理想主义"的，如果我们坚持这样认为的话。而第一个条件则有点狡猾。公正地把奖项平分，不考虑作者的国籍，这样良好的愿望事实上反而成了不明智的国际主义，一种按照地理位置的轮流坐庄。可以想见，也完全有可能，今年的最佳作品诞生在巴黎、伦敦、纽约、维也纳，或者莱比锡。但评审委员会不这样考虑，它以奇怪的公正性，宁愿跑遍亚的斯亚贝巴[1]、塔斯马尼亚、黎巴嫩、哈瓦那和伯尔尼的书店（或者略带爱国性地，不偏不倚地，也在斯德哥尔摩的书店）。小国家的权利简直要凌驾于正义之上了。我不知道，比如说，阿根廷共和国在一百年中，能不能产生一位具有世界重要性的作者，但是我却知道在不到一百年中肯定有一个阿根廷人将会获得诺贝尔奖，哪怕只是按照地图上的国家轮转。由此可以得出一个结论，似乎有点自相矛盾：对一个法国人或者一个美国人来说，获得诺贝尔奖就像一个丹麦人或者一个比利时人一样困难。其实他们还要困难得多，因为他们需要跟自己国家的所有作家竞争，这些作家人数众多，而且绝非等闲之辈。如果我们考虑到尤金·奥尼尔和卡尔·桑德堡、罗伯特·弗罗斯特、威廉·福克纳、舍伍德·安德森以及埃德加·李·马斯特斯是同一个国家的人，就会明白他最近的得奖是多么的不容易和光荣。

关于奥尼尔动荡的一生有很多的著作。这是在两半球危

---

* 本篇及以下五篇初刊于 1936 年 11 月 27 日《家庭》杂志。
1　埃塞俄比亚首都。

险水域里地地道道的动荡生活，总而言之，奥尼尔的生活与他塑造的一个人物是那么相像。只要想一想，尤金·奥尼尔一八八八年出生在百老汇的一家旅馆，他的父亲是悲剧演员，在煤气灯前已经壮烈地牺牲过数千次。尤金·奥尼尔在普林斯顿大学读过书，一九〇九年他到洪都拉斯的低洼地寻找黄金，一九一〇年当海员，后来在苏尔湾码头逃跑，见识了布宜诺斯艾利斯的百货商店，尝过了甘蔗汁的味道。（"我一直很喜欢阿根廷。什么都喜欢就是不喜欢喝这个甘蔗汁。"他笔下的一个主人公这样说。然后，这个主人公在临终前还回忆起巴拉卡斯的电影院，回忆起跟钢琴手的争吵和皮革厂的臭气。）

奥尼尔大量的作品，我认为可以分为两个阶段。我想在第一阶段恐怕是现实主义——《加勒比斯之月》、《安娜·克里斯蒂》和《十字画在何处》——他首先感兴趣的是人物，是人物的命运和灵魂。第二阶段，渐渐地或者说无耻地变成了象征主义——《奇妙的插曲》、《大神布朗》和《琼斯皇帝》——他感兴趣的是实验和技术。考虑到最后这些剧本，爱尔兰喜剧家约翰·欧文这样写道："如果说奥尼尔知道一点从亚里士多德到乔治·贝克教授的一系列戏剧界权威人士所提出的规矩的话，他正好非常小心地掩饰了这些规矩，好像是全然不知这些规矩地在写自己的作品。他写的一个本子有六幕，而实际上三幕就够了。另一个本子只有一个头和一个尾，缺少了中间的部分。第三个本子《琼斯皇帝》又是一个独白剧，有八场。早在九泉之下的亚里士多德如果听人讲到奥尼尔这样胡乱搬弄创作技巧的话，肯定会气得发抖，但是也许会因为剧本很走运而宽容他。奥尼尔的每一个新剧本就是一种新的尝试，令人惊叹的是这种尝试是有道理的。每一个本子的结构都跟下一个本子或者上一个本子毫无关系，但是都符合奥尼尔先生的特别需要。归纳起来说，他的剧本就是另一种冒险。"这种看法我认为是真实的，尽管他没有提到奥尼尔在打破这些规矩时所给予的力度。他的力度是用于创新，而不是表演这些剧。例如，《奇妙的插曲》的最大价值就在于想平行地演两个剧——一个是言辞的，另一个是思想和感情的——而并不在于奥尼尔为达到目的而展开的童话。例如，在《大神布朗》中占据着男人、孩子和女人位置的假面具，以及最后两个人合成或混成一个人，对我们——对奥尼尔——来说，要比建筑师安东尼、布朗及伙伴们的签字更有意思。总而言之，奥尼尔最后的一些作品，那些最具雄心壮志和富有首创精神的作品中缺少"现实感"。这一点并不能说他对世界的日常生活不忠实，很明显他的作品是忠实的，作者的意图也是如此。这里说的是另一种不忠实：经不起性格与事实的仔细推敲。有人会觉得奥尼尔不太认识这个充满象征与幽灵的世界。有人会觉得人物不够复杂，几乎没有什么冲突。有人觉得奥尼尔是那些巨大幻影的最冒失的观众，也许是最天真、最啰嗦的观众。有人觉得奥尼尔每次都创造一个新手法，然后再以一种漫不经心的态度去写他的作品。有人觉得奥尼尔最感兴趣的是舞台效果，而不是其人物的现实感，哪怕是虚幻的或名义上的现实感。在奥尼尔的剧作面前就像在威廉·福克纳的小说面前一样，一个人常常不知道在发生什么事情，但却知道正在发生的事情是可怕的。于是，从这里就产生了与音乐的联系，一种直接作用于我们的艺术。音乐（汉斯力克[1]说）是我们能够理解并且使用的语言，但我

---

1 Eduard Hanslick (1825—1904)，奥地利美学家、音乐批评家。

们却不能翻译它。当然是指翻译成观念。这就是奥尼尔戏剧的情况。他灿烂的效果早在演出之前就已显现，并不取决于演出。宇宙的情况也是如此，它摧毁我们，颂扬我们，又杀害我们，而我们永远也不知道宇宙究竟是什么。

陈　泉　译

贝奈戴托·克罗齐

　　贝奈戴托·克罗齐是当代意大利少数几位最重要的作家之一（另一位是路易吉·皮兰德娄），一八六六年二月二十五日出生在阿奎拉省佩斯卡塞罗利的一个小村子。当他的父母搬到那不勒斯住的时候，他还是个孩子。他接受的天主教教育，由于老师的不尽心甚至不虔诚而显得十分淡薄。一八八三年，一场持续了九十秒钟的大地震撼动了意大利南部。在这场地震中他失去了双亲和姐姐，自己也被埋在瓦砾之中，两三个小时以后才得救。为了摆脱极大的绝望，他决定思考宇宙。这是不幸的人经常用的办法，有时也是一种安慰。

　　他研究了哲学那有条不紊的迷宫。一八九三年，他发表了两篇随笔：一篇关于文学批评，另一篇关于历史。

一八九九年，他有时带着一种恐惧，有时带着一种幸运，提醒说自己身上正在形成一些形而上学的问题，这些问题的解决办法——或者说某种办法——已经迫在眉睫。于是他停止了读书，昼夜不眠，在城里到处游荡却又什么也看不见。他不言不语，悄然窥视。当年他三十三岁——根据犹太教神秘哲学的说法，正是用泥土做的第一个人的年龄。

一九〇二年，他开始写第一部关于精神哲学的书——《美学原理》（在这本没有什么成果却十分灿烂的书中，他否认本质与形式之间的区别，把一切都归因于直觉）。一九〇五年他出版了《逻辑学》，一九〇八年出版《实践活动的哲学》，一九一六年出版《历史学的理论和实际》。

一九一〇年至一九一七年，克罗齐任意大利参议院议员。宣战以后，所有的作家都自暴自弃，沉湎于仇恨带来的丰厚乐趣，而克罗齐却始终不动摇。从一九二〇年六月至一九二一年七月，他担任教育部长。一九二三年，牛津大学授予他名誉博士。

他的作品已经超过二十卷，其中包括一本意大利历史，一本十九世纪欧洲文学研究以及关于黑格尔、维柯、但丁、亚里士多德、莎士比亚、歌德和高乃依等的论文。

陈　泉　译

圣 女 贞 德

　　英国文学良好的习惯之一就是为圣女贞德写了传记。德·昆西开创了许多很好的习惯，一八四七年，他以极大的热情也开创了这个好习惯。马克·吐温大约在一八九六年发表了《我对圣女贞德的回忆》；安德鲁·兰在一九〇八年发表《法兰西的贞女》；西莱尔·贝洛克[1]大约十四年以后发表了他的《圣女贞德》；萧伯纳在一九二三年写了《圣女贞德》。正如大家可以看到的，珍妮·达克（这是她的真实名字）的福音派成员什么人都有，从出名的第一个瘾君子到《回到玛士撒拉时代》的作者，其中还有前密西西比河领航员、苏格兰研究希腊语言文化的学者和切斯特顿的盟友。最近有一本新书刚刚加入丛书的行列，那就是维多利亚·萨克维尔-韦斯特所写的《圣女贞德》。

在这部传记中，原始的智慧幸运地压倒了激情，当然不等于说没有激情。但是确实完全没了那种多愁善感，自然没了一个女人谈论另一个女人的事，没了男人的那种迷信。

贝玑[2]、安德鲁·兰、马克·吐温和德·昆西"向一位贞女致敬"，正好像宫廷用词概念上的敬意。这也是萨克维尔-韦斯特小姐的书。这本书并没什么，但是，它好懂。她的风格是有条理，有效率，绝不趾高气扬。

"圣女贞德与她的教友们明显不同，"她在书的最后一章中说，"她没有使用过诸如我天国的丈夫或者爱人这样传统的表达方式，是圣徒中最没有情感的，又是最实际的。这绝不是歇斯底里的女人的概念。她既不知道什么叫情绪低落，也不知道什么叫兴奋过度。灵魂在暗处的活动对她毫无影响。"

如果我没有记错的话，萨克维尔-韦斯特小姐提出的圣女贞德，从本质上讲与萧伯纳提出的没有什么大的不同。

陈　泉　译

1　Hilaire Belloc（1870—1953），英国作家和诗人。

2　Charles Péguy（1873—1914），法国诗人、出版商，著有《圣女贞德》（1897）。

朱塞佩·唐尼尼
《活着的陀思妥耶夫斯基》

这本书的书名有点野心勃勃，因为好像是要判处市场上其他关于陀思妥耶夫斯基传记的死刑，好像在说所有著作中只有这一本里讲的是一个活人。当然，这不是作者的意图。在这种情况下，活着的陀思妥耶夫斯基实际上只是陀思妥耶夫斯基生平的意思。当然这些事实之间的联系并不是说不可评论，甚至需要这样的评论。在这本书中我们分享（或者说我们以为分享）了陀思妥耶夫斯基充满激情和勤劳的生活，他当过士官生、少尉、画报的撰稿人、傅里叶吃惊的读者、死刑犯、囚犯、士兵、准尉、小说家、运动员、逃债人、报纸编辑、帝国主义分子、斯拉夫同情者和癫痫病人。唐尼尼最后认为，"陀思妥耶夫斯基所有作品得以统一思想，在于他善于把他对生活的各种思想融会成唯一的感情：对生活的爱"。陀思妥耶夫斯基的作品总是很复杂，而且常常很混乱，但是我不认为关于"统一思想"即"融会的能力"的假设会十分有助于对他的理解。

在另一个更能说明问题的部分，唐尼尼阐述了错误和罪过对于心灵所具有的神秘价值。他宣称这些迷宫也将归向上帝。他探究了陀思妥耶夫斯基的生活，得出的结论是谁也没有像他那样，先是悲剧的受害者，然后又成为吟诵它的诗人。他将陀思妥耶夫斯基的生活经验跟托尔斯泰的相比较，指出两个人性格的不同之处就在于陀思妥耶夫斯基永恒的纯洁、孩子的冲动和气馁。

陈　泉　译

赫·乔·威尔斯《笃定发生》*

《隐身人》、《莫罗博士岛》、《登月第一人》和《时间机器》（我提到了他最好的小说，当然不是最后的小说）的作者出版了一本有关他最近一部电影《笃定发生》的详尽的文本，有一百四十多页。他写这本书是不是为了佯装与电影无关？是不是为了不让别人以为他对整个电影负有责任？这些怀疑不是没有道理的。至少在开头一章里有些说法是如此。那里写道：未来的人将不会把自己打扮成电线杆，也不会被塞进玻璃纸箱子、玻璃容器或者铝质罐头里东奔西跑。"我希望奥斯瓦尔德·卡巴尔（威尔斯写道）像一位细腻的绅士，而不是一位带着全套甲胄或者愚笨褥垫的斗剑士，既不需要爵士乐，也不需要打造噩梦的装置。希望一切都更加宏大，而不是怪异可怕。"观众会记得电影里的人物没有玻璃纸箱子，也没有铝质罐头，但是他们也会记得，总的印象（这要比任何细节都重要得多）是噩梦，怪异可怕。我不是指第一部分，那里的魔鬼气氛是故意的；我指的是最后一部分，它本应该与第一部分血腥的混乱场面相对照，结果非但没有对照，反而比前者更加丑陋。

若要评判威尔斯，若要评判威尔斯的意图，必须阅读这本书。

陈　泉　译

---

* 亦译作《未来世界》或《科幻双故事片》。

关于文学生活

　　西奥多·德莱塞，《美国的悲剧》、《珍妮姑娘》和其他众多小说的作者，声称电影摄影师将取消小说。"过去，"他说，"一本成功的小说总可以达到或者超过十万或者二十万册的发行量，可现在七千册就算是一个大数字了。然而，一天中有一千万美国人看电影，还有报纸期刊。有些自相矛盾的是，这些报纸期刊居然杀死了连载小说。一个世纪以来，人们总是每个星期或者每半个月跟着狄更斯或者欧仁·苏作品的故事发展而忐忑不安。而昨天，全世界都在天天跟踪豪普特曼案的发展情况。小说已经经历了好几个世纪，认为它将永恒是荒唐的。"

　　德莱塞补充说，我们不应该为小说的消失而感到痛苦，它将被别的并不逊色的形式代替。

德莱塞接着列举了他所钦佩的人物：巴尔扎克、狄更斯（偶尔）、萨克雷（偶尔）、陀思妥耶夫斯基、托尔斯泰、马克·吐温和爱伦·坡。

陈　泉　译

埃德加·李·马斯特斯 [*]

埃德加·李·马斯特斯的家族在美国已经有好几代了。他的一位祖先伊斯雷尔·普特南，在两个世纪以前跟威廉·豪领导的英国人还有红种人打过仗，后来还被立雕像纪念。

一八六九年八月二十三日，埃德加·李·马斯特斯出生在堪萨斯州。他的童年在伊利诺伊州度过，离桑加蒙河只有数十里路，这是一个水与树的童年，是骑马或者坐车游玩的童年。他也读书。因为他老师的庄园里有一本勉强有几幅插图的莎士比亚剧本、一本《汤姆·索亚历险记》和一本《格林童话》。（在这偶然成形的小小的图书馆里，还有一本《一千零一夜》，但是他一点也不喜欢。）小时候，埃德加·李·马斯特斯就学过德语。"这一点有些重要,"不久前他写道,"因为德语知识使我有机会接近歌德的作品。雪莱、拜伦、济慈、斯温伯恩,还有华兹华斯,已经离开我好多年了,但是歌德却一直在我身边。"

一八九一年初,李·马斯特斯从法律专业毕业。他在他父亲的事务所工作了一年多,然后迁到芝加哥,开了自己的事务所,直到一九二〇年。当时的芝加哥,就像现在的布宜诺斯艾利斯,律师不便承认自己与"诗句"有什么牵连。所以他的头几本书是用假名出版的,并没有引起重视,而且他自己也不喜欢。一九〇八年夏天他拜访了爱默生的墓地,他想,命运已经把自己打败,但这没什么关系。

大约一九一四年,一个朋友给了他一本希腊文选。在平淡无味地阅读了这套十世纪初出版的著名碑文集的第七卷之后,李·马斯特斯产生了编撰《匙河集》——最地道的美国文学作品之一——的计划,这是两百多篇想象出来的墓志铭,用第一人称写成,记录了中西部城镇的女人和男人们

---

* 本篇及以下四篇初刊于 1936 年 12 月 11 日《家庭》杂志。

的内心剖白。有时只要把两段碑文放在一起——比如——一个男人和一个女人的碑文，就可以看出一个悲剧或者一种讽刺。他取得的成功是巨大的，也曾掀起轩然大波。那之后，李·马斯特斯出版了许多诗集，想再度辉煌。他曾模仿过惠特曼、勃朗宁、拜伦、洛威尔，也模仿过他自己——埃德加·李·马斯特斯，但一切都是白费：人们还是只知道他是《匙河集》的作者。

一九三一年他出版了散文《林肯其人》，他尝试诋毁英雄，指控林肯虚伪、记仇、残忍、愚笨和冷漠。

马斯特斯的另一些书有：《歌唱与讽刺诗》（一九一六年）、《大峡谷》（一九一七年）、《饥饿的石头》（一九一九年）、《敞开的海》（一九二一年）、《新匙河集》（一九二四年）、《陪审团的命运》（一九二九年），最后一本《人物之诗》是一九三六年八月出版的。

安·拉特利奇碑文

卑微，无名，但是从我发出

永恒的音乐的震颤：

"对谁都没有怨恨，对谁都充满着爱。"

从我发出百万人对百万人的宽容

一个闪耀着正义和真理的

民族那慈善的面孔，

我是在这块草地下长眠的

生时被亚伯拉罕·林肯珍爱的安·拉特利奇，

与他订婚不是为了结合

而是为了分离。

哦，共和国，永远在我胸口的灰土中

郁郁葱葱。

——埃德加·李·马斯特斯

陈 泉 译

路易斯·戈尔丁 *《追捕者》

据说（而且是反复讲到）真正的小说或者说正宗的剧本，其主人公不能是一个疯子。如果我们注意到麦克白，注意到他的同行，杀人凶手拉斯科尔尼科夫，还有堂吉诃德、李尔王、哈姆雷特，还有几乎是偏执狂的吉姆爷，我们可以说（而且将重复）戏剧或者小说的主人公必须是疯子。有人会对我们说，谁也不会同情一个疯子，只要怀疑某人是疯子，就足以让大家永远地远离他。我们可以回答说，疯狂是任何一个灵魂都有的令人恐惧的可能性之一，通过小说或者通过舞台来展示这种恐怖之花的产生和成长的问题自然也不是非法的（我们只要顺便提一下，塞万提斯没有反对过：他告诉我们，五十岁的绅士"很少睡觉，拼命看书，结果脑浆干涸而发了疯",但是我们并不赞成把一个日常的世界变成幻觉的世界,将一个普通的世界慢慢地扭曲成魔鬼的世界)。

阅读路易斯·戈尔丁极其紧张的小说《追捕者》使我产生了上面这些很笼统的看法。这部小说有两个主人公,两个都发了疯:一个是因为害怕,另一个是因为一种带有怨恨的可怕的爱情。当然,书中并没有出现"发疯"这个字眼或概念,我们是从他的人物中感受到这种心理过程的。我们看到他们如何激动,如何行动。说他们发疯这样抽象的结论,远不如对这些激动和行动的描述(这些行动中有时会有犯罪,成为对由恐惧和恶行产生的紧张的一种缓解,尽管只是暂时的,所以在罪行已经产生的时候,读者会连续担心好多页,担心那是恐惧的一种幻觉)。

在这部小说中恐惧是逐步发展的,就像噩梦一样。风格明快而有节制。至于其吸引力,我可以说,我是在午饭后开始读这本书的,我只是想浏览浏览,结果一口气读到两百八十五页(最后一页),其时已经是凌晨两点。

---

* Louis Golding (1895—1958),英国作家,写过多部以犹太人生活为题材的作品。

有一些排版方面的传统做法则是从威廉·福克纳就开始的，例如，人物的思想有时会打断小说的叙述，因此采用斜体字以第一人称的方式表示出来。

陈　泉　译

皮埃尔·德沃《行话俚语》

　　吉卜赛语言的最大危险（就像任何其他语言一样），就是关于纯正和学究式咬文嚼字的问题。不管人们对马德里的皇家语言科学院三十六位院士的决定争论也好，满不在乎也罢，反正我觉得挺好；如果想用住在路边大仓库里的三万六千个痞子来替换他们，我才会目瞪口呆（特别是发现这些善于辞令的人还会成为国家大剧院的顾问）。因此很幸运，那并不是真的，我们可以强烈地拒绝两种方言：一种是粗俗的语言——或者更确切地说，独幕闹剧的语言——另一种是学究式的语言。

　　这本《行话俚语》是用巴黎独特的切口、行话写成的。这本书出自一位文人之手。需要指出的是，他是一位对纯正法语极其熟悉的人，足以利用一切机会给它来些机智的扭曲。因此，他的"行话俚语"毫无疑问要比沃日拉尔或者梅尼蒙当屠宰场所能听到的语言更加繁杂而拗口。

皮埃尔·德沃的一个做法是，把街头的对话搬到一些意想不到的人的头上，例如搬到皮埃尔·赖伐尔和教皇的头上。这种做法很普通，在布宜诺斯艾利斯，一个蒙得维的亚人拉斯特·里森[1]就使用得非常精到。我可以说这也是经典做法，弗朗西斯科·克维多先生就曾在《众人的时刻》中让战神玛尔斯用吉卜赛人的黑话辱骂其父亲宙斯。那是十七世纪西班牙流氓讲的一种黑话。像这样把世界上一切不同的东西，一下子都变成唯一的、容易而又低级庸俗的语言，常常成为大家一时的乐趣。

陈　泉　译

---

1 Last Reason（1960—　），乌拉圭作家、记者，原名马克西莫·萨恩斯（Maximo Saénz）。

詹姆斯·乔治·弗雷泽爵士
《原始宗教中对死亡的恐惧》[*]

弗雷泽博士的人类学思想在某一天将不可避免地过时，或者说正在衰败，这不是不可能的，然而他的作品不再使人感兴趣却是不可能的和难以置信的。我们可以拒绝他的一切猜想，拒绝证实那些猜想的一切事实，但他的作品仍然是不朽的。它已经不是原始人轻信程度的遥远明证，而是人类学者轻信程度的直接文件。相信在月亮圆盘上将出现用鲜血写在镜子上面的字，也只不过比相信有人会相信这一点稍微奇怪一点而已。即使在最糟糕的情况下，弗雷泽的作品也将像一本载有神奇消息的百科全书，像一本笔调特别高雅的"杂记集"那样永远存在下去。就像老普林尼写的三十七卷《自然史》或者像罗伯特·伯顿的《忧郁的解剖》那样永远存在下去。

这一卷讲的是对死亡的恐惧心理。就像弗雷泽别的著作那样，书中充满了奇形怪状的东西，比如，人人皆知的阿拉里克[1]死后被西哥特人埋在一条河底下的事情，西哥特人先将河水引走，然后又把水放回来，将实施埋葬的罗马俘虏统统淹死。

通常的解释是因为害怕国王的敌人会来亵渎他的陵墓。弗雷泽没有拒绝这种解释，但给我们提供了另一个答案：害怕他冷酷的灵魂会再次冒出地面而去奴役人民。

弗雷泽把迈锡尼城殡葬用的金面具归结为同样的意图，那些面具一个个都没有眼睛孔，只除了一个，那是一个孩子的面具。

陈　泉　译

---

* 亦译作《金枝》。
1　Alaric（约370—410），西哥特国王阿拉里克一世。

查尔斯·达夫
《关于哥伦布的真相》

　　这部著作野心十足的书名是《关于克里斯托弗·哥伦布和美洲发现的真相》。但是该著作本身要比其书名逊色得多。它没有揭示无可争辩的事实，没有与最后的判决抗争，也没有披露什么大家所期待或者害怕发生的重大秘密。它只是局限于对事实真相的叙述和对一些大家有疑问的东西进行平静的讨论，例如他没有断言克里斯托弗·哥伦布出生在蓬特维特拉。这种做法虽不那么引人入胜，但却是最好的。

　　所有关于哥伦布的传记都必须战胜一个难关，也许是无法战胜的：戏剧性或者小说性的问题，即在新大陆登陆和在巴塞罗那的第一个精彩结局（它拥有石头、木材、棉花、黄金、鸣叫的鸟和六个愁眉苦脸的印第安人等作为润色手段）之后，如何保持读者浓厚兴趣的问题。通常的做法是从这位船队领袖受到的侮辱和囚禁中寻找兴奋点。达夫寻找过，他在性格的宗教演变方面找到了。

有一个错误需要更正：信奉天主教的王后伊莎贝拉的珠宝并没有用来资助哥伦布的第一次出航，他是由两个犹太人资助的：一个是邋遢鬼路易斯·德·桑塔戈尔；另一个是物资供应人伊萨克·阿布拉瓦内尔，他是一位书评家，是犹大·阿布拉瓦内尔，即意大利柏拉图主义史书中所说的"莱昂·赫布里阿"的父亲。

陈　泉　译

一九三六年十二月二十五日

今年恩里克·班奇斯与沉默
正值银婚纪念 [*]

　　诗歌——这种把一个个词组合起来，让听到的人掀起冒险烈火的充满激情和孤独的创作——拥有一种神秘的、深邃而又随意省略的停顿。为了解释这种莫测变化，古人说诗人有时是神的贵宾，神之火让他们居住，神之呼声充满着他们的嘴巴并且引导着他们的手，所以神之不可预测的放纵应该被原谅，并由此而产生了一种奇特的习惯，在开始作诗之前总要先向这个神祈祷。

　　"缪斯啊，请歌唱佩琉斯之子阿喀琉斯的致命的愤怒吧，这种愤怒给希腊人带来了无限的灾难，把英雄们坚韧的灵魂投入地狱，把他们的肉躯投给野兽和飞鸟。"荷马这样说道。这里并不是一种比喻，而是确确实实的祈祷，或者不如说，是"芝麻，开门吧"这样一种会给你打开一个被埋没的、摇摇欲坠而又充满危险的宝藏世界的咒语。这个学说（和某些《古兰经》学者的理论是如此相似，他们认为《古兰经》是由加百列大天使一字字、一句句地口授而成的）使作家成为仅仅是看不见的秘密神灵的听写员。这些至少粗线条地或者象征性地阐明了诗人的局限性、他的弱点和他的空位期。

在前一段里我已经说到了诗人常有的情况，他们有时候非常灵活，有时候又那么令人惭愧地显得无能。还有一种情况更为奇怪，更令人肃然起敬，那就是一个有着无限创作技巧的诗人，居然藐视做诗而宁愿无所事事，宁愿沉默。让·阿蒂尔·兰波十七岁时写了《醉舟》，十九岁时，文学对他就像荣誉对他一样，已经十分淡薄。他开始在德国、塞浦路斯、爪哇、苏门答腊、阿比西尼亚[1]和苏丹各地闯荡冒险

---

* 此篇及以下四篇初刊于 1936 年 12 月 25 日《家庭》杂志。
1　埃塞俄比亚旧称。

（他在诗句中独特的享受被政治、经济所带来的享受取消了）。

　　一九一八年劳伦斯领导了阿拉伯人的起义；一九一九年他写了《智慧的七柱》，这也许是由战争产生的书籍中唯一值得纪念的一本；一九二四年，他改了名，因为我们不该忘记他是英国人，荣誉会使他不舒服。一九二二年詹姆斯·乔伊斯出版了《尤利西斯》，它相当于一整套复杂的文学，包含很多个世纪、很多的作家；现在他只出版一些同形异义词的文字游戏，毫无疑问，这等于是悄然无声。一九一一年恩里克·班奇斯在布宜诺斯艾利斯发表了《陶瓮》，这是他最好的书，也是阿根廷文学中最好的书之一。后来，他神秘地变得悄然无声。他已经沉默了整整二十五年。

　　《陶瓮》是一部令人钦佩的书。梅嫩德斯·伊·佩拉约这样说过："如果不用历史的眼光去看待诗歌，那么，值得永存的诗歌实在少得可怜！"

　　这一点很容易证实，无论是在散文还是在诗歌中都如此。用不着回到别的时代，用不着回到死人居住的时代，只需要回首几年以前。我找了两本必将永存的阿根廷书籍。在卢贡内斯的《伤感的月历》（一九〇九年）中，反复出现的不成功的恶作剧和新艺术装潢让人读了不舒服。在《堂塞贡多·松勃拉》（一九二六年）中，人物很少有作者的影子，但没有这种故意的抑制，我们也就享受不到这么高贵的书。而《陶瓮》却不需要跟读者达成什么协议，也不需要什么善意的复杂做法。出版至今已经过了二十五年——人生历程上够长的一段时间了，自然不乏深刻的诗歌领域的革命，更不用说别的领域里的革命了——而《陶瓮》仍然是一本当代的书，一本新书。或者说是一本永恒的书，如果我们敢于说出这个奇特又空泛的用词。它的最大优点是明澈和震撼，绝没有哗众取宠的臆造，也没有充满未来的尝试。

众所周知，评论家更喜欢的是艺术史而不是艺术，更喜欢带冒险的求索而不是取得一种真正的美。评论一本完美的书远远不如评论一本显露出冒险或者仅仅是混乱痕迹的书……

所以，《陶瓮》缺少笔战中的那种好斗的声誉。恩里克·班奇斯被比作维吉尔。这对于诗人来说一点也不愉快，对其读者来说自然也不是鼓舞。

这里我要介绍一首我在孤独时，不管是在这一个还是那一个半球，曾不止一次地默诵过的十四行诗（好奇的读者将会发现它的结构是莎士比亚式的。值得一提的是，尽管排版不同，它有三个韵律有变的四行诗和一个两行对句）。

　　　　热情而忠实的映照
　　　　这是活生生的东西所习惯
　　　　在其中显示的样子，镜子如同
　　　　阴影中的一轮明月。

　　　　在黑夜中它现出浮光，宛若灯
　　　　一般明亮，还有忧伤
　　　　杯中的玫瑰，奄奄一息，
　　　　也在其中低着头。

　　　　如果让痛苦加倍，也将重复
　　　　我心灵花园里的万物，

也许等待着某一天居住，

在它蓝色宁静的梦幻中
一位贵宾，留下他的映照，
额头相碰，双手相牵。

也许班奇斯的另一首十四行诗，能给我们打开他难以置信的沉默的钥匙，那是关于他灵魂的写照。

他，永远的学生，宁愿高贵的
毁灭也不要今天渺小的荣誉。

也许像对乔治·莫里斯·德·盖兰[1]那样，文学生涯对他来说是不现实的，"特别是因为人们向它企求恭维和奉承"。也许他不想因其名字和美誉而使时间疲惫。

也许——这是我想给读者推荐的最后一个答案——他的

---

1 Georges Maurice de Guérin（1810—1839），法国诗人。

娴熟技艺使他藐视文学，把它看作过于简单的游戏。

　　试想，恩里克·班奇斯穿越着布宜诺斯艾利斯的岁月，经历着他能描述却不去描述的多变的现实，倒也挺有滋味：这是一位放弃施行巫术的幸运的大巫师。

　　　　　　　　　　　　陈　泉　译

奥斯瓦尔德·斯宾格勒

　　有理由认为（以类似看法所特有的轻率和粗鲁）英国和法国的哲学家直接对宇宙或者宇宙的某个现象感兴趣，而德国哲学家则倾向于把它看作其总是站不住脚，却始终是伟大的、辩证的高楼大厦中的一个简单的动机，看作一个简单的物质原因。他的追求只是系统良好的对称性，而不是其中与不纯净和杂乱的宇宙偶然相一致的情况。这些著名的德国"建筑师"中最新的一位就是斯宾格勒。他是大阿尔伯特[1]、埃克哈特大师[2]、莱布尼茨、康德、赫尔德、诺瓦利斯、黑格尔等人优秀的继承人。

　　一八八〇年五月二十九日，斯宾格勒出生在不伦瑞克公国的哈茨山麓布兰肯堡小镇。他在慕尼黑和柏林求学。本世纪初，他毕业于哲学文学专业。他的博士论文是关于赫拉克利特的（一九〇四年，哈雷），这是他发表另一本引起轰动并使他一举成名的书之前出版的唯一著作。斯宾格勒花了六年时间写了《西方的没落》。那是极其艰苦的六年，在慕尼黑的一座破破烂烂的小修道院里的一间阴暗小屋，他所看到的只是烟囱和污迹斑驳的瓦片。那时，奥斯瓦尔德·斯宾格勒没有书，他上午就在公共图书馆里度过，午饭是在工人食堂里吃的。生病的时候，他就喝大量的热茶。到一九一五年，他终于完成了第一卷的校对工作。他没有什么朋友，只是内心里悄悄地将自己和德国作比较，因为后者同样也很孤独。

一九一八年夏天，《西方的没落》在维也纳问世。

叔本华曾经写道："历史没有一个总的科学。历史是人类无休无止、沉重而又杂乱无章的梦幻中无足轻重的故事。"

而斯宾格勒却在他的书中证明：历史可以不仅仅是罗列

1　Albertus Magnus（约1200—1280），德意志学者、科学家，托马斯·阿奎那的老师。

2　德意志神学家、神秘主义者约翰尼斯·埃克哈特（Johannes Eckhart，约1260—1327）的别称。

一系列个别的事实。他试图确定其规律，从而为文化形态学奠定了某种基础。他在一九一二至一九一七年之间撰写的充满阳刚之气的文章丝毫没有受到当年独特的仇恨情绪所污染。

大约在一九二〇年，他开始了自己的辉煌时代。

斯宾格勒在伊萨尔河畔租了一套公寓，以恋爱般的缓慢购买了数千本书，收集了波斯、土耳其和印度的兵器，攀登过高山，却拒绝了摄影师们的再三要求。特别是，他写了书。他写了《悲观主义》（一九二一年）、《德国青年的政治责任》（一九二四年）和《德国重建》（一九二六年）。

奥斯瓦尔德·斯宾格勒于今年年中逝世，虽然他的历史生物学观念尚可商榷，但他光彩耀人的风格却是无可争议的。

陈　泉　译

西·埃·米·约德 *
《哲学指南》

　　哲学的历史常常不可思议地阻碍着哲学的思考。如果我们想到哲学只是成百上千的困惑者们不完善的讨论（而不是孤零零的独白）时，我们就明白这种阻碍是不可避免的。这些成百上千的困惑者分别属于不同的年代，运用不同的语言，包括贝克莱、斯宾诺莎、奥卡姆的威廉、叔本华、巴门尼德、勒努维耶等人。然而，值得讨论的是，每一位新学者是否需要按照年代重温那古老的做法，学习从米利都的泰勒斯[1]到怀特海博士的无数阶段。约德先生的这本新颖的教科书否认了这种必要性。在这本六百页的书中，前三百页是对哲学的核心问题进行讨论，后半部分清清楚楚——详细而清楚——

地介绍了柏拉图、亚里士多德、康德、黑格尔、卡尔·马克思、伯格森和怀特海的哲学体系。

作者对叔本华不屑一顾和只字未提固然使我惊讶，却远不如他非常出乎寻常地将卡尔·马克思也包括了进去（这种盛情是非常奇怪的，特别是后来证实，辩证唯物主义被西·埃·米·约德包括进去只是为了排斥这一主义）。

我在第十一页看到："据我所知，宇宙没有任何理由被二十世纪的智慧很容易地理解。"说这本书（或者其他任何一本书）可以使我们了解宇宙那是说过头了，如果说这是对哲学疑难的黑白问题所展开的令人钦佩的讨论，倒恰恰是说出了真理。

陈　泉　译

---

* C. E. M. Joad (1891—1953)，英国学者。

1 Thales of Miletus（前 620—前 546），古希腊时期的思想家、科学家、哲学家。

珀尔·基贝
《皮科·德拉·米兰多拉[*]图书馆》

　　那位出众的金发小伙子的图书馆里究竟有些什么书？他在二十三岁时提出了九百条论题，向欧洲所有的学者挑战，迫使他们跟自己进行辩论。这场辩论并没有展开，而那些书也已葬身火海。但是，却留给我们一份手写的书目和那张令人自豪的九百多条论题的清单。哥伦比亚大学的珀尔·基贝刚刚出版了一本研究被烧掉的图书馆的藏书清单和没有展开的那场百科辩论的书。

　　图书馆里总共有一千一百九十一本书，这在当时是很大的数字。在乔瓦尼·皮科·德拉·米兰多拉去世两年后的一四九六年，红衣主教格里马尔迪用五百杜卡多金币买下了这些书。这批书中七百本是拉丁语的，一百五十七本是希腊语的，一百一十本是希伯来语的，其余的是迦勒底语和阿拉伯语的。荷马、亚里士多德、柏拉图、亚历山大、阿威罗伊、雷蒙·卢尔、伊本·盖比鲁勒[1]和伊本·埃兹拉[2]等人都在其中。皮科·德拉·米兰多拉曾答应证明的论点之一就是："没有任何一种科学可以比魔术和神秘哲学更能证明耶稣基督的神威。"确实，有关这种"科学"的书很多很多。另一论点是："神学家不可能没有危险地研究线条和图形的特征。"一本阿拉伯文版的欧几里得《几何原本》和一本斐波那契的《几何学和三角学概论》证明他自己就曾经、哪怕是偶然地面对过这种危险。

陈　泉　译

---

* Pico della Mirandola（1463—1494），意大利文艺复兴时期哲学家。

1 Solomon ibn Gabirol，西班牙哲学家阿维斯布隆（Avicebron，约1020—约1070）的阿拉伯文名字。

2 Abraham ibn Ezra（约1089—1164），西班牙学者，同时也是科学家、注释家、诗人。

《哈利法克斯爵士的鬼怪小说》

　　在公元六世纪的拜占庭时代就有一位历史学家写道，英伦岛包括两个部分：一部分拥有河流、城市和桥梁，另一部分则居住着恶蛇和鬼怪。英国与那另一个世界之间的关系密切而且因此出了名。一六六六年，约瑟夫·格兰维尔出版了他的《关于巫术和巫师的哲学思考》，这本书的灵感来自他每晚在威尔特郡的水槽边只闻其声不见其踪的鼓声。一七〇五年，丹尼尔·笛福写了他的《维尔太太显灵的真实故事》。十九世纪末，人们对这些如雾般迷茫的问题曾进行过精确的统计，并且对催眠和心灵感应术产生的幻觉进行过两次普查（其中最后一次共普查了一万七千名成年人）。现在，在伦敦刚刚出版了这本《哈利法克斯爵士的鬼怪小说》。这本书集中了有关迷信和时髦的种种神秘内容，精选了一些鬼怪，描写了"那些打破英国众多大名鼎鼎人物宁静生活的鬼魂，他们的来去行踪都原原本本地被一只庄严的手记录了下来"。戈林小姐、德斯伯勒爵士、利顿爵士、哈廷顿侯爵和德文郡公爵都是其中的当事人，他们平静的生活被搅乱，同时被那只庄严的手记录了下来。高贵的雷金纳德·福蒂斯丘先生还出来充当"一个令人惊慌的幽灵"确实存在的证人。我不知道该作怎样的论断。就眼前来说，我拒绝相信令人惊慌的雷金纳德·福蒂斯丘，除非有一位高贵的幽灵出来证明这位先生的存在。

此书的序言中有这么一则美丽的故事：两位先生同坐在火车的一节车厢里，一位说："我不相信鬼魂。""真的吗？"另一位反问道，随即便消失了。

陈　泉　译

一九三七年一月八日

詹·托·法雷尔
《斯塔兹·朗尼根》*

出版北美三部曲《斯塔兹·朗尼根》[1]的英国出版人声称：这部著作实在太恐怖，人物和事件太复杂、太伟大，以至于一个简短的、描述性的题解根本无法涵盖。在我怀着热情、同情和遗憾，有时甚至厌恶的心情读完《斯塔兹·朗尼根》这本书以后，对此完全赞同。然而，我还想斗胆谈一些我的看法。当然，我说的这些看法丝毫没有企图完整地（甚至也不是概括地）分析他那部皇皇八百四十页巨著的野心。

门肯[2]曾说过，小说家们的基本主题是分解一种性格。《斯塔兹·朗尼根》也遵循了这个原则：主人公是贫贱、虔诚而又规矩之家的子弟，他自认为是个硬汉，是一个喜欢找碴打架的人，有时——很遗憾——也确实如此。渐渐地他被酗酒和结核病所毁灭。这种类型的小说常常夸大主人公在梦想与现实之间的矛盾。一方面是那些巨人、魔术师、挑战者和特拉布松帝国[3]；另一方面则是那些箴言和棍棒。然而，在《斯塔兹·朗尼根》中理想世界与现实世界差距并不大。也许斯塔兹的最大悲剧就在于他理想世界的匮乏。围绕着他的，正如围绕着我们的，或许比我们还要严密的，是一堵看不见的墙。斯塔兹就像七月九日大道或者伯多大街上他毋庸置疑的同类们一样，是以第三人称的方式生活的。他代表了强壮的男子汉，一个不怕孤独的人，一个无忧无虑或者不被别人观点左右的人。或许这位喜欢找碴打架的人——在美洲任何地方——最现实的一点就是这种根本的非现实性，就是这种错误。

---

* 此篇初刊于 1937 年 1 月 8 日《家庭》杂志。
1 美国小说家詹·托·法雷尔（James Thomas Farrell，1904—1979）的代表作，以芝加哥贫民窟为背景。
2 Henry Louis Mencken（1880—1956），美国语言学家、讽刺作家。
3 第四次十字军东征拜占庭帝国崩溃后在小亚细亚黑海南岸建立的希腊人帝国。

我不知道在法雷尔的这部小说中是否有值得记忆的篇章，我只知道它从整体来说是强而有力的。他没有被愤怒或者嘲笑篡改（就像辛克莱·刘易斯的某些章节，两者有相似之处）。我要说它是真实事件的一种记录——说得更确切些，是一种再创作。

　　芝加哥南区，由意大利组织取代爱尔兰个人勇气之前的南区，在这部书中存在，并且将继续存在下去。

　　　　　　　　　　　　　　　　陈　泉　译

一九三七年一月十五日

赫胥黎家族[*]

要是阿道司·赫胥黎所预言的那些战争灾难不会毁坏人们著书立说的习惯或工作，毋庸置疑，过不了多久，就会有人把赫胥黎家族的历史变成白纸黑字。对此，《传道书》以其惯有的苦涩说过："著书多，没有穷尽。"¹我们应该承认事实的确如此，同时力求想象出那本《赫胥黎英雄传奇》或者想象一下——为了用埃米尔·左拉更加响亮的招牌——那本《赫胥黎家族自然与社会史》将会采用什么样的形式。我猜想第一位历史学家现在会从阿道司写起，毕竟这一位如今是最有名的。他将会把托马斯看做爷爷，把伦纳德看作父亲，在朱利安身上看到兄弟的影子，总是跟《旋律的配合》作者笔下的文字隐隐约约相似 [2]。任何一本书都必定会有另一本与之相对应，是它的反面。在这本关于家族的非常"进化论"的解释之后，必定会有另一个故事，把孙子写成法国式的，把爷爷写成武士。然后，又将是一本强调杰出的三代人之间种种不同的书。接下来，自然是另一本强调他们之间相似性的书，也许会采用弗朗西斯·高尔顿叠加照片的方式，把赫胥黎家族不同代的人集中到一个超越时空的或者长寿的人身上（如果作者的天才不比这里的预言差）。我所提到的那些柏拉图式的照片中的一张，将会成为这本书的卷首插图，而朱利安的那段话将成为该书的卷首引语："人类的生命之流被打成个人的孤立的碎片。所有的高级动物都是如此，但并非必须如此：这是一种本事。有生命的物质必须完成两项活动：一是有关与外部世界的直接交易，另一个便是有关其自身未来

---

* 此篇初刊于 1937 年 1 月 15 日《家庭》杂志。

1 语出《圣经·旧约·传道书》第十二章十二节，全文为："我儿，还有一层，你当受劝诫。著书多，没有穷尽。读书多，身体疲倦。"

2 阿道司·赫胥黎（Aldous Huxley, 1894—1936）是生物学家托马斯·亨利·赫胥黎之孙，传记作家兼文学家伦纳德·赫胥黎之子，他的哥哥朱利安·赫胥黎是生物学家，他的弟弟安德鲁·赫胥黎是生理学家，1963 年获诺贝尔生理学或医学奖。《旋律的配合》是阿道司 1928 年出版的小说。

的永存。个人是促使生命物质在特定的环境中能够发挥作用和行动的工具，一段时间之后就将被抛弃并且死亡。然而，他拥有的某些不朽的物质，会转移到后代身上。"

上面这一段文字的语调是平静的，然而，观念却是令人悲伤的。斯宾诺莎说过："我将要像写固体、平面和线条那样来写人。"这种无比的藐视，这种令人称奇的不偏不倚，正是所有赫胥黎家族的人共有的一大特色。但你若说他们惨无人道，又是荒唐的，如果说真的存在什么人道，那么它所专有的意义正是敢于面对我们的命运，面对我们内心最深处的羞愧，并像谈论一个死人那样肆无忌惮地提及他们的能力。赫胥黎家族的基本感情就是悲观主义，这是他们人人都有的。对祖先托马斯·亨利·赫胥黎，英国文学教科书中只是把他看作一位大吵大闹的争论者、达尔文的战友。尽管他确实将其大部分精力，甚至他的粗鲁性格都用来传播智人和原始人的亲属关系，传播牛津大学学生和婆罗洲猩猩的亲缘关系，但是这些轻率的论调——卡莱尔从未原谅它们——远不是他众多著作的全部。事实上，我们二十世纪散布甚广的迷信，与上一个世纪的绝对唯物主义和不可救药的乐观主义蠢话是一路货色。在一八七九年，托马斯·赫胥黎这样反驳加在自己头上的第一个罪名："如果唯物主义者说天体及其一切现象都可以变为物质、变为运动的话，那么唯心主义者可以回答说，运动与物质在我们没有感觉到它们时是不存在的，可以说，它们只是一种心理状态。这个道理不容辩驳。如果强迫我在绝对唯物主义和绝对唯心主义之间做选择的话，我会选择后者。"至于另一个罪名，即不公正和轻率的乐观主义问题，还是只要搬用他自己的话就行了："有关命中注定、原罪、人类天生堕落、他人的不幸、地球上的撒旦王国、恶毒的创世神等等理论（不管其形式有多么荒谬），我觉得都要比我们随便的幻想来得更有道理些。比如说，我们常认为孩子生来是好的，只是后来被腐败的社会榜样给糟蹋坏了。我不会相信上帝是一个隐蔽的慈善家，更不会相信最终一切都会好起来。"在另一处，他声明自己在自然界丝毫不曾见过任何道德目标的痕迹，他指出所谓道德不过是人类专利制造的东西。对赫胥黎来说，进化未必是无限的过程：他认为在上升到一定程度后，这个过程会随着世界的渐渐失去生气而逐步衰败。他影射说，直立的人将会变成斜身子的猿猴，清脆的声音将会变成粗陋的吼叫，花园会变成森林或者沙漠，飞鸟会变成纵横交错的树木，星球会变成星星，星星会变成浩瀚的星云，星云会变成不可捉摸的上帝。这种宇宙的逆转或者说倒退进程将不比它形成阶段的数百个世纪要少。数百个世纪后，一切将慢慢地凹陷，慢慢地显露出更加兽性的轮廓……这种假设是凄惨的，很可能是阿道司·赫胥黎的。

查尔斯·莫拉斯曾不带任何讽刺地向我们谈及某位"讲传统的大师"——让-弗朗索瓦·布拉德，其儿子、孙子、曾孙都是战士——为了继承这个传统，"决定与德国在科学方面进行一番较量"。这是对科学可悲的理解方式，他把科学诋毁成一种证明被告从来都没有道理的司法程序；这是对传统可悲的理解方式，他把传统诋毁成一种仇恨的游戏！或许我们最好还是像赫胥黎家族那样来对这个世界提问，只需要一个承诺，所用的方法是诚实的。这应该成为一种传统，应该成为一种工具而不是闹脾气的人们无休无止的争吵。

陈　泉　译

一九三七年一月二十二日

保尔·瓦莱里 *

　　列举瓦莱里生活中的事实是不了解瓦莱里，甚至没有触及保尔·瓦莱里其人。对他来说，那些事实只不过是他思想的兴奋剂：思想只有当我们观察它时才有意义；而对这种观察的观察他也感兴趣。

　　一八七一年，保尔·瓦莱里出生在小镇塞特。他藐视或者说不理会——这倒也相当经典——童年的回忆，几乎不愿意向我们提及某个早晨，面对着波涛汹涌的大海，他十分自然地产生了当水手的远大抱负。

　　一八八八年，瓦莱里在蒙彼利埃大学与皮埃尔·路易斯有过一次交谈。一年以后，皮埃尔创立《号角》杂志，其中刊登了瓦莱里初期的诗作，自然是神话般的、响亮的诗作。

大约一八九一年，瓦莱里去巴黎。这座脚步匆匆的城市对他来说意味着两大激情：与马拉美交谈，以及潜心研究几何学和代数学。在瓦莱里的排版习惯中依然保留着年轻时与象征主义者交往的痕迹，比如乱用省略号、斜体字和大写字母。

一八九五年，他出版了第一本书《达·芬奇方法导论》。在这本占卜似的或者象征式的书中，莱昂纳多很明显是其创造者对自己典型人物典范描写的借口。莱昂纳多是瓦莱里要写的代表极限或者半神的"埃德蒙·泰斯特先生"的素描。这个人物——简短的《与泰斯特先生促膝夜谈》中平静而依稀可见的英雄人物——也许是当代文学中最杰出的创造。

一九二一年，法国的作家们在回答《知识》杂志提问时认为当代第一位诗人就是瓦莱里。一九二五年他加入了法兰西学院。

《与泰斯特先生促膝夜谈》和十卷《杂论》将成为瓦莱里

1　此篇及以下两篇初刊于 1937 年 1 月 22 日《家庭》杂志。

的不朽著作，这当然不无可能。他的诗歌——也许——不如他的散文那样永世长存。就是在《海滨墓园》——他杰出的诗作——中，在想象的段落和直观的段落之间也没有有机的联系，只有一种轮转。这首诗有很多西班牙文版本。据我所知，所有版本中最好的是一九三一年在布宜诺斯艾利斯问世的。

陈　泉　译

威廉·福克纳《押沙龙，押沙龙！》

　　我知道有两种作家：一种作家主要关心的是言语的过程；另一种作家主要关心的是人的激情和工作。对前者，人们常常给他们扣上"拜占庭式"的黑帽子，推崇他们是"纯艺术家"。后者要幸运得多，他们受到诸如"深刻"、"有人情味"、"很深的人情味"，以及其他毁誉参半的"真棒"。前者如斯温伯恩或者马拉美，后者如塞利纳[1]或者西奥多·德莱塞，还有一些则是例外，同时具有两者的优点和快意。雨果指出莎士比亚包含着贡戈拉，我们可以看到也包含着陀思妥耶夫斯基……在大小说家中，约瑟夫·康拉德也许是最后一位对小说手段和人物命运与性格都感兴趣的作家。这里说的"最后一位"是指在福克纳闪亮登场之前。

福克纳喜欢通过其人物来展开小说。这种方法绝不是什么独创——罗伯特·勃朗宁的《环与书》（一八六八年）曾通过十个人的口和十个人的灵魂十次详述同一桩罪案——但是福克纳却能赋予它几乎难以承受的力量。福克纳的这本书中有着无穷的分解和无穷的黑色淫欲。密西西比州就是大剧场，主人公是那些被妒忌心、酗酒、孤独和仇恨瓦解了的人们。

《押沙龙，押沙龙！》可以与《喧哗与骚动》媲美。我不知道是否应该更受赞扬。

陈　泉　译

---

1 Céline（1894—1961），法国小说家，以自传体小说《长夜行》成名。

迈克尔·英尼斯[*]《校长宿舍谋杀案》

　　爱伦·坡堪作典范的三篇故事中最好的一篇描述的是巴黎的警察，他们全力以赴追查一封被窃的信件，用尽了一切调查手段：钻头、罗盘和显微镜，却毫无结果。而坐着不动的奥古斯特·杜宾抽了几锅烟斗，考虑了一下问题的方方面面，然后走访曾经逃过警察检查的房子，进去后立即找到了那封信。

　　尽管奥古斯特·杜宾获得了成功，但是他的效仿者还是不如讲究方法却毫无效率的警察多。每出一个善于思考推理的"侦探"——埃勒里·奎因或者布朗神父——就有十个收集火柴和辨认脚印的庸人。毒理学、弹道学、秘密外交、人体测量学、制锁术、地形学以及犯罪学已经糟蹋了侦探小说的纯洁。在《校长宿舍谋杀案》中，迈克尔·英尼斯把侦探小说写成一种心理分析小说。正如你所看到的，这种做法使他更加接近爱伦·坡而不是细致入微、喋喋不休的柯南·道尔，使他更加接近威尔基·科林斯而不是爱伦·坡（我讲的是经典作家。在当代作家中，我宁愿把他跟安东尼·伯克莱联系起来。后者在其小说《第二枪》的序言中所表达的思想几乎跟迈克尔·英尼斯通过某个主人公之口说出的一模一样）。

我发现这本书有两个优点：一个是作者有关人物性格的研究，要比范达因小说中常常写到的对于多层大楼平面图的研究迷人得多。另一个是，"心理学家"迈克尔·英尼斯没有陷入心理分析的夸夸其谈。

陈　泉　译

---

* Michael Innes，英国评论家和侦探小说家约翰·斯图尔特（John Stewart，1906—1994）的笔名。《校长宿舍谋杀案》在美国出版时，改名为《七个嫌疑犯》。

一九三七年一月二十九日

米格尔·德·乌纳穆诺其人 *

我认为在乌纳穆诺的所有作品中，位居其首的要数《生命的悲剧意识》，其主题是关于人的不朽性，更确切地说，是人类想象中的模糊的不朽性，以及这种思考带给我们的恐惧和希望。世上很少有人能逃避这个主题。西班牙人和南美人都肯定或者稍稍否定这种不朽性，但从来不想讨论或者想象这个问题（由此可以得出一点，他们对此并不相信）。有人则认为他的最高创作当属《堂吉诃德和桑丘的生平》。我绝对不同意这种看法。我喜欢塞万提斯的讽刺意味、小心谨慎和一致性，它们胜过乌纳穆诺悲怆的放纵。再一次用热情洋溢的笔调谈论堂吉诃德，也没有为这个故事增色；用了这么多冒险的装饰来描写堂吉诃德，在情感类型上几乎可以跟古斯塔夫·多雷[1]所作的插图相比拟，也没有为这个故事增色，甚至反而造成了某种损失。乌纳穆诺的作品和激情确实吸引我，但我还是认为他插手堂吉诃德是一个错误，是不合时代潮流的。

此外，他那些好争辩的《杂文选集》依然流传着——可能是他所有作品中最有生命力、最持久的部分——还有他的小说、戏剧，以及诗集。我认为其中之一——一九一一年在马德里发表的《抒情十四行诗集》——就完整地展示了他。常有人说我们应该在作家最好的作品中寻找他的身影；也有可能会反驳说（类似的奇谈怪论乌纳穆诺倒可能会赞成），如果我们真的想了解一个作家，最好还是探究其不够走运的作品，因为在这样的作品中——在无可争辩、无可原谅的瑕疵中——作者的影子要比在另外一些谁都会毫不犹豫地认可的作品中更加真切。在《抒情十四行诗集》中，优点固然很多，然而"瑕疵"和乌纳穆诺的个人特色也确实更加明显。

---

* 此篇初刊于 1937 年 1 月 29 日《家庭》杂志。
1 Gustave Doré（1832—1883），法国版画家。

最初的印象是很糟糕的。我们怀着厌烦的心情确认有一首十四行诗题为《不是健康，是无知》，另一首是《反自由的表白》，还有一首是《献给基督墨丘利神》，另一首《蚂蚁的虚伪》，以及《献给我的兀鹫》。也许我们可以找到这么一句：

　　　　嫩枝枯枝都是一样的树枝，

或者找到这样的四行诗：

　　　　不是亚平宁山微笑的山麓，
　　　　是阿特桑达山使我们的弹球游戏充满欢乐，
　　　　我随意拾起这个夏日
　　　　翠绿田野里滴着鲜艳的玫瑰，

　　我们感受到那种男子因为无意撞破了自己倾慕之人的可笑秘密而带来的烦恼。我们不抱太大的希望，有条不紊地开始阅读，逐渐地发现那些凌乱的特征在重组、消散和确认，

"以便还给世界（用莎士比亚的话说）一个男人的确信"。这种确信几乎就是活生生的米格尔·德·乌纳穆诺的确信。

乌纳穆诺的全部主题都在这本不厚的书里了，那就是时间：

> 黑夜，时间的长河流淌着
>
> 从它的源头，那是永恒的明日……

一般人们认为时间之河——时间——是朝未来流动的。然而，反向思维也不无道理，而且更有诗意。

乌纳穆诺在此之前的两句诗中也提出了这种反向思维：我不知道在漫长的创作过程中，会不会产出什么来捍卫自己的观点。

根据圣保罗的定义，信念就是未来的真髓。乌纳穆诺那种赢得美誉和不朽的道义责任，在下面这首十一音节诗中得到了反映：

> 我等待着你，生命的真髓：

在突如其来的骷髅舞中，

我用不着跨过那模糊的身影，

因为我生必有用；以我瘦削身躯

为你的城堡奠下坚固的地基，

并且一直等待着你，希望之光！

追求不朽的崇高愿望和对丧失过去的忧虑：

我渴望复活我的过去

而不是再过新的生活。

让我开始飞向永恒的昨日

却不要达到那个起点，

因为上帝啊，没有别的天地

可以用我的幸福将它填满。

无信仰者的大胆信念：

……我为你而受罪，

上帝并不存在，因为如果有了你
我也就真正存在。

对西班牙两大区同样深厚的爱：

在卡斯蒂利亚，比斯开就是我的安慰，
在我的比斯开，我想念我的卡斯蒂利亚。

　　将所有的文学体裁吸收到小说中去，这不无可能（无疑
也没有什么伤害）。一则故事，只要不是一个梗概，那实际上
就是小说的一个章节。历史就是历史小说古老的变体，童话
就是主题小说的雏形，抒情诗则是只有一个主人公，即诗人
的小说。构成《抒情十四行诗集》的百余首诗向我们充分展
示了它的主人公米格尔·乌纳穆诺。麦考莱在他的一项研究
中曾惊奇地发现，一个人的想象力居然可以成为千百万人内
心深处的回忆。这种无所不在的"我"，这种将一个灵魂不停
地传播给别的灵魂，正是艺术的功能之一，或许这是最为本
质的，也是最为困难的功能。

我知道乌纳穆诺是我们西班牙语世界首屈一指的作家。他肉体的消亡并不是真正的死亡。尽管他本人备受争议、饱经折磨，有时甚至让人难以忍受，但他的确与我们在一起。

陈　泉　译

詹姆斯·乔伊斯[*]

　　一八八二年二月二日詹姆斯·乔伊斯出生于都柏林。他的个人经历如同某些国家的历史一样扑朔迷离。其中有一个传说，他九岁就发表了一本挽歌小册子，以悼念爱尔兰领袖查尔斯·斯图尔特·巴涅尔[1]——一个迷信而勇敢的人。多年来，爱尔兰人一直翘首盼望他的归来，就像德国人盼望红胡子巴巴罗萨归来一样……我们所确切知道的是詹姆斯·乔伊斯是由耶稣会教派培养出来的，并于十七岁那年在《双周评论》上发表了一篇关于易卜生的长篇论文；对易卜生的信仰促使他去学习挪威语。一九〇一年前后，他发表了一篇抨击性的文章，反对在爱尔兰建造国家大剧院的主张，篇名为

《喧嚣的时代》。一九〇三年他赴巴黎学医。然而，浩瀚的书海始终深深地吸引着他。他涉猎的读物几乎包罗万象：但丁、莎士比亚、荷马、托马斯·阿奎纳和亚里士多德等。

他的头几本书并不重要，确切地说，不过是《尤利西斯》的前奏，或者说开启了他的智慧。乔伊斯是在最恐怖的一九一四至一九二一年间完成《尤利西斯》的创作的。（一九〇四年他的母亲去世，同年他与戈尔韦的诺拉·巴纳克尔小姐结婚。）在自愿离开祖国时，他发誓要"以我所拥有的三件武器：沉默平静、离乡背井和严谨细致去创作一部经世著作"。他花了八年时间实现自己的誓言。当时的欧洲，地上、空中和海里无处不在残杀，也不无英雄主义的悲壮，而乔伊斯——在批改英语作业或者用意大利语为《夜间小谈》撰稿的间隙——创作着以都柏林的一天，即一九〇四年六月十六日为题材的巨著。《尤利西斯》不仅仅是一个人的作品，似乎更像是几代人的结晶。初看起来，这本书杂乱无章。然而，斯图亚特·吉尔伯特在一本介绍性的著作《詹姆斯·乔伊斯

---

* 此篇及以下两篇初刊于 1937 年 2 月 5 日《家庭》杂志。
1 Charles Stewart Parnell（1846—1891），爱尔兰政治家、自治运动领导人。

的《尤利西斯》（一九三〇年）中讲到了乔伊斯严谨而隐秘的规律，讲到他散文中精微的乐感是无与伦比的。

《尤利西斯》所获得的赞誉和名声超越了批评的喧嚣。乔伊斯随后创作的《孕育中的作品》[1]，根据已经出版的章节来看，不过是没有生气的同形异义文字游戏的交织物，所用的英语常常镶嵌着德语、意大利语和拉丁语等。

詹姆斯·乔伊斯现在和太太以及两个儿子一起，住在巴黎的公寓里。他常带着妻儿四人去大剧院，他非常愉快，也十分保守。他已经失明。

陈　泉　译

1　即乔伊斯最后一部长篇小说《芬尼根的守灵夜》。此书在 1939 年正式出版前，部分章节曾以《孕育中的作品》为题在《大西洋两岸评论》上连载。

赫·乔·威尔斯《槌球手》

威尔斯的这个长篇故事——或者说短篇小说——可以变成一个简单的欧洲文明的寓言，一个又一次受到愚蠢和残忍威胁的欧洲文明的寓言。这不无可能，但太不公正。这本书跟寓言是不一样的：这本书把关于寓言和象征的古老纠纷翻新了。我们大家都习惯于认为，解释会使象征消逝。不过这完全是错误的。容我举一个基本的例子，这就是谜语。大家都知道忒拜的斯芬克斯对俄狄浦斯王提的问题：什么动物早晨有四条腿，中午有两条腿，晚上有三条腿？大家都知道答案是"人"。我们中有谁没有立即领会到赤裸裸的"人"的概念远没有问题中隐约可见的动物的神奇本领，这里只是把人比作这个妖物，把七十岁比作一天，把拐杖比作第三条腿？比喻就是如此，威尔斯的寓言小说也是如此：形式比实质更重要。

在这本书中，威尔斯的文学手法与忒拜的斯芬克斯的手法是一致的。斯芬克斯用冗长的方式描写了一只可变化的妖物，这个妖物就是正在听她发问的人。威尔斯描写了一片有毒气的沼泽地，那里发生了残暴的事件：这片沼泽是伦敦或者布宜诺斯艾利斯，你和我就是肇事者。

陈　泉　译

弗兰克·欧内斯特·希尔
《坎特伯雷故事》，一种新译本

"英国诗歌之父"杰弗雷·乔叟的语言已经老了许多。他差不多是卡里翁的犹太法学博士堂塞姆·图伯，以及卡斯蒂利亚掌玺大臣佩德罗·洛佩斯·德·阿亚拉外长那个时代的人。不过也可以说他并没有那么古老，现代的读者们都相信，只要稍加注意，再对照词汇表，也就足以看懂他了。

诚然，一三八七年的英语同今天的英语写法大体一致，但是词汇的准确含义不尽相同。所以，如今的读者很容易被这种表面的一致所迷惑，就有歪曲古老诗句中的细微含义的危险。由此，也就说明了为什么会产生类似美国诗人弗兰克·欧内斯特·希尔所发表的译本。

希尔先生明白，乔叟首先是一位讲述故事的人。他居然把乔叟的古诗韵味——这是时间不情愿地留给我们的礼物——故意抛弃掉，用对每一个词语和心理活动的忠实翻译取而代之，并且以此为荣。在《坎特伯雷故事》的译文中，乔叟谈论的内容变成了"凶残的佩德罗"，而不是 Petro of Spayne，成了"职业"而不是"misterio"，成了"格拉纳达"而不是 Gernade，成了"埃洛伊萨"而不是 Helowys，成了"亚历山大"而不是 Alisaundre。

于是，我不禁自问：为什么乔叟本人把著名的诗句暗藏铁器的卑劣行径"译成"微笑者刀藏在斗篷里？这是很难回答的。

陈　泉　译

阿根廷作家的布宜诺斯艾利斯情结*

　　有作家（也有读者）信誓旦旦地声称既"当作家"又"当阿根廷人"乃是一种矛盾，几乎是不可能的事。且不说这么远，我敢说"当布宜诺斯艾利斯人"乃是在布宜诺斯艾利斯可能犯的最为糟糕的错误之一。更确切地说：这是一个不可以、不应该、完全不能犯的错误。原因很简单，我们这些布宜诺斯艾利斯人完全缺乏异国情趣，而且我们太喜欢互相救助了。一个人可能希望得到另一个人的帮助，但谁也不希望八十万人都来帮助。只是，在里亚丘埃洛河入口的拉博卡区那边，人们似乎搞成了某种小团体：值得一提的是，那是布宜诺斯艾利斯唯一不像这个城市的地方，也是外地游客光

106

顾的唯一地区……本市的作家如果没有起码的谨慎而成了拉博卡区的人，那就要被孤立了。即使你穷得出了名也不顶用。在布宜诺斯艾利斯，挨饿乃是一种浪漫的经历。如果是在市中心，在巴勒莫区或者在圣克里斯托瓦尔区挨饿，那只是小意思，不足以美化一个人的个人经历。有些人认为，北区是布宜诺斯艾利斯盛产作家的地方，然而他们错了。北区（我们理解的北区主要是指社会概念而不是地理方位）不喜欢把某个人搞得比别人突出，也不愿意被搞得过分眼花缭乱。这毕竟是一个当地欧洲人聚集的区——就像马塔德罗斯区或者贝尔格拉诺区下端一样——不太习惯于颂扬，而是习惯于嘲笑或者怀疑。那里有一种迷信，这倒是真的：对本地流行事物的无限偏爱。里卡多·吉拉尔德斯发表了《牙买加》，谁也没有吭声。待到他写出《堂塞贡多·松勃拉》里的游牧队伍才使北区兴奋起来，然后再是别的区。我讲的是十年前的事。我记得很清楚，弗洛雷斯区和洛马斯－德萨莫拉区（此处这两个名字也是指社会概念，而不是地理方位）曾经反对过，

* 此篇初刊于 1937 年 2 月 12 日《家庭》杂志。

他们觉得《不幸的人》写得更好……

我不知道上面所阐述的观点是否会让我的读者感到惊讶。我认为，这些都是路人皆知的道理。我一直是这么认为的，所以便从来没有想到要把它们记录下来。只是有那么一天，一个完全偶然的机会，让我听到几个牢骚——一个是口头的，另一个是书面的，都十分恳切——涉及内陆作家在布宜诺斯艾利斯遇到的巨大而特殊的困难，以及这座城市冷冰冰的文学氛围。两个牢骚满腹的人——在口头和书面上——都不免将这座城市同卡塔戈[1]相比较：那是一座捉摸不透的城市，从另一方面说，我们对于其在艺术方面的喜恶知之甚少。听了这些牢骚，我的第一个反应就是惊愕不已。后来我记起了安德鲁·兰先生苦涩而又无可奈何的话语：“跟这些人搞对立是很荒唐的，因为他们和我们的艺术品位不尽相同。事实上，他们中的大部分人对书都不感兴趣。”既然安德鲁·兰先生在最有文学气息的国度——英国——都写下这些话语，那么在我们这座城市，还有什么样的艺术冷淡不可以存在呢？对于

1　今哥斯达黎加中部省。

一个外省作家来说，还有什么比把这种正常的冷淡归咎于自己外地人——相对的——的身份更加容易的错误呢？把一切不济的时运都归咎于一个非个人的、普遍的原因，这又是什么企图呢？

而且，事实正在驳斥这种伤感的假设。卢贡内斯、马丁内斯·埃斯特拉达、卡普德维拉是阿根廷共和国最早的三位作家，没有任何人因为第二位是圣菲人，其余两位是科尔多瓦人而抹杀他们的地位。埃瓦里斯托·卡列戈，他是恩特雷里奥斯人，今天依然是布宜诺斯艾利斯沿岸地区的守护诗人。弗洛伦西奥·桑切斯光荣的幽灵仍然主宰着我们的戏剧舞台，就像巴尔多罗梅·伊达尔戈主宰着我们的高乔诗歌一样。在本地欧洲人题材中，没有第二个诗人享有费尔南·席尔瓦·巴尔德斯以及"另一帮"那样的盛名。我在阿德罗格随手写下了这些东西，没有什么参考书。好奇的读者会去查阅著名的圣地亚哥人里卡多·罗哈斯写的《阿根廷文学史》那博学的索引，并且补充一些例子。可能会提出萨米恩托、阿尔维蒂、格雷戈里奥·富内斯、克里索斯托莫·拉菲努尔、伊拉里奥·阿斯卡苏比、赫瓦西奥·门德斯、奥莱加里奥·安德拉德、马科斯·萨斯特雷、费尔南德斯·埃斯皮罗。

以上的排列，并不是对曾经遭到忘恩负义者否认和伤害的布宜诺斯艾利斯所做的一种慷慨而无用的赞美。更确切地说，这是为了证明在美洲的这片土地上的人们有着本质上的一致性。他们有着相同的精神和热血。比如，我是布宜诺斯艾利斯人，我的儿子、孙子、重孙、曾孙都是这个城市的人。但是（从别的分支来说）我有祖辈出生在科尔多瓦、罗萨里奥、蒙得维的亚、梅塞德斯、巴拉那、圣胡安、圣路易斯、潘普洛那、里斯本、汉莱等等地方。也就是说，我是一个典型的布宜诺斯艾利斯人。更确切地说，我离典型的布宜诺斯艾利斯人只差缺少意大利血统这一点了……

那些恼人的、有关其他城市反对布宜诺斯艾利斯的争论，多年前就已经解决了。重新在纸上拨弄当年帕冯和卡尼亚达·德拉克鲁斯的陈年往事已经毫无意义。除了布宜诺斯艾利斯作家，除了维森特·菲德尔·洛佩斯和埃切维里亚明显的传统，没有人再会跟布宜诺斯艾利斯争论其无可比拟的价值，这就是疼痛和不得安睡的刺激的价值。有人说，诗歌——或任何其他的文学形式——在乡村比在城市中更容易产生。这只是陈腐而感情用事的偏见的余孽，这种偏见产生了像《对城市的轻蔑和对乡村的颂扬》这样不符合实际的作品。我们高乔人的文学——也许是这片大陆最有特色的文学——始终是在布宜诺斯艾利斯创作的。除了阿斯卡苏比中校以外——历史文献上说他生于科尔多瓦，而民间故事或传统则认为他出生于蒙得维的亚——所有的被崇拜的偶像都是本市人，从埃斯塔尼斯劳·德尔坎波到爱德华多·古铁雷斯，从《马丁·菲耶罗》的作者到《堂塞贡多·松勃拉》的作者。我知道这种一致性并非出于偶然，以后有机会再详细阐述其中的缘由。

陈　泉　译

兰斯顿·休斯[*]

除了康蒂·卡伦¹的某些诗篇，当今的黑人文学中存在着一个难以避免的矛盾。这种文学的目的是想证明一切种族偏见都是荒唐可笑的，然而实际上只是在不断地重复一点，即他们是黑人，也就是说，他们在反复强调着自己实际上想否认的那种差异。

黑人诗人兰斯顿·休斯于一九〇二年二月一日出生在密苏里州的乔普林。他的外祖父母是自由的黑人业主。父亲是律师。他在堪萨斯州一直住到十四岁，成为一名骑士，学会了直立马背，并且会抛绳圈命中目标。大约一九〇八年，兰斯顿·休斯在墨西哥托卢卡城附近度过了夏天。大地在颤抖，群山在颤抖。兰斯顿·休斯永远也忘不了在大地震撼的时候，蓝天下，成千上万的人静悄悄地跪在地上的情形。

一九一九年，受到克劳德·麦凯[2]和卡尔·桑德堡的影响，他首批笔调笨拙的处女作开始问世。一九二〇年，他回到墨西哥。一九二二年，也就是在哥伦比亚大学犹豫了一年以后，他乘船去了非洲。"在达卡尔我见到了沙漠，"他说，"在刚果我偷了一只猴子，在黄金海岸我尝了棕榈酒，有人把我从尼日尔河里救起，差点儿被淹死。"这是他无数旅程的开始。"在巴黎最高档的饭店我饱尝了挨饿的滋味，"另一次他说，"我曾在拉封丹大街的夜总会做过门卫，除了小费以外没有工资。由于顾客都是法国人，于是每天晚上我的收入是零。在大公饭店我当过二级厨师。在日内瓦我有过非常幸福的日子，口袋里没有一分钱，靠无花果和黑面包充饥。我还打扫过轮船上的指挥舱，这艘轮船把我捎回了纽约。"

一九二五年，他靠一首《陶斯的房子》得了一百五十美

---

* 此篇及以下三篇初刊于 1937 年 2 月 19 日《家庭》杂志。
1 Countee Cullen（1903—1946），美国诗人。
2 Claude Mckey（1889—1948），作家、诗人，生于牙买加，后迁居美国。

元的奖金。一九二六年，他的第一本书《萎靡的布鲁斯》问世。随后，出版了一本诗集《犹太人的好衣服》（一九二七年）和一本小说《不是没有笑声》（一九三〇年）。

黑 人 说 河

我认识河流……

我认识像世界一样久远的河流，比流淌在人类静脉的血液更加久远。

我的心灵就像河流一样深邃。

晨曦中我在幼发拉底河沐浴。

在刚果河畔我搭过茅屋呼呼酣睡，

我放眼尼罗河并在上面造起金字塔。

亚伯拉罕·林肯下到新奥尔良的时候

我听到了密西西比河的欢歌，

还看到它多泥的胸脯染上日落的金黄。

我认识河流：

万古久远的河，黑色的河。

我的心灵就像河流一样深邃。

——兰斯顿·休斯

陈　泉　译

瓦莱里·拉尔博[*]
《读书，这个不受惩罚的癖好》

    十九世纪初，英国人发现他们有日耳曼血统——于是他们决定继续做他们的日耳曼人，不过是以一种更加引人注目的方式，一心一意地做日耳曼人。在柯勒律治和德·昆西之后，卡莱尔以其雄辩的一生发誓自己不是法国人，而且他有血缘关系的兄弟姐妹都在莱比锡而不是罗马或巴黎。对于这种令人不快的看法，我们可以有两个答复：其一，日耳曼的首都（既然已经是日耳曼人，就姑且这么说吧）并不一定就是位于欧洲交叉路口、因为多少游牧部落和军队的行经而不堪重负的德国；其二，英国和法国在文学上有着久远的姻缘：乔叟从法语翻译作品，莎士比亚是蒙田的读者——他签过名的书还在那里；斯威夫特给伏尔泰留下了他巨大的身影；波德莱尔的灵感源自德·昆西和爱伦·坡。小诗人瓦莱里·拉尔博也是从惠特曼的作品中走出来的。幸好他的亲英倾向并不仅限于像在《巴纳布特》中那样模仿美国或者英国的作品，而是经过了评论、调整、翻译。他最近的一本书有个副标题为《英国领地》，书中有关于考文垂·帕特莫尔[1]的内容，还有关于"准备给爱尔兰一种新神话"的詹姆斯·斯蒂芬斯[2]的内容，关于威廉·福克纳、詹姆斯·乔伊斯、塞缪尔·巴特勒等人的内容……（据我所知，这最新一本书在布宜诺斯艾利斯已经有五位读者：阿图罗·坎塞拉、维多利亚·奥坎波、玛丽亚·罗萨·奥利维尔、佩德罗·恩里克斯·乌雷尼亚和我。我要向那些我不认识的读者朋友致歉，还要向巴特勒的那位朋友致敬，是他列出了这份并不完整的名单，而我还叫不上他的名字。）

陈　泉　译

---

* Valery Larband（1881—1957），法国诗人、小说家、翻译家和评论家，《读书，这个不受惩罚的癖好》是他有关英、法文学的两卷本评论集。

1 Coventry Patmore（1823—1896），英国诗人，著有《家里的天使》。

2 James Stephens（1880—1950），爱尔兰诗人、小说家。

多萝西·利·塞耶斯
《侦探故事新选》

关于多萝西·塞耶斯小姐，我知道她三个方面的活动：对侦探故事的历史分析研究，勤奋不懈地编写同类题材的文选，以及自己创作侦探小说。她的历史分析研究一度令人赞叹，文选也颇具实力，但她的小说却比较平庸，毫无光彩。

塞耶斯小姐编写的最新文选列入"大众图书馆丛书"的第九百二十八卷，其中包括二十多篇作品。让我们从她省略的部分开始讨论，这样做是合乎逻辑的，因为大家都知道，省略往往是一部文选最无可争议的魅力所在。对于这部文选，我要以最大的热情欢呼省略了莫里斯·勒布朗、弗莱彻、埃德加·华莱士和范达因几位，省略得好。然而我对省略了希尔、埃勒里·奎因、伊登·菲尔波茨、阿瑟·柯南·道尔表示惋惜（对于这最后一位，哪怕是出于感情的缘故，我真想重读《六座拿破仑半身像》、《红发会》或者《黄面人》）。

至于那些收入文选的作品……我认为爱伦·坡（《被窃的信件》），威尔基·科林斯、斯蒂文森、切斯特顿（《通道里的男人》），托马斯·伯克、罗纳德·诺克斯教父、安东尼·伯克莱、米尔沃德·肯尼迪和亨利·克里斯托弗·贝利的作品选得可以或者说选得非常好。另外一些作品我们最好还是把它们忘掉——这当然很容易做到——毫无疑问，我们也会原谅它们的。

塞耶斯小姐身上总有一种苦行和忏悔的影子，她在文选中并没有原谅自己。她贡献的故事题为《镜中人》。故事情节如下：一个男人在连续两三个悲剧性的场合总是碰到他自己，他因此非常害怕，就去找侦探彼得·温姆西勋爵帮忙。这位贵族老爷发现了那绝妙的真相，原来是一对孪生的魔鬼兄弟。

陈　泉　译

赫尔曼·布洛赫《陌生的格罗斯》

　　傍晚时分，一个女人为我们无法分享我们的梦境而感到惋惜。她说："如果梦见跟某某人同游埃及的迷宫，第二天提到这个梦时，那个被梦见的人也能想起它，能够注意到一个我们都看不见的事实，这也许能对解释梦中的事物有些用处，抑或使梦更古怪，果真如此，这一切该是多么奇妙！"我赞赏了她如此高雅的愿望，我们还一起谈论了有两个或者两千个参与者的梦境与现实竞争的问题（只是到后来我才想起，我们共同享受的梦境已经有了，那恰恰就是现实）。

　　在《陌生的格罗斯》的故事中，并没有提出实在的现实与梦中的现实之间的冲突，而提出了实在的现实与代数学那清晰而又眩晕的宇宙之间的冲突。主人公理查德·希克是一位数学家。"他对自己的生活并不感兴趣"（就像我们的诗人阿尔马富埃尔特一样），他真正的世界就是符号的世界。故事中的叙事者并没有对我们说他是数学家。他给我们展示这个世界，让我们走近他的疲惫和他完美的胜利……弟弟的自杀把希克重新带回了"现实"，带回了人的各种机能和谐共处的平衡的世界。我们应该满足，应该感谢他没有把这种揭示放到一位美人儿身上，比如玛琳·黛德丽的爱情。

然而，我怀疑自己可能更喜欢相反的故事情节：显示一个日常的世界向柏拉图的符号世界逐渐入侵的过程。

陈　泉　译

一九三七年二月二十六日

文学"新生代"*

　　我在一本年轻杂志令人崇敬的书页中（因为现在的年轻人是令人崇敬的，他们选择的是温文尔雅的美名，而不是自我牺牲的美名）看到："新一代或者人们常说的英雄一代，彻底地完成了它的使命：横扫文学偏见的巴士底狱，把新的美学思想提出来让虚弱无力的象征主义者考虑……"这里强制的、横扫一切、说到做到的一代就是我这一代人；因此我，尽管是放在那个集合里，也被称作英雄。我不知道我那些同样被神化了的朋友们对此作何感想。就我来说，我敢发誓，感激的心情中不无麻木、忧虑、轻微的内疚和相当不舒服的感觉。

英雄的一代……我刚才摘引的康布尔·奥坎波颂扬性的段落中提到了《棱镜》、《船头》、《起始》、《马丁·菲耶罗》和《评价》。也就是说，是指一九二一年到一九二八年间。在我的记忆中，那个年代的滋味是很丰富的。但是我发誓，主要还是虚伪的那种酸甜味。如果需要用更礼貌些的词的话，那是一种不真诚的味道。这是一种不寻常的不真诚，什么懒散、忠诚、胡闹、忍耐、自尊心、朋友情意，也许还有仇恨等等都交织在一起。我不埋怨任何人，也不埋怨当初的我；我只是——通过塔西佗提出的"巨大的时间空间"——尝试透明的反省。向这一向冷漠的世界揭示一个路人皆知的秘密的恐惧（对于其他人来说，或许如此）并没有使我畏缩。我肯定我讲的是事实，我清楚地知道，这是一个浅显而且过了时的事实，但是它必须由某个人揭示出来，恰恰是由"英雄的一代"中的某个人去揭示。

没有人不知道（说得更确切些，大家都忘了）这一代文学的区别点乃是滥用某种宇宙的或者公民的比喻。无论是无

* 此篇初刊于 1937 年 2 月 26 日《家庭》杂志。

礼的比喻（例如塞尔吉奥·皮涅罗、索莱尔·达拉斯、奥利维里奥·希龙多、莱奥波尔多·马雷夏尔或者安东尼奥·巴列霍等笔下的），还是虔诚的比喻（例如诺拉·朗奇、布兰丹·卡拉法、爱德华多·冈萨雷斯·拉纳萨、卡洛斯·马斯特罗纳迪、弗朗西斯科·皮内罗、弗朗西斯科·路易斯·贝纳德斯、吉列尔莫·胡安或者豪·路·博尔赫斯等等笔下的），这些令人惊恐的形象将永恒的事实与当前的现实结合在一起，将永恒的、甚至没有周期的天上的东西与不稳定的城市里的东西结合在一起。我记得，就像所有的新生代那样，我们也建议回归大自然、返璞归真以及让空洞的比喻死亡。我们也有勇气成为我们时代的人——好像同时代性只是一种困难的自觉行为，而不是致命的特点。在我们第一次冲动时，我们就取消了——哦，多么极端的用词啊——标点符号，取消一切没有用的东西，因为我们中有人用"停顿"来代替它们。尽管这些停顿（按照其大胆的理论）成了"永远地纳入文学的新创造"，其实（在可悲的实践中）只不过是一些大的空当，粗鲁地代替了那些标点符号。后来我想，如果尝试新的标点符号也许会更加迷人，例如犹豫号、同情号、柔情号、代表心理或者音乐含义的符号……我们还认为——我觉得挺有道理，而且会得到荷马式史诗作者、《圣经》赞美诗作者，还有莎士比亚、威廉·布莱克、海涅和惠特曼等人的赞许——韵律要比莱奥波尔多·卢贡内斯所认为的次要得多。这种意见的重要性是显而易见的，它使我们不至于老是充当《伤感的月历》不情愿却命中注定的"信徒"——毫无疑问，这里用"继承者"一词会更好些。

卢贡内斯于一九○九年出版了这一卷诗集。我认为所有给《马丁·菲耶罗》和《船头》撰稿的诗人们的作品——在允许我们尝试个人多样化著作之前的所有作品——绝对是按照《伤感的月历》的某几页预先考虑好的。在《烟火》、《城市之月》、《月球学拾遗》、《颂月》令人眼花缭乱的定义中……在此卷的序言中，卢贡内斯要求丰富多样的比喻和韵律。我们，十二三年以后，热情地积累着种种比喻而明显地拒绝韵律。我们是卢贡内斯一个方面的晚期继承人。谁也没有指出这一点，简直叫人难以置信。不押韵总是会惹恼我们的读者，他们——少量的、不用心的和暴躁的——倾向于认为我们的诗乃是一种混乱，乃是疯狂时或者无奈时偶然而可悲的作品。另一些更年轻的人，他们以同样不公平的颂扬来对抗这种不公平的藐视。卢贡内斯的反应是合理的。我们的比喻习作不能引起他的丝毫兴趣，我觉得这是很正常的，这是因为那些东西他早就用尽了。我们不押韵的做法也没能得到他的赞同，这也并不是不符合逻辑或难以置信的。不可思议的乃是在一九三七年的今天，居然仍有人抱着简直是自言自语的争论不放。

而我们呢？如果我们脑中对于卢贡内斯的某些意象没有一种挡不住的、美妙的回忆，我们的眼睛也就不会停留在院子上空或者窗前的明月；也就不会激情满怀地看着日落，重复"永恒的太阳像猛虎般死去"这样的诗句。我知道我们在捍卫着一种美以及它的创造者，尽管带着某种不公平，带着某种轻蔑和嘲笑。我们做得对，我们有义务成为另一些人。

让不肯轻信的读者去审视《伤感的月历》，随后再去审视《有轨电车读诗二十首》或者我的《布宜诺斯艾利斯激情》或《栖息架》，在这过程里他们不会感觉从一种气候过渡到了另一种气候。我在这里要说的不是某种线性的重复，尽管存在这种重复；也不是说每本书的内在价值，这些自然是不可比的；也不是说它们不尽相同的目的，抑或各自的幸运和不幸。我说的是他们文学的习惯、使用的手法以及句法的完全等同性。从上面那些书的第一本到最后一本，相隔有十五年之久，但这并不影响它们属于同一时代。从本质上它们确确实实是同时代的，只是时间上的差异想说它们不是。

众所周知，没有哪一代文学不挑选两三位先驱人物：几位受尊敬的、不合时代的男子，他们由于一些特别的原因而能免遭厄运。我们这一代挑选了两位。一位是毋庸置疑的天才马塞多尼奥·费尔南德斯，我无法忍受他除了我之外还有别的模仿者；另一位是《水晶颈铃》的作者，未成年的吉拉尔德斯，这本书中卢贡内斯的影响——《伤感的月历》中幽默的卢贡内斯——是相当明显的。确实，事实对我的论点也很有利。

陈　泉　译

大卫·加尼特[*]

　　一八九二年大卫·加尼特，虚构小说的革新者，出生于英国的一个地方，传记辞典中没有写地名。其母康斯坦丝曾将陀思妥耶夫斯基、契诃夫和托尔斯泰等人的全集译成英语；从父系来看，他的父亲、祖父和曾祖父都是文学家，他的祖父理查·加尼特曾是大英博物馆的馆员和著名的《意大利文学史》的作者。几代人写了近百年的书，这使加尼特家族感到疲惫；他们最早不让大卫干的事之一，就是写散文和诗歌。迄今为止，他从未写过诗歌。

　　加尼特最早学的是植物学。他醉心于这个平静而变化不定的专业长达五年，发现了一种极其稀有的真菌亚纲：永存不死的、有毒的加尼特真菌。这事发生在一九一四年左右。一九一九年他在索霍的西班牙-意大利居民区的加拉尔德街开了一爿书店。他的同事弗朗西斯·比尔教他打包，直到一九二四年书店关闭时他才掌握了打包法的原理。

加尼特的第一篇小说《太太变狐狸》发表于一九二三年，给鬼怪小说引进了彻底的革新。与伏尔泰和斯威夫特不同，加尼特除去了所有讽刺的意图；与爱伦·坡不同的是他避而不谈恐怖的东西；与赫·乔·威尔斯不同的是他摒弃合理的推理和假设；与弗兰茨·卡夫卡和梅·辛克莱不同的是与噩梦的特殊氛围毫无关联；与超现实主义者不同的是他没有混乱。他的成功几乎是立竿见影的，加尼特售出了无数本小说。一九二四年发表了《动物园里的男人》。一九二五年发表《水手归来》（都是魔幻小说，但绝对是平和的，有时是残忍的）。一九二九年，出版了现实主义小说《没有爱》和莫洛亚的《艺术岛游记》的英文版。

大卫·加尼特现住圣艾夫斯，结了婚，有两个孩子。其

---

* 此篇及以下两篇初刊于 1937 年 3 月 5 日《家庭》杂志。

妻拉雪尔·马歇尔，是一位版画家。我刚看过她为《水手归来》画的插图，她用精细、颤抖的线条表现了可敬的女主人公：达荷美公主殿下。

黄锦炎　译

拉蒙·费尔南德斯
《人就是人类吗？》

此书中的论战过程（绝无仅有的论战过程）并不复杂，只是简单地把对手的论点加以歪曲或简化，然后用其来证明其简单和畸形。甚至预先的简化和歪曲工作也往往是不费力气的，通常对手的信奉者们已经完成了这项工作。这里说的对手是朱利安·班达。反驳者声称：

"朱利安·班达先生出色地想到了思辨及有关道德原则的至高无上的价值。但同时指出它与现实、与人类世界是不相容的，因此，谨慎者最好是不去理会这个邪恶的、物欲横流的世界，而是退回到纯粹观望的位置……班达先生认为，思辨与现实是不相容的。但是，仔细分析一下就发现这种不相容性实际上是不存在的。事实上，我们的身体结构、我们的生命的自然运动，推动了我们的思辨。要证明这一点不需要挖空心思找论据，只要正确地分析一下我们的自发行为就行了。我已尝试做过这样的分析。"

我不想做一贯正确的人，也没有这个习惯，但我要说班达的贡献不仅仅止于"出色地想到了思辨的至高无上的价值"——这不过是修辞上的消遣而已，而且在他的理论里，不管是明言还是暗指，都找不到理性与现实不相容的论点。至于拉蒙·费尔南德斯指责他被吓得无所作为，那我们只要回忆一下他面对一九三六年的意大利帝国主义、面对一九一四年的战争和面对德雷福斯事件[1]的坚决态度就足够了。

黄锦炎　译

---

1 一八九四年，法国总参谋部的犹太人阿尔弗雷德·德雷福斯上尉被指控向德国泄露军事机密，其妻友却认为他是无辜的，在法国知识界和政界引起轩然大波，左拉等为他辩护。

拉德克利夫·霍尔《第六美德》

据我回忆，民间文学的问题很少有人解决，而且从来不是民间作者解决的。这个问题不只是（如有些人认为的）对粗俗语言的正确模仿。我们可以说，它具有两个方面：正确地模仿一种口语和不超越语言的可能性、在自然表达中获得文学的效果。在这种文体中有两部杰作：我们的《马丁·菲耶罗》和马克·吐温的《哈克贝利·费恩历险记》，两部作品都是用第一人称写的。

霍尔夫人提出的问题要容易得多。在她的小说中，"平民交谈"是对话体，其余部分是以第三人称叙述的，但结果也不算令人钦佩。洋洋三百页文字翻来覆去就是两个同样令人不舒服的重点：多愁善感和预谋的暴行。暴行的例子最好还是免了，多愁善感的例子我就举下面这个，因为篇幅短些，"这个可敬的街区来了一只夜莺，整个巷子的人都出来听它的歌声，因为穷人们尽管对丑陋已无动于衷，下意识里却总是被美所吸引"。

霍尔夫人在这部小说中收集了无数贫困的景象：潮湿、肮脏的食品、龋齿、救世军、酗酒、死亡、年轻人的狂妄自大、老年人莫名其妙的贪婪。

奇怪的是：这么多的不幸还不如一个小小的享乐的消息更令人动容。例如，当寡妇罗茜夫人买了一架望远镜，一种几乎神秘的欢乐传遍了这个穷得叮当响的街区。这种欢乐比那许多不幸更使人辛酸。可以肯定地说，这种歪打正着的创作方法还不算最差的。

黄锦炎　译

一九三七年三月十九日

亨利·巴比塞 *

　　亨利是个混血儿，父亲是法国人，母亲是英国人，一八七四年年中他出生于巴黎。他在霍林学院念过书，当过多年报人，当过（谁会怀疑呢）百科全书式的通俗画报《我全知道》的主编。传记辞典和各种加注的选集中，都没有忘记记载他娶了博学而令人厌恶的诗人卡蒂尔·孟戴斯[1]之女为妻。

　　他的第一部（也是唯一的一部）诗集《泣妇》发表于一八九五年。他的小说处女作——《哀求者》——发表于一九〇三年，而第一部有分量的小说——《地狱》——则发表于一九〇八年初。在《地狱》混乱的书页中，巴比塞尝试写作一部经典的作品、一部超越时间的作品。他只想写出人物的主要行动，避开了对空间和时间等的渲染。他想把在所有书中搏动着的一本书展示出来。但无论是情节——散文诗写就的对话和叙事者从旅馆隔墙的缝隙中窥视到的淫荡或死亡的场景——还是写作的风格，都或多或少模仿了雨果，但都不能使他顺利地实现他那柏拉图式的目的，再说，那实际上也是完全无法实现的。我在一九一九年以后就没有再读过这本书，但依然记得他对散文的这种认真的追求，还记得他很好地揭示了人们共同的孤独感。

一九一四年，亨利·巴比塞进了步兵团，了解了什么是残酷、责任、顺从和模糊的英雄主义，并两次受到表彰。后来他受了伤，在医院里创作了《炮火》。巴比塞（与埃里希·雷马克不同）并没有随心所欲地谴责战争。这是《炮火》远胜于轰动一时的《西线无战事》的原因之一。另一个原因是亨利·巴比塞的文学技巧更胜一筹。《炮火》发表于一九一六年，并获得了龚古尔文学奖。

---

* 此篇及下一篇初刊于 1937 年 3 月 19 日《家庭》杂志。
1 Catulle Mendès（1841—1909），法国诗人、小说家。

《巴黎和约》签订以后，巴比塞当过《人道报》的记者，后来又当过《世界报》的主编。

他加入了共产党。他主动地让他的作品——《光明》、《深渊上的曙光》、《镣铐》和《耶稣》——服从教育和论战的目的。他去世前不久，在巴黎创建了一个反法西斯联盟。在那段时间里，他曾与诗人马尔科姆·考利交谈过几个小时，后者说他："有英国文学家那极其瘦削的模样和过分高大的身材，但一双手却是细长的、法国式的和富有感染力的。"

他于一九三五年八月的一个早晨在俄罗斯去世。他患有肺病，死于疾病的消耗和劳累过度。

巴比塞的不朽和死亡都要归因于一九一四年的战争。他一九一四年在战壕里得了肺结核，二十年之后，在莫斯科一家为他精心治疗的医院里，这个病要了他的命。但也是从战壕生活中，他写出了那沾满泥巴和鲜血的光辉的著作。

黄锦炎　译

亨·路·门肯《美国语言》

　　我常常问别人，也问自己："能想象在我们国家出一个亨·路·门肯，一个受人欢迎的、精于污蔑和谩骂自己国家之道的专家吗？"我以为不能。爱国主义，阿根廷的假爱国主义是吓不起的可怜东西，经不起一首偶然写成的讽刺诗、蒙得维的亚的一记射门或邓普西的一记左勾拳。一个微笑、一次无心的遗忘都会使我们痛心。门肯的名气来自于他坚持给美国抹黑；一个阿根廷的门肯——要想成功——那是不可想象的。

　　再说，讽刺谩骂文章也不是门肯先生唯一经常涉及的文学题材。他也爱写神学和语言研究方面的文章。《美国语言》初版发表于一九一八年，刚面世的第四版有七百页，经过修订和更正已经完全变了样。书的目录中记载了一万多个单词和短语。

我最感兴趣的是从西班牙语派生的词语。Ranch 来自 rancho，dobie 来自 adobe，desperado 来自 desesperado, lariat 来自 la renta, alligator 来自 el lagarto, lagniapa 来自 la ñapa 或（像我们这里说的）la yapa。最后三个单词加上了冠词；西班牙语在单词中也有带阿拉伯语冠词的，如 Alcorán、alcohol、alhucema……

在该书的最初几版中门肯曾说，美式英语随着时间的推延将成为另一种语言。现在他说，英式英语可以作为美语的一种难懂的欧洲方言继续存在下去。

这个论点（或俏皮话）使我想起爱德华多·斯基亚菲诺先生和马德里的记者戈麦斯·德·巴克罗之间的某次论战。后者在《太阳报》上发表文章提到了西班牙人常有的、关于在我们国家西班牙语的种种危险的抱怨。夏菲诺告诉他，在布宜诺斯艾利斯，我们特别担心西班牙语在西班牙的所有的危险，那里西班牙语遭受到巴斯克语、巴勃莱语、吉卜赛语、米兰达德埃布罗语、阿拉贡语、加利西亚语、加泰罗尼亚语、瓦伦西亚语、巴利阿里群岛语的威胁，安达卢西亚语的变态就更不用说了。

黄锦炎　译

一九三七年三月二十六日

吉卜林和他的自传[*]

拉蒙·费尔南德斯在最近的某一期《新法兰西杂志》上说，读者从爱看传记小说转到了爱看自传。不相信的人要说，爱看的是自传体小说，可是，事实是自传的作者远不如传记作者抒情洋溢，再说路德对耶稣或者圣马丁将军的私生活的了解也胜过朱利安·班达对他自己的了解……最近出版了威尔斯、切斯特顿、阿兰¹和班达的自传，前不久又多了一本没写完的吉卜林自传。书的题目叫《谈谈我自己》——内容的言不尽意倒是切题的。就我来说，我为不能对这种言不尽意表示遗憾而感到遗憾。我知道，任何自传的侧重点都是心理上的，一个人不谈某些细节不比大谈某些细节更具代表性。

我知道，事实是用来说明特性的，叙事者可以随意隐去某些事实。我总要回到马克·吐温花了许多个晚上谈论自传这个问题后得出的结论："一个人既不可能讲述有关自己的真情，也不可能不向读者谈论有关自己的实话。"

毫无疑问，那本书里最令人愉快的几章是谈童年和青少年岁月的（其他涉及成年时期的章节都沾染了不可思议的和不合时代的仇恨，恨美国人、恨爱尔兰人、恨布尔人、恨德国人、恨犹太人、恨奥斯卡·王尔德的幽灵）。

开始几页中某些特别动人之处，来自于吉卜林的一种写作手法。他（不同于前面提到的朱利安·班达，他在《一个文人的青年时代》中用对莫里斯·巴雷斯反感的话含蓄地歪曲了他的童年）不允许把现在穿插到对过去的叙述之中。在他的故事中，叙述到童年的岁月，他们家的那些有名望的朋友——伯恩-琼斯或威廉·莫里斯——都不如一只涂了香料的豹子头或是一台黑色的钢琴重要。吉卜林跟马塞尔·普鲁斯

---

* 此篇初刊于 1937 年 3 月 26 日《家庭》杂志。

1 Alain，原名埃米尔-奥古斯特·夏尔蒂埃（Emile-Auguste Chartier, 1868—1951），法国哲学家。

特一样，要追忆失去的时间，但不想去加工、理解它。他满足于原汁原味：

"在围绕着屋子的绿地的另一侧，有一个非常好玩的地方，那里弥漫着油漆和油料的气味，还有我可以玩的灰泥块。一次我单独去那里时，我走到一个大约有一码深的深渊边上，在那里我遭到一个和我一般大的长翅膀的魔鬼的袭击。从那以后我就不喜欢鸡。

"后来又度过了那些很亮又很暗的日子，有一段时间在一条船上，两边各有一个好大的半圆形挡住视线。有一列火车穿越沙漠（苏伊士运河还没有开凿）和高地，在我对面的座位上坐着一个裹着大披巾的小女孩，她的脸我记不起了。后来有一片很暗的土地和一间更暗的、寒气袭人的屋子，在屋子的一面墙边，一个白种女人燃起了一堆明火，我吓得叫了起来，因为我从来没有见过壁炉。"

人们颂扬他的荣耀或在咒骂他时，曾把吉卜林与英帝国主义相提并论。英帝国主义者宣扬他的名字，宣扬他的诗歌《假如》的说话方式和他那响亮的作品，这些作品在五个国家——联合王国、印度斯坦、加拿大、南非、澳大利亚——

出版过无数种，还宣扬他为帝国的命运乐于牺牲个人的精神。帝国的敌人们（或其他帝国，如现在的苏维埃帝国的信徒们）则否定他或蔑视他。和平主义者用埃里希·玛利亚·雷马克的小说，确切地说，用他的两本小说，与吉卜林的众多作品相对抗，他们忘记了《西线无战事》中最惊人的新鲜内容——战争的无耻和痛苦、英雄们感受恐惧的特殊表现、军事"行话"的使用和滥用——在被人谴责的吉卜林所写的《军营歌谣》中就有。他的第一批歌谣发表于一八九二年。当然，这种"赤裸裸的现实主义"曾遭到维多利亚时期批评界的指责，现在他的现实主义的继承者们则指责他带有某种温情主义的色彩，意大利的未来主义者们忘记了他无疑是欧洲第一位以机器为缪斯的诗人……总之，所有的人——诋毁者或颂扬者——都仅仅把他看成帝国的吹鼓手，而且倾向于认为，两个极其简单的政治方面的见解便足以囊括对他二十七卷体裁多样的著作的美学分析。这种想法是粗糙的，一张口就足以使人相信它是错误的。

无可争辩的是，吉卜林的作品——诗作或散文——比他所阐述的论点复杂无数倍（附带说一句，马克思主义的方法与此正好相反，理论是复杂的，因为它派生于黑格尔，但说明它的方法则是粗陋的）。与所有的人一样，吉卜林也有许多身份——英国绅士、帝国主义者、藏书家、士兵和同群山对话的人——然而没有一个身份比写作匠更令人信服。用他自己笔下常用的词说就是一个 craftsman（手艺人）。他一生中，没有一种爱好令他像对写作技巧那样钟爱。"所幸的是，"他写道，"信手命笔总使我觉得浑身舒坦。因此，写得不好的东西我会随便扔掉，然后就像人家说的那样，暂时歇手。"在另一处上他写道："在拉合尔城和阿拉哈巴德城，我开始尝试把一个词语的色彩、分量、香味和象征同其他词语作比较，时而高声重复朗读用听觉去辨别，时而在印刷的书页上默念用视觉作比较。"吉卜林不仅提到了非物质的词语，还提到了作家最谦卑的、当然也是最恭顺的其他侍从：

"一八八九年我搞到了一只陶制的墨水瓶，我用针头和铅笔刀在上面刻了短篇小说的题目和小说集的书名。可是，结婚以后有了用人，她们把这些名字都抹去了，现在那上面的字迹比古抄本还难辨认。我一向使用最黑的墨水。我们家有个特点，讨厌那种蓝黑色的墨水，又始终没有找到一种适合写签名首字的红墨水，只能等风来吹干。我用的拍纸本是一种特殊规格的宽页本子，纸张是蓝色的，蓝中透白，这种本子我用得很费。但是，在外出旅行时，我的那些老光棍的爱好都可以免掉，只需一支铅笔就可以把我打发了——也许是因为我当记者的那阵子用过一支铅笔。每个人有他自己的方式，我喜欢把想记住的东西粗粗地画下来……在我桌子的左右两侧有两个大圆球，在其中一个上面一位飞行员曾用白色颜料画下了到东方和到澳大利亚去的航线，它们在我出生前就已经开通了。"

我说了在吉卜林的一生中没有一种爱好令他像对写作技巧那样钟爱。最好的证明就是他最后发表的几篇小说——《极限与更新》中的故事——对圈外的读者来说完全是试验性的，那样深奥，那样难以解释，那样不可理解，就像乔伊斯或者路易斯·德·贡戈拉的那些最秘密的招数。

黄锦炎　译

伊登·菲尔波茨 *

伊登·菲尔波茨说过："据大不列颠博物馆的公开目录，我是一百四十九部书的作者。我真是悔之又悔，无可奈何又惊异万分。"

伊登·菲尔波茨，"英国作家中最典型的英国人"，显然是希伯来人后裔，出生于印度。在他五岁时，大约一八四七年，他父亲亨利·菲尔波茨上校就把他送到英国。十四岁时，他第一次穿越达特穆尔荒原，那是德文郡中部的一片浓雾弥漫的饥饿的草原（写进诗歌的奥秘；一八七六年的这次徒步旅行——累人的八里格 1 路程——奠定了他后来的几乎全部作品，其中第一部《雾中的孩子们》写于一八九七年）。十八岁时他去了伦敦，满怀着当个大牌演员的希望和心愿。观众最终说服他放弃。从一八八〇年到一八九一年，他在办公室干过一份不讨好的工作。他在晚上写作、复读、涂改、扩充内容、添加补充，最后把稿子扔进火炉。一八九二年结婚。

名声——说荣誉有点夸张——很关照伊登·菲尔波茨。菲尔波茨是个温和的人，他举办巡回讲座，在大西洋上来回穿梭也不觉得累，他会跟园丁探讨紫罗兰和风信子的命运。在阿伯丁、奥克兰、温哥华、西姆拉和孟买，读者们默默地等候他的到来。这些沉默的英语读者有时写信给他，为了证实一个有关秋天的景物描写是否真实可信，或者对一部小说的悲惨结局表示（深深的）惋惜。就是这些读者，从世界各地为伊登·菲尔波茨的英国花园寄去细小的种子。

他的小说通常可分三类，最重要的一类无疑是写达特穆尔的小说。这种地方性小说我只举这几部就够了：《陪审团》、《清晨的孩子们》、《人类之子》。第二类是历史小说：《埃万德罗·阿加齐》、《台风的宝藏》、《青莲色的龙》、《月亮的朋

---

* 此篇及以下两篇初刊于 1937 年 4 月 2 日《家庭》杂志。
1 英国旧时长度单位，1 里格合 3 英里。

友》。第三类是侦探小说：《狄奎特先生和朗勃先生》、《医生，治治你自己吧》、《灰屋子》。最后一类小说的简练和严密令人钦佩。我认为写得最好的是《红发的雷德梅因家族》。另一部小说《生于骨血》以侦探小说开头，然后发展为悲剧故事。那种不偏不倚（或者说腼腆）是菲尔波茨的特色。

同时，他还写喜剧——有一部是跟他女儿合写的，还有几部是跟阿诺德·本涅特合写的。诗作有：《一百零一首十四行诗》、《苹果泉》。他刚发表了小说《林中的仙女》。现在正在创作另一部关于达特穆尔的小说。

黄锦炎　译

爱德华·尚克斯
《埃德加·爱伦·坡》

　　这本书为爱伦·坡辩解，这很自然。但作者请求原谅（在南美或者法国读者看来）就不正常了。要知道任何英国文学家要为一个正宗的美国佬辩解，不请求谅解是不行的（请读一下斯蒂文森大度地写沃尔特·惠特曼的文章）。评论是得当的，但在尚克斯先生的书的背后，除了学术上的轻蔑还有别的意思。人们一般都认为爱伦·坡是一位创意或者说构思的奇才，但同时又是自己创意的蹩脚实施者。正因为这样，翻译们帮了他大忙，即使是平庸的翻译，人们逼着他们去忙碌，去着重翻译他的散文作品；他的诗作留下来的不多；像《乌鸦》、《钟》、《安娜贝尔·李》被移入朗诵的下界（毫无疑问，那里更多的不是地狱味，而是不舒服）。其余作品只留下某一节或某一零星的诗句：

Ah, bear in mind this garden was enchanted! ...
And the red winds are wethering in the sky.

（我记得后一句字面意思是"红色的风在天空中凋谢"——本地一位颇有名气的翻译家把它"译"成了西班牙语。这里原文照录以飨读者："那可怕的北风不再在地球上呼啸！"）

他留下了他的诗论，较之他的诗作，诗论要强多了。他还留下了九十篇无可争议的短篇小说：《金甲虫》、《莫格街谋杀案》、《雪利酒桶》、《陷坑与钟摆》、《瓦尔德马尔病例中的事实》、《被窃的信件》、《大漩涡底余生记》、《瓶中手稿》和《跳蛙》。还留下了这类小说的特殊气氛，就像一张脸、一段音乐那样不容混淆。留下了《亚瑟·戈登·皮姆》。留下了侦探小说体裁的创造。留下了保尔·瓦莱里。这一切足以说明他获得荣誉的缘由，尽管他的作品每页都啰啰嗦嗦又缺乏生气。

爱德华·尚克斯的书一共八章。前四章写了爱伦·坡的悲惨生平，第五、六章写他的作品，最后两章写他对世界文学的各种影响。

黄锦炎　译

亨利·迪韦努瓦《找到了自己的人》

　　这部小说跟它的题目在字面上是相符的。那位毫无英勇可言的主人公波特罗找到了自我，不是通过象征或比喻——如爱伦·坡笔下的威廉·威尔逊在小说中那样——而是真的。毕达哥拉斯有个著名的观点，他认为世界历史是周期性重复的，这中间包括每个人的历史，甚至最微小的细节。迪韦努瓦在他的作品的结构中，运用了这一理论（或者说这个噩梦）的变体。

　　波特罗是位平和的贪图享乐的绅士，他五十五岁时到了一个围绕着人马星座旋转的行星。令人吃惊的是，他来到了奥匈帝国的境内。这个行星是地球的翻版，不过要晚四十年。波特罗回到巴黎——与一八九六年有所不同的巴黎——他对家人说自己是刚从加拿大回国的一个亲戚。除了他母亲，所有的人都对他不冷不热。他父亲甚至拒绝跟他打招呼，他妹妹认为他是一个不速之客。他根据自己对未来的了解，不断地提出一些理财计划，但都被他们一致拒绝，而且他们一再重复那个令他难堪的绰号，称他为神经病、倒霉的骗子。但是没有一个人比他以前的"我"表现出更大的敌意，他无情地、愚蠢地一再坚持要跟他干一架。

　　一本令人惊叹的书，也许不比威尔斯最吸引人的那些作品差。

黄锦炎　译

现实主义作家爱德华多·古铁雷斯 *

撇开与西班牙打仗，可以说布宜诺斯艾利斯的两个首要任务是跟高乔人和对高乔文学的崇拜进行无情的战争。这场战争经历了七十个残酷的年头。战火是阿蒂加斯的手下在乌拉圭崎岖不平的旷野里点燃的。地狱的一切酷刑的变种，都出现在这场战争的过程中。拉普里达在皮拉尔被杀，死得不明不白；马里亚诺·阿查在安加科被斩首；在潘帕斯南部，劳奇的脑袋被挂在一匹马的驮架上；埃斯通巴在荒野中丧失了理智，他带着他挨饿的军队筑迷宫、撒方阵，疲于奔命；拉瓦列累垮了，死在胡胡伊一座房子的院子里。布宜诺斯艾利斯给他们塑一座座铜像，以他们的名字命名一条条街，然后就把他们忘了。布宜诺斯艾利斯宁愿怀念一个神话，它的名字叫高乔。布宜诺斯艾利斯的失眠和梦想的结果，逐渐产生了草原和高乔人两个神话。

古铁雷斯在这种神话的形成中有什么特殊的贡献呢？罗哈斯的《阿根廷文学史》第一卷中几乎只承认他一个功绩，即他是"把埃尔南德斯的史诗时期，或者说用诗歌叙述高乔人的传说时期，同用小说和戏剧描述高乔人的新时期衔接起来的人物"。

罗哈斯接着就指责他"人物塑造表面化，色彩贫乏，情节描写粗俗，特别是语言平庸"，他还用他那支生花妙笔叹惜道："人物原型太近，视角过分现实主义，加上形式的肤浅，使我们在他那些富有生气的农村纪事中，看不到真正的、从内容到形式都名副其实的小说。"另外，他赞扬了古铁雷斯"对那个高尚的荒原之子"的同情，顺便还向他的兄弟卡洛斯致意，说他"心灵美、有素养和文雅"，并批注说："在两部作品的相似之处，有关高乔人的情节显然受到《马丁·菲耶

＊ 此篇初刊于 1937 年 4 月 9 日《家庭》杂志。

罗》的影响。"

这最后一点，也许有失公允。《马丁·菲耶罗》受到欢
迎，为那些不像他那样受到追逼、不如他好斗的高乔人提供
了机会。古铁雷斯却把他们推了出来。他的小说可以被看
作埃尔南德斯的两个题材"马丁·菲耶罗斗民团"和"马
丁·菲耶罗斗黑人"的无穷的变体。但是，在书出版时，谁
也没有想过这两个题材是埃尔南德斯专有的。另外，古铁雷
斯写的有些争斗很精彩。我记得有一场，大概是胡安·莫雷
拉和莱吉萨蒙的争斗。古铁雷斯的原话我记不得了，只记得
那场面。两个乡下人在纳瓦罗一条街的拐角上刀刃相见。面
对对手挥舞的刀子，其中一个往后退避。一步又一步，两人
默默地打着，越打越狠，打过了整整一个街区。在另一个拐
角上，前者背靠着商店玫瑰色的外墙。就在那里，另一个人
把他杀了。省警察局的一位警长目睹了这场决斗。乡下人骑
在马上，请求警长把他忘在那里的刀子递给他。警长恭顺
地走过去从死者的肚子上拔出那把刀子……撇开结尾的夸
张——这就像一个毫无用处的签名，撇开了这点，那边走边
打、默默无声的搏斗的构思难道不令人难忘吗？像不像是为

拍电影设计的？

然而，《胡安·莫雷拉》不是我经常推荐或出借的古铁雷斯的小说。我更喜欢一部大家几乎不知道的，也许会让那些正直的买主、崇拜高乔人的朋友吃惊的小说。我说的是直言不讳的《黑蚂蚁》。这是圣尼古拉斯的一个爱打架的人，绰号叫"黑蚂蚁"。谁要是不因为风格的粗野（值得罗哈斯作任何谴责）而泄气的话，便可以在这部小说中感受到令人满足的、前所未有的、几乎令人震撼的真实性的原味。对于所有的高乔小说，包括古铁雷斯的其他作品以及《堂塞贡多·松勃拉》，它都具有对照价值。

事实上，充斥于我们的文学之中的所有的坏高乔人形象，我认为没有一个像难以接近又心术不正的年轻人"黑蚂蚁"那样真实，他舞着剑跟他父亲开玩笑，结果划了他一刀，后者还为此感到骄傲。古铁雷斯书中的莫雷拉是拜伦笔下的那种豪杰，他以同样的庄重对待死亡和眼泪。而"黑蚂蚁"是个坏透了的小伙子，他一开始打了一个老太太，并威胁要打死她——"要是你用手或者鞭子碰一下你女儿的身体的话，她是我的东西"——后来堕落到犯罪，以杀人为乐。

在他肆虐的历史中，有些章节令我难以忘怀，例如，他跟圣菲的美男子菲莱蒙·阿尔沃诺斯的搏斗，双方都想躲避这场搏斗，但他们的名气却驱使他们去搏斗。

萨米恩托在《法昆多》中是罗织罪状；埃尔南德斯在《马丁·菲耶罗》中写的是辩护词；吉拉尔德斯的《堂塞贡多·松勃拉》则是一份证词……

古铁雷斯只想表现一个实在的人就足矣，用哈姆雷特的不朽的话说，只想"让我们确信是一个人"。我不知道"真正的""黑蚂蚁"是否就是古铁雷斯笔下那个莽撞的、爱动刀子的人，只知道古铁雷斯写的"黑蚂蚁"是真实的。我曾自问：古铁雷斯对高乔人的神话到底有何特殊贡献？也许可以这样回答：他驳斥了那个神话。

古铁雷斯（他曾写过三十一部书）已经去世，也许永远死了。现在这位"著名的阿根廷作家"的作品在巴西街或者莱昂德罗阿莱姆街的书亭中已不多见。再也没有剩下别的有生命的东西，除了博士论文或者像我写的这篇文章，但它们终归也都是死的东西。

要他活在人民的心中是徒劳的。也许卢贡内斯下面的批注是他最坚实的墓志铭，那是一九一一年写的："……这位文思敏捷的爱德华多·古铁雷斯，凭着乐观和灵感，对布宜诺斯艾利斯的报纸无限信任，就像专写连载侦探小说的蓬松·杜泰拉伊，可笑地想用磨去了铁锈的鞋匠刀去刻石碑，不管怎样，他是出生在这个国家的唯一一位天生的小说家，尽管由于我们一贯地糟蹋人才而把他埋没了。"

爱德华多·古铁雷斯，专写泪涟涟、血淋淋的连载小说的作家，一生花了大部分的时间，迎合着布宜诺斯艾利斯小市民们的浪漫主义要求，写高乔人的小说。有一天他厌倦了那些虚构的东西，于是写了一部真实的书——《黑蚂蚁》。当然也是本不讨好的书。他的文字无比平庸，只有一点是不平庸的，作品的不朽往往需要这一点：贴近生活。

黄锦炎　译

弗兰茨·韦尔弗 *

　　诗人、小说家、剧作家弗兰茨·韦尔弗，一八九〇年九月十日出生于布拉格。他是德国犹太人，两种文化——《塔木德》和莱辛——的传人，生在那座千年古城，在那里两种文化——波希米亚文化和日耳曼文化——既融合又不无分歧和千年的冤仇。

　　他就读过布拉格高级中学，并在莱比锡获得哲学和文学博士学位。从十八岁起经常光顾他出生的城市里的文学聚会，曾与诗人马克斯·勃罗德、梦魇作家弗兰茨·卡夫卡、幻想小说家古斯塔夫·梅林克（《西窗天使》和《假人》的作者）、奥托卡·布莱齐纳（《泉酒》、《黑夜》和《守夜人》的作者）等人交往，并将后者的捷克语诗歌翻译成德语，收在一部选集中，题为《从中午刮到子夜的风》。

那时他就渴望要编一本世界诗歌集，并为此工作。

二十一岁时，在《圣经·诗篇》和惠特曼的双重影响下，他发表了他第一部诗作《世界之友》，之后在一九一三年发表了《我们是》，一九一五年写了 Einander，可以译为《每个人》，或者《彼此》。

虽然痛恨战争，但在一九一四至一九一八年间，韦尔弗在俄罗斯战场勇敢地打过仗。他在一份和平主义杂志《行动》上发表的信中曾宣布："我要争取诅咒战争的权利。"

从一九一九年起，韦尔弗定居维也纳。他写道："我仍然致力于让人类摆脱仇恨的、令人绝望的任务。"

他出版过两部小说：《错不在杀人犯，而在被杀者》和《外省人之死》，还写过一部象征性的三部曲《镜中人》和一部十三幕的戏剧故事《华雷斯和马克西米利亚诺》。

黄锦炎　译

＊　此篇及以下三篇初刊于 1937 年 4 月 16 日《家庭》杂志。

古斯塔夫·扬松《古本·科默》

　　我对瑞典文学涉猎实在不多。三四卷斯威登堡的神学-幻觉作品，十五至二十篇斯特林堡（在一段时间里他曾是我的神，排在尼采之后）的文章，一部塞尔玛·拉格洛夫[1]的小说和一部海顿斯坦姆[2]的短篇小说集，也许就是我对这个北极国的全部知识。这几天我刚读完新作家古斯塔夫·扬松的《古本·科默》。其英译本——令人钦佩——出于克劳德·内皮尔之手，题为《老人们来了》，由伦敦洛瓦特·迪克森出版社出版。

　　比照作者雄心勃勃的意图——揭露在最后几章中出现的一个被别人神化、痛恨和中伤的人，并对小说中的人和事作出他无所不知的末日审判——作品是失败的，是大可原谅的失败。弥尔顿要求诗人本身就是一首诗，这种要求可以引出无数的归谬说法（如，要求雕塑家本身就是一辆四驾马车，建筑师本身就是地基；剧作家本身就是一出幕间剧）。但也使人想到一个根本性的问题：作家能否创作出比自己高明的人物？从智力方面说，我以为不能。福尔摩斯好像比柯南·道尔聪明，可是我们都知道这里的秘密：是后者告诉前者答案，而前者假装猜想。查拉图斯特拉——噢，预言风格的危险成果——不如尼采聪明。至于查尔斯-亨利·德·格雷维，本篇小说被神化的主人公，其平庸和善辩一样明显。此外，扬松也不太精明。在主人公回家之前的三十二开本四百页中，没有写一行文字来引起或增加我们的担心，让我们哪怕顺便猜想一下主人公的毁誉者们是有道理的，最后再让受诽谤的人出现，于是我们可以证实，他的确是一位圣徒，我们的吃惊也就消除了。

---

1 Selma Lagerlöf（1858—1940），瑞典女作家，1909 年诺贝尔文学奖得主，著有《尼尔斯骑鹅旅行记》等。
2 Verner von Heidenstam（1859—1940），瑞典诗人，1916 年诺贝尔文学奖得主，著有组诗《朝圣和漫游时代》。

我批评了作品的结构，或者说写作手法。对于文字，我只有也只能表示祝贺。排除那个象征性的或神奇的主人公（作者出于慈悲，把他不祥的露脸安排在第四百一十四页上），其他人物都是令人信服的，有的——如本特——还是写得很出色的。

黄锦炎　译

阿道司·赫胥黎
《小说、散文和诗歌》

进入"人人文库",跟尊敬的比德和莎士比亚、《一千零一夜》和《培尔·金特》平起平坐,在不多久之前还是一种封谥。最近,这扇窄门开了:皮埃·洛蒂和奥斯卡·王尔德进去了。这两天阿道司·赫胥黎刚进去——在布宜诺斯艾利斯已经能买到他的书。这本集子共十六万字,分为价值不等的四部分:小说、游记、散文和诗歌。散文和游记显示了赫胥黎合乎情理的悲观主义,那种几乎让人受不了的清醒。小说和诗歌却显示了他创作上不可救药的贫乏。怎样评价这些忧郁的作品呢?不是水平不够,不是愚蠢,不是特别乏味,只是毫无用处。它们引出(至少在我身上)无穷的困惑。只有某些诗句除外，例如这一句，关于时间的流逝的：

创伤是致命的，然而是我自己的。

诗歌《杂耍剧场》模仿了勃朗宁，短篇小说《蒙娜丽莎的微笑》想写成侦探小说，都或多或少让人看出了他的意图。尽管作品算不上什么，但让我看出它们想成为什么。这一点我倒是感激的。这本书中的另一些诗和另一些短篇小说，我甚至无法猜测为什么而写。因为我的行当是理解书，所以极其谦卑地作此公开声明。

阿道司·赫胥黎的名声我一直认为是过分的。我知道他的文学，就是那种在法国自然地生产而在英国带点做作地生产出来的文学。有些赫胥黎的读者没有感觉到这种不舒服，而我始终有这种感觉，从他的作品中我只能得到一种不纯洁的乐趣。我觉得赫胥黎一直在用借来的声音说话。

黄锦炎　译

关于文学生活

刚出来一本雅克·班维尔的书《独裁者们》。作者假装研究了所有独裁者的个人和政治历史，从锡拉库萨的杰隆到柏林的希特勒。实际上这本书是用百科全书的片断拼凑起来，仓促地写成了一部狂想曲。我们国家由胡利奥·罗卡和胡安·曼努埃尔·德·罗萨斯当之无愧地作为代表，"后者被潘帕斯草原上的高乔人称为南方的华盛顿"。实际上，班维尔夸大了他对我国高乔人的了解和他对历史对比的爱好。

另一本写暴君的书——托马斯·鲁尔克的《安第斯山暴君》——叙述了委内瑞拉的"宪法总统"胡安·比森特·戈麦斯罪恶的一生和平静的死亡。

黄锦炎　译

邓萨尼勋爵 *

　　一八七八年年中，邓萨尼勋爵在爱尔兰某地（传记辞典都不愿意写出地名）降临人世，也许同时降临于不朽之中。"几乎我的全部风格（不久前他写道）都要归功于报上发表的详细的离婚报道。因为这些报道，我母亲禁止我读报，于是我就喜欢上了格林童话。我在那些总是朝西开着的大窗户前，又喜欢又害怕地阅读童话。在学校里他们让我接触了《圣经》。在许多年里，凡不是《圣经》的'翻版'的风格，我都觉得不自然。后来我在齐姆中学学了希腊语，当我读了有关其他神祇的书，我对那些已经无人崇拜的美丽的大理石人，同情得几乎要流泪。我知道我现在还抱着同样的同情。"

一九○四年邓萨尼与佩阿特丽丝·维勒斯小姐结婚。一八九九年在德兰士瓦打仗，一九一四年打过德国人。后来他说过："我的身高长得不太谨慎，刚巧是六英尺四英寸。一九一七年的时候，战壕深六英尺。我就惨了！整天抛头露面。"邓萨尼勋爵当过兵，现在还是猎手、骑士。

　　他神奇的短篇小说，以同样的坚决拒绝寓言说理和科学说理。他既不倾向于伊索又不倾向于威尔斯，也不希望心理分析的庸医来做一本正经的测试。他的小说就是神奇的。看得出邓萨尼勋爵在他不稳定的世界里过得挺自在。

　　他的作品非常多。在这里举几个题目，此书单的特点是打乱了时序：《裴伽纳的神祇》、《时间与诸神》、《一个梦想者的故事》、《众神与人的戏剧》、《不幸而遥远的故事》、《罗德里格斯的报道》、《近处和远处的戏剧》、《闪闪发光的大门》、《面包的祝福》和《约瑟夫·福肯斯先生的旅行故事》。

黄锦炎　译

———————
* 此篇及下篇初刊于 1937 年 4 月 30 日《家庭》杂志。

李德·哈特《武装的欧洲》

翻阅一下我的藏书，我惊奇地发现，我读得最多并写满批注的书是毛特纳的《哲学辞典》、叔本华的《作为意志和表象的世界》和李德·哈特的《世界战争史》。我预计将以同样的喜悦经常翻阅后者的一部新作《武装的欧洲》。失望的喜悦、清醒的喜悦、悲观主义的喜悦。

据李德·哈特上尉说，几乎所有的欧洲军队都患了巨人症。他们忘记了萨克森公爵——机智的、说到底是古典派的军人，伏尔泰和菲里多尔的同时代人——著名的警告："众多军队只会碍手碍脚。"他们还患有使用过时的战争语汇的毛病。俄国的军队，算是欧洲的革新派之一，还保留着十六个旅的骑兵。"在演习中，这一群群乱哄哄的骑兵就像一个庞大的马戏团，在战场上，可以提供一个不大不小的公墓。"德国的军队还在信奉克劳塞维茨的理论："近距离的战斗，短兵相接，是最根本的。"这是一个浪漫主义的偏见，李德·哈特引用了安托万·约米尼将军的旁证。他参加过拿破仑的战争，后来又为亚历山大一世打仗，见过许多场面，但从未见过拼刺刀……至于精简的英国军队——不足十四万人——李德·哈特认为它应该会在装备上和战术上脱颖而出，"虽然目前还不突出"。那不是一九一四年的情况，那时候——"钐镰之间的一把锋利的斗牛剑"——它是唯一对战争有实际认识的军队。

防守（作者推论）日益变得机动和容易，进攻则几乎不可能。一挺机枪和一个人可以消灭一百个——三百个、一千个——用步枪和刺刀装备的入侵者。一股毒气可以抵挡住一次进攻。由此可见摩托化的随处出现的部队的好处。由此也可见求助于阴影——不管是没有月亮的黑夜，还是自然的或者人工的浓雾——的好处。

"毫无疑问，战争的科学是存在的，"李德·哈特上尉总结说，"只是需要我们去发现它。"

黄锦炎　译

171

为豪尔赫·伊萨克斯
《玛丽亚》辩护 *

　　我无数次听人说："豪尔赫·伊萨克斯的《玛丽亚》现在已经没有人看得下去了，没有人那样罗曼蒂克，那样天真。"这种模糊的意见（或一系列的模糊的意见）可以分为两部分：第一是声明这部小说现在读不懂；第二——我大胆推测一下——是提出一个理由、一种解释。先是事实，后是可信的理由，没有比这更令人信服、更实事求是了。对此来势汹汹的责难，我只能说两点异议：一、《玛丽亚》并非读不懂；二、豪尔赫·伊萨克斯并不比我们更罗曼蒂克。我希望能论证一下第二点。至于第一点，我只能发表我的意见，因为我昨天就毫无痛苦地读完了该书的三百七十页，书中的"锌版插画"使阅读变得轻松了。昨天，一九三七年四月二十四日，从下午两点一刻到晚上九点差十分，《玛丽亚》很容易读。如果读者信不过我的话，或者想检验一下这个便宜是否让我独占了，那么也可以自己做个试验，惬意确实谈不上，可也不令人讨厌。

我说了伊萨克斯不比我们更罗曼蒂克。这一点，拉美人和犹太人，这两个不轻信的族裔都并不徒劳地知道……有一本百科全书，在有关西语美洲的章节中，说他是"他们国家勤劳的公仆"。就是说，是位政治家；就是说，是个看破红尘的人。"在不同的立法阶段（我是怀着敬意读的）他代表安蒂奥基亚、考卡、昆迪纳马卡等省在议院占有席位。"曾任内政部长和财政部长，曾任国会秘书，曾任公共教育局长，曾任驻智利总领事。这还不是全部，"他写过一部诗歌献给胡利奥·罗卡将军，这位杰出的军人让人在布宜诺斯艾利斯制作了精装版。"从这些细节中我们可以看出，他也许不拒绝但也

不要求别人给自己下"罗曼蒂克"的定义。总之,他是个跟现实生活相处得不坏的人。他的作品——这是最重要的——证明了这个结论。

《玛丽亚》的情节是浪漫主义的。这意味着豪尔赫·伊萨克斯能够为两个漂亮的热恋者的爱情未能如愿而惋惜。只要去走访一个电影制作人就能证实,我们所有的人都有这种能力,而且取之不尽(莎士比亚也有)。除去虚构的中心情节,小说的细节和风格并不特别浪漫主义。随便找一个话题为例,比如奴役,有两种令人遗憾的、相反的诱惑在窥视着这个题目中的浪漫主义。其一,颂扬奴隶们的逆来顺受,那是卑躬屈膝的地狱;其二,表扬他们的顺从和质朴并装作羡慕他们。豪尔赫·伊萨克斯以极其自然的口气提到他们。"奴隶们,在他们作为仆人的地位的可能范围内,穿得整整齐齐,过得快快活活……"书中这样说。我再找一件更有诱惑力的事:猎虎。在一只老虎的整个一场死亡面前,拜伦或者雨果(就不说蒙泰朗或海明威了)都会不吝笔墨去描写热带的放纵,极尽夸张!我们的哥伦比亚人却处理得颇有节制。他一开始嘲笑一个混血男孩把事先的策划想得过于惨烈,"胡安·安赫尔听完了这些细节便不再冒汗了，他把提着的篮子放在满地的枯叶上，边听边用那种眼神看着我们，似乎我们在讨论一桩杀人计划。"后来，当老虎被人追逐时，作者也不隐讳那些猎狗遇到的危险最大。"在四条狗中，两条已经退出了战斗：其中一条被猛兽的脚踩破了肚皮；另一条狗（它的一侧肋部被撕裂，裂缝中都看得见内脏）回来找到我们，它倚在岩石旁，发着凄惨的呻吟慢慢咽了气……"作者有意用那次猎虎来衬托另一次猎鹿，因为可以让玛丽亚出场，来救一头小鹿的性命。

　　读豪尔赫·伊萨克斯的作品还有什么特别的乐趣呢？我想是有一些。首先是那种接近到足以让人读懂又远离到足以使人吃惊的地方的——和时代的——色彩：

　　　　如果月亮不再躲藏；

　　　　划桨，划桨。

　　　　干什么我孤单的婆娘？

　　　　悲伤，悲伤，

　　　　收留我你黑暗的晚上，

圣胡安，圣胡安。

或者："打听劳雷亚诺和格雷戈里奥是不是蛇医有什么用，摇船的没几个不是蛇医，没有身上不带各种毒蛇牙齿和对付几种毒蛇的蛇药的，这些蛇药中有米甘草、阻断血流的野藤、千日红、亚麻子、车前子和别的叫不出名的草药，这些药都藏在挖空了的虎牙和鳄鱼牙里。"

这最后一个例子，也是伊萨克斯的"恋物癖"的例子。在某一页上写着"靠边的桌子上那个地球仪"；另一页上有"剪过翅膀的鸽子，在空箱子里哀鸣"；还有一页上有"香喷喷的卷烟和混糖块儿，旅行者、猎手和穷人的甜蜜的侣伴"；再一页上有"硬奶酪、牛奶面包和盛在古色古香的大银罐里端上来的水"。

在豪尔赫·伊萨克斯身上有着对日常事物的爱好，他也热爱每天重复的、习以为常的东西，月色的变化、准时的黄昏天色、四季的天空，反复出现在他的作品中。

现在的小说家常常出人意料。豪尔赫·伊萨克斯在《玛丽亚》一书中却偏爱预告和预示。在任何时刻他都没有掩饰玛丽亚将要死去。如果不肯定她会死，作品也就没有意义了。我记得差不多在作品开头有一句值得记住的话："一天傍晚，晚得就像我们国家的傍晚，美得就像玛丽亚，就像我心目中的她那样美丽和昙花一现……"

黄锦炎　译

一九三七年五月十四日

乔治·桑塔亚纳[*]

诗人和哲学家桑塔亚纳（次序是按他从事的活动先后排列的）一八六三年末出生于马德里。一八七二年，他父母把他带到美国。他双亲均为基督徒。桑塔亚纳曾为失去信仰而叹惜，"这个美妙的错误与灵魂的冲动和野心配合默契"。一位美国作家说过："桑塔亚纳相信，上帝是不存在的，而圣母是上帝的母亲。"

他于一八八六年在哈佛获得博士学位。八年后发表他的处女作《奏鸣曲和诗歌》。之后，在一九〇六年，发表了著名的理性的传记五卷本《常识中的理性》、《社会中的理性》、《宗教中的理性》、《艺术中的理性》和《科学中的理性》。

虽然他对英语驾轻就熟，但桑塔亚纳骨子里是地道的西班牙人。他是唯物主义者："我是个坚定的唯物主义者，也许是唯一的。我不想知道什么东西是物质。让物理学家去解释吧。无论它是什么，我都坚决地讲物质，就像我跟熟人谈史密斯或谈琼斯，但并不了解他们的秘密一样。"后来他又说："二元论是一个机器人和一个鬼怪的拙劣的结合。"至于唯心主义，可能是真理也可能不是，但是既然几千年来世界就是这样，好像我们的综合感觉都是正确的，那么谨慎的做法是，尊重这种实用主义的认可而寄希望于未来。

基督教（在另一个地方他说）是对犹太人的比喻的逐词逐句的曲解。

他在哈佛大学教了多年的形而上学后，现定居英国。英国（据他说）是极佳的享受体面的幸福和享受成为自己本身的宁静乐趣的家。

桑塔亚纳的作品很多。包括：《三位哲理诗人：卢克莱修、但丁与歌德》（一九一〇年）、《学说的风向》（一九一三

---

*　此篇及下篇初刊于 1937 年 5 月 14 日《家庭》杂志。

年)、《英伦独语》（一九二二年）、《怀疑主义与动物信仰》（一九二三年）、《净界的对话》（一九二五年）、《柏拉图主义和精神生活》（一九二七年）、《本质的世界》（一九二八年）和《物质的世界》（一九三〇年）。

黄锦炎　译

切斯特顿《庞德的悖论》

　　在爱伦·坡的一篇难忘的小说里，那位固执的巴黎警长坚持要搜到一封信，他徒劳地用尽了一切仔细侦查的手段：钻子、放大镜、显微镜。与此同时，不爱动的奥古斯特·杜宾在迪诺街的事务所里抽烟、思考。过了两天，问题想清楚了，他去了那栋曾戏弄过警察的房子。进门不一会儿就找到了那封信……此事发生在一八五五年。在此以后，无数人曾重蹈那位不知疲倦的巴黎警长的覆辙，却很少有人去学爱动脑筋的奥古斯特·杜宾的样。有一个推理"侦探"——有一个埃勒里·奎因、布朗神父，或者扎列斯基亲王——就有十个纸灰破译者和脚印调查者。就是福尔摩斯——我敢斗胆和吃力不讨好地说他吗——也是一个靠钻子和显微镜而不靠推理的人。

　　在蹩脚的侦探小说中，破案的"包袱"是物质方面的：一扇秘密的门、一把假胡子。而好小说的"包袱"是心理方面的：一句谎言、一种思维习惯、一种迷信。好小说的例子——甚至可以说最好的——可以举切斯特顿的任何一篇，我知道读者受了多萝西·塞耶斯小姐或者范达因的影响，他们常常否定切斯特顿的排名。他们不原谅他有只解释无法解释的事情的极好的习惯。不原谅他故意略去时间和地点。他们希望别人说出罪犯购置犯罪用的手枪的武器铺所在的街名及门牌号码……

在这篇遗作中，问题还在语言上。作者用语过于严密。主人公庞德用神秘而自然的口气说："当然，因为他们从来意见都不一致，不可能争论"，或者"尽管大家都希望他留下，但没有赶他走"，然后，再讲一个令人吃惊地印证这句话的故事。

全书八篇小说都是好的。第一篇《启示录三骑士》真是特别精彩。其功夫之深、风格之雅，不亚于一局难下的国际象棋或图莱¹的一首反韵诗。

黄锦炎　译

---

1 Poul-Jean Toulet（1867—1920），法国诗人。

爱德华·摩根·福斯特 *

爱德华·摩根·福斯特于一八二九年出生于英格兰南部，曾在剑桥大学学习。他从十二岁起就一心想当个小说家。学业一结束，他就满怀热忱——满怀冷静的热忱——投入这项工作。他的处女作《天使不敢涉足的地方》发表于一九〇五年。接着又发表了三部小说：《最漫长的旅程》（一九〇七年）、《看得见风景的房间》（一九〇八年）和《结局》（一九一〇年）。在那些年里，他已经在研究一个问题，这问题使诺斯替教派的成员们想象出一个年迈力衰、疲惫不堪的老神，它用不纯洁的材料即兴创造了世界：存在于世的恶的问题。

大战期间，福斯特去了埃及。在那个国家他写了最客观的一部作品《亚历山大，描述和历史》（一九二三年）。几位穆斯林朋友促成他去印度访问。在那里他茫然地度过了三个年头。回到英国后发表了《印度之行》。

好多人说，这本小说是我们时代最重要的作品之一。此话反应不佳——也许是因为用最高级往往言过其实，也许是因为"重要"和"我们时代"这两个概念不太动人——但应该是确实的。《印度之行》的艺术感染力，那种清醒的苦涩，那种无处不在的风趣都是不容怀疑的。还有，阅读它的乐趣。我见到过非常苛刻的读者，他们说，谁也无法使他们相信，一本这么有趣的书有什么重要性。

福斯特还出版过两本短篇小说集（《天堂客车》，一九二三年；《永恒的瞬间》，一九二八年），一部有关小说创作方法的长篇分析，一九三六年还出过一本杂文集。我浏览了这些书并摘抄下这句话："易卜生实际上是培尔·金特。留了鬓角什么的，易卜生是个中了魔的小伙子。"还有这一句，

---

* 此篇及以下两篇初刊于 1937 年 5 月 28 日《家庭》杂志。

是千真万确的："小说家永远不应该追求美，尽管我们知道要是他达不到美，那就失败了。"

黄锦炎　译

叶芝《剑桥现代诗歌》

　　这部最新的抒情诗选（一八九二～一九三五）带有一点随意性。例如，开头的一首优美的"诗歌"是沃尔特·佩特的一篇散文的片断，排字上被装扮成自由体诗（这，顺便说一下，因为过分强调了停顿，足以改变它的音乐性）。例如，只收了吉卜林的诗两首，威尔弗里德·吉布森的诗四首，威廉·亨利·戴维斯的诗七首，而心满意足的编者的诗则被收入十四首。例如，鲁珀特·布鲁克的诗只收了一首。例如，收了那个不可原谅的、小个子印度人普罗希导师的三首诗。例如，编者删去了奥斯卡·王尔德的《雷丁监狱之歌》中的许多段诗。"然而，我删去了这些诗句（他在前言中说），可以让人看出一种严酷的现实主义，近似托马斯·哈代的现实

186

主义。"我认为，如果说"严酷的现实主义"是读者喜爱的食品，那没有一个人像王尔德那样不善于提供这种食品，他一向力求虚假。因此我认为他最好的作品是《斯芬克斯》，作品中与现实的关联更少。

哪些是这部书中收集的最重要的作品呢？每个人可以在一百个诗人和四百首诗中选他中意的。至于我，真正使我感受到诗意的——事实上不存在别的标准——是：弗朗西斯·汤普森的《天狗》、切斯特顿的《勒班陀》、道森（多少年过去了，他仍没有丢失自己令人注目的优点）的《西娜拉》、庞德的《向塞克斯图斯·普罗佩提乌斯致敬》、艾略特的《磐石》的第一段齐诵、特纳的《献给不相识的她的颂歌》、乔伊斯的优美诗句，还有罗伊·坎贝尔——兰波的信徒，以及多萝西·韦尔斯利。还有，就算只是镜中反射，那首《心灵的黑夜》的比较忠实的译文。我只举最后一节为例。圣十字若望是这样写的：

> 我留下了，忘掉了过去，
>
> 脸靠着我的情郎；

　　　　一切都结束，都过去，

　　　　焦虑和担心一扫光，

　　　　在百合花丛里遗忘。

亚瑟·西蒙斯把它译成了：

　　　　所有的事情，我已忘记，

　　　　我的脸颊贴着我的情郎；

　　　　一切都已消逝，

　　　　我却不能把羞辱和忧伤

　　　　一并在百合丛中遗忘。

　　　　　　　　　　　　　　黄锦炎　译

埃尔维拉·鲍尔
《别因为犹太人的旦旦誓言而相信他》

这本教科书已经卖掉了五万一千册。该书的宗旨是向学校里的男孩和女孩传授反犹太主义的任务和无穷乐趣。听说在德国是禁止评论家写书评的，只允许他们对作品作描述。

因此，我仅限于描述一下这本厚书中的几幅插图。看了吃惊（或赞赏）由读者自己负责。

第一幅插图是说明这个论点："魔鬼是犹太人的父亲。"

第二幅插图画面是一个犹太债主牵走了欠债人的猪和牛。

第三幅是一个好色的犹太人献给一位日耳曼小姐一串项链，姑娘被逼得不知所措。

第四幅是一个犹太百万富翁（咬着雪茄，戴着一顶无檐圆毡帽）正在驱赶两个北欧人种的叫花子。

第五幅，一个犹太屠夫正在踩肉。

第六幅是献给一位小女孩的，她拒绝在一家犹太人的玩具店里买木偶。

第七幅是揭发犹太律师的。

第八幅是揭发犹太医生的。

第九幅是评论耶稣基督的话："犹太人是杀人犯。"

第十幅出人意料地是犹太复国主义内容，画面是一队哭哭啼啼的被驱逐的犹太人正在朝耶路撒冷走去。

另外还有十二幅，都是同样诙谐和雄辩。

至于书的正文，我只需翻译这几句诗就够了："对德国的元首，德国的孩子都爱他；对天上的主，大家都怕他；对犹太人，大家都蔑视他。"书里接着说："德国人走路，犹太人爬行。"

黄锦炎　译

范 达 因[*]

威拉德·亨廷顿·赖特于一八八八年出生在弗吉尼亚，范达因（这个名字在世界上各种颜色的书亭里引人注目）于一九二六年出生在加利福尼亚的一个疗养院里。威拉德·亨廷顿·赖特的出生就跟所有的人出生一样，而范达因（前者紧凑而简单的笔名）出生在他康复时期的愉快黄昏中。

以下是两个人的历史。前者在波莫纳学院和哈佛大学念过书，曾当过戏剧评论员和音乐评论员挣些小钱，但毫无名气。曾尝试过写自传体小说（《应许之人》）、美学理论（《语言学和作家》、《创作的愿望》、《今日绘画》）、理论阐述和探讨（《尼采所教诲的》）、埃及学大事记和预言《绘画的未来》。

人们以听之任之但不抱热情的态度审视了他的作品。从插在他的小说中而幸存下来的杂乱无章的片断中看，当时的人们是完全有道理的……

在一九二五年，赖特大病初愈，正在康复，养病和犯罪学的想象二者和平共处：赖特躺在已经没有恐惧的病床上，既放松又乐观，他不愿再看埃德加·华莱士先生在无能的迷宫中艰难地破案，宁愿自己来编一个故事。于是就写了《班森杀人事件》。署了一个从他上溯四代的名字，他母系家族中的一位高祖父的姓名，范达因。

小说非常成功。翌年发表了《金丝雀杀人事件》，那也许是他写得最好的一本书，虽然它的中心思想（用一张留声唱片证明不在犯罪现场）是柯南·道尔的。一份目光锐利的晨报把小说的风格与《语言学和作家》一书某些章节的风格对照后发现，"那位无处不在的范达因就是杰出的哲学家威拉德·亨廷顿·赖特先生。"一份目光锐利的晚报把这篇揭示文章与前两本书的风格对照后发现，晨报的编辑"也是杰出

---

* 此篇及下篇初刊于 1937 年 6 月 11 日《家庭》杂志。

的哲学家威拉德·亨廷顿·赖特先生"。

范达因于一九二九年发表了《主教杀人事件》，一九三〇年发表了奇妙的《圣甲虫杀人事件》，一九三六年发表了《龙杀人事件》。在最后一部作品中他描绘了一个凶残的场景，一个两栖作战的百万富翁，他拿了一把三叉戟穿了潜水服躲在游泳池底，敏捷地刺杀他的客人。

范达因还编过两三部选集。

黄锦炎　译

泰戈尔《诗文集》

　　十三年前，我曾有过稍觉可怕的荣幸，与可敬的、说话动听的泰戈尔交谈，谈到波德莱尔的诗。有人朗诵了《有情人之死》，那首十四行诗中充满了床呀、长沙发呀、花呀、壁炉呀、壁架呀、镜子呀、天使呀，泰戈尔认真地听着，但听到最后他说：我不喜欢你们那位叠床架屋的诗人！我深有同感。现在我重读泰戈尔的作品，我怀疑，驱使他写作的除了那可怕的浪漫主义的陈词滥调外，更多的是对含糊言辞的不可抗拒的偏爱。

　　泰戈尔是改不了的含糊。在他那一千零一首诗中，缺乏抒情诗的感染力，也缺乏起码的语言精炼。在一篇序言中他声称"陷入了形式的海洋深处"。形象的比喻是泰戈尔独特的风格，而且特别的流畅和随性。

　　下面我翻译一首诗，叙事的方式避免了过多的感叹词。

诗的题目是《循着梦的黑暗小径》：

循着梦的黑暗小径我寻找我的爱情，

那是我昔日的恋情。

小街深处的住宅一片宁静。

黄昏的空气中心爱的孔雀在铁环上安息，

鸽子在角落里一声不吭。

她把灯安放在门厅，来到我身边。

一双大眼睛盯着我的脸，无言地询问：

"你好吗，情人？"

我欲答无话，把语言忘得一干二净。

我搜索枯肠，想不起我们俩的姓名。

泪珠在她眼眶里闪烁，她把右手伸向我，

我默默地把它握在手心。

一盏油灯在黄昏的空气中颤抖、燃尽。

——泰戈尔

黄锦炎　译

一九三七年六月二十五日

托·斯·艾略特[*]

　　"圣路易斯布鲁斯"的不可思议的同胞，托·斯·艾略特
一八八八年九月出生于神话般的密西西比河畔的圣路易斯这
个精力充沛的城市，是有钱的商人和基督教徒家庭的孩子，
在哈佛大学和巴黎念过书。一九一一年回美国，修学热门的
心理学和玄学。三年后去英国。在那个岛国（最初也曾犹豫
过）找到了他的妻子、他的祖国和他的名字；在那个岛国发
表了最初的散文——两篇有关莱布尼茨的技术性文章以及最
初的诗歌《大风夜狂想曲》、《阿波里纳斯先生》和《阿尔弗
雷德·普鲁弗洛克的情歌》。在这些处女作中，拉弗格对他的
影响是明显的，有时是致命的。作品的结局缺乏生气，但某

些形象却异常清晰，例如：

> 我要成为一双粗壮的巨爪，
>
> 飞快地插入那宁静的海底。

一九二〇年，他发表了《诗歌集》，也许这是他的诗歌作品中最参差不齐、风格不一的一本，因为——收入了绝望的自白《衰老》和写得很一般的《局长》、《大杂烩》和《蜜月》——犯了生造法语的毛病。

一九二二年发表了《荒原》，一九二五年发表《空心人》，一九三〇年发表《圣灰星期三》，一九三四年发表《磐石》，一九三六年发表《大教堂凶杀案》，题目很漂亮，像是阿加莎·克里斯蒂的作品。这些作品中的第一部博学而晦涩，曾使（现在仍使）评论家们不知所措，但比晦涩更重要的是诗的美。再说，这种美的感受是先于任何评论而且是不取决于任何评论的（对这部诗歌的分析有很多，最谨慎、最中肯的

---

* 此篇及以下两篇初刊于 1937 年 6 月 25 日《家庭》杂志。

要数弗·奥·马西森在《托·斯·艾略特的成就》一书中的分析)。

艾略特像保尔·瓦莱里一样,有时在诗歌中表现出阴郁和无能;但像瓦莱里一样,他是一位堪称典范的散文家。他那部《散文精选》(伦敦,一九三二年)囊括了他的散文精华。后来出版的那部《诗歌的用途与批评的用途》(伦敦,一九三三年)则可以忽略而无伤大雅。

《磐石》(第一段齐诵):

鹰在苍穹之巅展翅翱翔,

猎人和猎狗群围成一圈。

啊,有序的星群不断轮转!

啊,固定的四季周而复始!

啊,春与秋、生与死的世界!

思想和行动的无穷循环,

无穷的创造,无穷的试验,

带来运动的知识,不是静止的知识;

是说话的知识,不是沉默的知识;

是对可道的认识，和对常道的无知。

我们的一切认识，使我们接近无知；

我们的一切无知，使我们接近死亡。

然而，接近死亡，不能使我们接近上帝。

我们在生活中失去的生命在哪里？

我们在认识中失去的智慧在哪里？

我们在传播中失去的知识在哪里？

二十个世纪来天宇轮回，

使我们离上帝更远，离尘土更近。

——托·斯·艾略特

黄锦炎　译

对阿蒂尔·兰波的两种诠释

　　源于法国的一种愚蠢习俗，结果使法国产生不了天才，那个勤劳的共和国只限于组织和琢磨进口的材料。比如，今天一大半法国诗人来自沃尔特·惠特曼；再如，法国的"超现实主义"完全是德国表现主义过时的再版。

　　这种习俗，读者可以明鉴，是双重否定的，既指责世界各国缺乏教养，又指责法国不出成果。阿蒂尔·兰波的作品是后一种说法完全错误的明证之一——也许是最出色的证明。

　　两部有关兰波的力作已经在巴黎出版。一本（丹尼尔-罗普斯写的）从天主教的观点"研究"了兰波；另一本（高克雷和艾田蒲先生写的）用了讨厌的辩证唯物主义的观点。说句废话，前者重视天主教义胜过兰波的诗歌，后两人则关心辩证唯物主义多于关心兰波。"兰波的两难处境,"丹尼尔－罗普斯先生说,"不是美学解释得了的。"对丹尼尔－罗普斯先生而言,此话的意思是可以用宗教来解释。丹尼尔－罗普斯先生也为此做了尝试,成果是有趣的,但不是决定性的,因为兰波不是(像威廉·布莱克那样的)有幻觉的人,他是一个寻求经验而未得的艺术家,下面是他说的话:

"我曾想创造新的花、新的星星、新的肉体、新的语言。曾自以为获得了超自然的神力……现在我应该把我的想象和我的回忆埋藏起来。艺术家和小说家的美丽桂冠被夺走了。我又回到了人间。我!我曾梦想成为魔术师或天使……"

黄锦炎　译

埃勒里·奎因《生死之门》

有一个经久不衰的令人感兴趣的问题：关着门的房间里有一具尸体，"既没有人进去过，也没有人出来过"。埃德加·爱伦·坡创造了这一情节，并给出了一个好答案，尽管也许算不上最好的（我说的是小说《莫格街谋杀案》中给出的答案；这个答案需要一扇高窗和一只类人的猴子）。爱伦·坡的小说发表于一八四一年；一八九二年，英国作家伊斯雷尔·赞格威尔发表了短篇小说《弓区大谜案》，又提出这个问题。赞格威尔的答案很聪明：两个人同时进入杀人的卧室，其中一人惊恐地宣称房东的脑袋被他们砍下来了，趁同伴惊慌之际实施了谋杀。另一个非常好的答案是加斯东·勒鲁在《黄色房间的秘密》中提出的；还有一个无疑差一些的答案是伊登·菲尔波茨在《七巧板》中的答案（在最后一部小说中，一个人在一座塔楼上被刺了一刀；破案后发现这把短刀是有人用枪射过来的）。在小说《狗的启示》（一九二六年）里切斯特顿重提旧话，花园空地上的一把剑和几条裂缝成了问题的答案。

埃勒里·奎因的这本书第六次提到这个古典的问题。我不干揭底的事了，再说答案并不令人满意，因为插入了相当多的偶然性。《生死之门》是有趣的，但情节远不及奎因写得最好的那些书。不及《中国橘子之谜》，不及《暹罗连体人之谜》，不及《埃及十字架之谜》。

黄锦炎　译

一九三七年七月九日

利亚姆·奥弗莱厄蒂[*]

利亚姆·奥弗莱厄蒂是阿伦岛人，生于一八九六年¹，父
母贫穷，是非常虔诚的天主教徒。他是在耶稣会的学校受的
教育。他从小就怀有两种感情：对英格兰的仇恨和对天主教
的敬仰（对教会文学的热爱缓和了第一种感情；信仰社会主
义又淡化了第二种感情）。一九一四年，他的两种忠诚发生了
冲突。利亚姆·奥弗莱厄蒂希望英国战败，但是一个弱小的
天主教国家比利时——当时与爱尔兰那么相像——被一个强
大的异教国家德国——与英格兰如此酷似——蹂躏的景象，
使他义愤填膺。一九〇五年他找到了解决问题的办法——他
化名参军，免得玷污家庭的名誉。他跟德国人作战两年。回

204

国后，趁着爱尔兰革命，又跟英格兰打仗。由于作为革命头领功绩卓著，有一段时期他不得不离开大英帝国。我们知道，他在加拿大当过樵夫，在委内瑞拉一个港口做过码头工人，在小亚细亚做过土耳其人的代理，在明尼苏达和威斯康星州当过送咖啡的侍者、排字工人和"颠覆性的"演讲人。在圣保罗的一家轮胎工厂他写了最初的几篇小说，每天晚上写一篇，第二天早晨气呼呼地再读一遍，就扔进字纸篓。

《邻居的妻子》是他第一部小说，一九二四年发表于伦敦。一九二五年发表了《告密者》，一九二七年发表了《蒂姆·希利的生平》，一九二八年发表了《杀人犯》，一九二九年发表了一本《爱尔兰旅行指南》（详细指明了小修道院、无人荒地、处女地、沼泽地），一九三〇年发表了自传体小说《两年》，一九三一年发表了《我去过俄罗斯》。据说，他像个十足的痞子，喜欢去不了解的城市，喜欢喝酒、赌钱，喜欢清晨，喜欢晚上，喜欢争论。

黄锦炎　译

---

* 此篇及以下三篇初刊于 1937 年 7 月 9 日《家庭》杂志。
1 应为 1897 年。

一本有关保尔·瓦莱里的书

于贝尔·法布罗发表了一本有关保尔·瓦莱里的批判性专著。二百四十页书很好读，但是，通篇充斥着不遗余力的、无用的强词夺理和小小的恶意，看了让人不舒服。这里举几个不舒服的例子，它们几乎是随手可捡的。

在第一百七十七页上，于贝尔·法布罗（亨利·沙尔庞捷先生早就提出过，这是事实）指出，《棕榈》的定稿中写了："毫无神秘的抉择"，而第一稿中却写着："不无神秘的抉择"。

那个矛盾（确切地说，那个无心的修正）引起了下面这个荒唐评语："从这一版到那一版，一段诗歌意思完全相反。瓦莱里愚弄读者。"保尔·瓦莱里如果愿意屈尊可以回答许多话。他可以回答说，一句诗歌中的一个副词颠倒（我说一个副词，因为"不无神秘"等于"神秘地"）也不至于颠倒整段诗的意义。可以回答说，一个诗人在审读时，可以认为"毫无"这个词在这个地方不如"不无"一词确切，或者比这个词更有力。可以回答说，一个美学问题（修改一个词汇）不足以让人作出道德上的评判（加上愚弄人的罪名）。

在第一百七十八页上，批评者对瓦莱里没有用某个亲切的形象代指一个女人而是去代指灵感而感到惋惜。这说明批评者不懂得借喻和象征，这类象征实际上使我们产生双重的直感，而不是一些可以转变成抽象名词的形象。《神曲》第一首中那又饿又瘦的母狼不是贪婪：是一头母狼，又是贪婪，就像梦里出现的那样。

法布罗不懂得借喻，也不懂比喻。《海滨墓园》中的第一句写海的脍炙人口的诗句："那平静的屋顶，白鸽在上面游荡……"法勃莱解释说："我们站在地中海海边，在一个异教的世界里，那里有希腊罗马神话中的诸神光顾。从海水的深处耸立起海神的宫殿。我们见到的只是它的屋顶，那是海浪也无法扰乱的平静的海面。扬着白帆的船只就是来此停留的白鸽。形象是迷人的，但在这田园美景中有点显得渺小，农民贵族的鸽群的联想与四海之王的威严有点不谐调。"然而，比喻是两个形象瞬间的接触，而不是两个事物的完全趋同。所以那大段的引申、那豪华宫殿的浮华和排场、那凭空出现的海神都是不正确的。

黄锦炎　译

亚历山大·莱恩
《闹鬼的公共汽车》

　　在英国出版了许多神怪小说选集。这些选集不同于德国和法国的同类小说，追求的是纯然的美学享受，而不是传播魔幻艺术。也许正因如此，它们明显地胜人一筹。眼下最佳的神怪小说——亨利·詹姆斯的《螺丝在拧紧》、梅·辛克莱的《他们的火焰不灭的地方》、雅各布斯的《猴爪》、吉卜林的《欲望之屋》、爱伦·坡的《瓶中手稿》——均出自以前否定神怪内容的作家之手。原因很清楚。怀疑主义的作家本身就是最善于组织魔幻效果的人。

　　在我有机会读到的幽灵小说中，我认为没有一部能超过多萝西·塞耶斯的作品。亚历山大·莱恩的这部作品稍差一些。全书收了四十多篇小说。阿尔弗雷德·埃德加·科珀德、威尔基·科林斯、欧·亨利、小泉八云、雅各布斯、莫泊桑、阿瑟·梅琴、小普林尼、爱伦·坡、罗伯特·路易斯·斯蒂文森和梅·辛克莱是书中所选的部分作者。为了让读者们吃惊和喜欢，我翻译了爱尔兰的这段"魔幻小说的可能的结尾"：

"多么邪恶的屋子！"姑娘一面说，一面胆怯地走上前去。"好重的门啊！"说着碰了一下门，门突然关上了。

"我的天！"男子说，"门上好像没有把手。我们俩被关在里面了……"

"不是两个，只有一个人！"姑娘说着，穿过了厚实的门不见了。

黄锦炎　译

关于文学生活

　　新版萧伯纳的《智慧妇女的社会主义和资本主义指南》——六便士一册，折合六十生丁——补充了关于苏维埃主义和法西斯主义的两章。萧伯纳写道："富人和穷人都是可恨的。我恨穷人，渴望有朝一日他们会灭绝。我有些可怜富人，但我也希望他们灭绝。工人阶级、商人阶级、自由职业阶级、有钱阶级、统治者阶级，都是一样可恨；他们没有生存的权利。要是不知道他们注定要死亡，他们的子孙也和他们一样，那我会绝望。"

黄锦炎　译

罗曼·罗兰[*]

　　罗曼·罗兰的荣誉似乎非常坚实。在阿根廷共和国，华金·维克多·冈萨雷斯的崇拜者们都钦佩他；在加勒比地区，马蒂的崇拜者钦佩他；在美国，亨德里克·威廉·房龙的崇拜者钦佩他。在法国本土，他从不缺少比利时和瑞士的支持。另外，他的优点，道义上的多于文学上的，用他爱听的几个词汇之一来说，就是，"泛人道主义"方面的多于句法上的。

　　罗曼·罗兰一八六六年一月二十九日出生于克拉梅西。他从小就决心一生从事音乐。他二十岁进高等师范学校，二十三岁进罗马法兰西学校。在这段时间里他看了托尔斯泰、瓦格纳和莎士比亚的作品：这三个人（据他说）对他的影响最大。他的第一部戏剧习作就是想模仿莎士比亚。法兰西学院于一八九五年褒奖了他的博士论文《斯卡拉蒂和卢利之前的歌剧史》。一八九九年，他开始致力于书写法国大革命时期，七个独立的剧本，就如一部史诗剧的七幕（或七部诗歌）。

一九〇四年，《约翰·克利斯朵夫》第一卷问世。小说总共有十卷，主人公是贝多芬和罗兰本人的结合体。

比作品更令人钦佩的是它在世界各国所获得的成就——内心的、无声的、亲切的成就。我记得在一九一七年还有人说："约翰·克利斯朵夫是新一代的口令。"

一九一四年，罗曼·罗兰拒绝接受把德国变成恶魔王国和把同盟国变成受攻击的天使的强有力的神话。那年九、十月间，他在《日内瓦日报》上发表了一系列文章，后来收在一本小集子里，作品使他获得了一九一五年诺贝尔文学奖。

罗兰的作品很多。除了上面提到的外，还包括以下几部：《人民的戏剧》（一九〇一年）、《贝多芬传》（一九〇三

---

* 此篇及以下三篇初刊于 1937 年 7 月 23 日《家庭》杂志。

年)、《米开朗琪罗传》(一九〇六年)、《哥拉·布勒尼翁》(一九一八年)、《克莱朗博传》(一九一九年)、《阿尼塔和西尔维娅》(一九二二年)、《夏天》(一九二四年)、《甘地传》(一九二五年)、《母与子》(一九二七年)。[1]

黄锦炎　译

1　罗曼·罗兰的《哥拉·布勒尼翁》1919 年初版,《克莱朗博传》1920 年初版,《甘地传》1925 年初版,《母与子》初版分七册,于 1922 年至 1923 年陆续出版。博尔赫斯此处所记或有出入。

赫·乔·威尔斯
《新人来自火星》

在伦敦和巴黎几个冒失鬼到处宣称，威尔斯又回到鬼怪小说了。这消息（就像马克·吐温听到关于自己去世的消息时说的）有点夸张。事实，完全真正的事实是这样的。一九三六年十二月的最后几天，威尔斯发表了《槌球手》，此书本栏目曾评论过，实际上，与其说是一部鬼怪小说不如说是寓言小说。主人公描述了一个有毒的沼泽地区，在那里发生了凶杀事件；在小说中间部分人们猜测，这块传播瘟疫的地区是伦敦或是布宜诺斯艾利斯，或是任何大城市……现在，威尔斯刚发表了《新人来自火星》，副标题补充说，那是一幅生物学的幻景，但是读者马上就发现"幻景"这个名词是多余的，书中除了生物学，除了让人看不下去的生物学的争论，几乎没有别的东西。

内容倒并非没有特色。一颗遥远的行星上的居民——威尔斯不恭敬地称他们为天上的家伙，也叫他们星际监护人——决定用发射宇宙射线的办法来改良人类。威尔斯本可以用许多方式来解决这个问题。比如，本可以刻画一群人类，一眼看上去他们完全是各色各样的，但最后分成两个帮派：一帮是纯粹的地球人，一帮是外星人。

比如，可以刻画一个单独的外星人身陷充满敌意的环境，或者写他们之中的两个人的友情（或者悲惨的敌意）……赫·乔·威尔斯恰恰相反，他宁愿去讨论人类历史上有过外星人秘密干预的可能性。他不是去陈述一个事实，而是在设法说服我们，甚至是说服他自己。结果倒并不令人讨厌——威尔斯很少让人讨厌，除了在盲目地一心想教育人的时候——但不像一本小说。

此书也有非常有趣的地方。主人公为了猎取思维奇特的人，跑遍了英国的学校，到处去做有关罗马帝国的荣誉和英勇业绩的讲座。学生们都被他迷住了，脸上的表情庄重而严肃，只有一个学生单独坐在那里开小差，脸上挂着微笑。演讲人找到了他要找的人。

黄锦炎　译

奥拉夫·斯特普尔顿
《第一个和最后一个人》

  这本厚厚的预言小说——三百页书中包括了两千万个世纪中人类的未来史，现在可以买到此书的"鹈鹕鸟丛书"版，价格是既微不足道又让人动心的六十生丁。如果罗列一下此书的某些特色——遥远未来的人具有环视能力，而不是像现在的人们只能看半个圆；气体人种崇拜物质的东西，他们的神就是坚硬的钻石；机器人的军队把五大洲夷为平地；世世代代追求和酷爱肉体的痛苦的人；十字军远征为了拯救过去，人类亚种为超级猿猴当仆人；以音乐为根本的社区；安装在金属塔上的大脑瓜；这些固定在那里的脑袋构思并制造出来的人类品种；动物和植物的制造厂；能看出星星是实心体的眼睛——我就要冒风险，那会使读者以为《第一个和最后一个人》纯粹是胡说八道或奇谈怪论，尽是些让人吃惊的胡话，就像弗里茨·朗[1]那部无法卒"观"的《大都会》一样。不可思议的是，事实并非如此。

斯特普尔顿的作品最后给人的印象是悲剧性的，甚至是严酷的，但不是不负责任的胡编。不是，几乎不是讽刺性的，完全不同于阿道司·赫胥黎的《美丽新世界》。作者的所谓未来就是纽约——确切地说是好莱坞——只是放大和简化了一些。

黄锦炎　译

1　Fritz Lang（1890—1976），奥地利电影导演。

关于文学生活

传记热在继续升温。人写完了，就写河流，写象征。埃米尔·路德维希出版了一本湍急的《尼罗河传》。赫尔曼·温德尔，为了纪念《马赛曲》的作者鲁热·德·利尔逝世一百周年，发表了《一首颂歌的传记》。

黄锦炎　译

赫尔曼·苏德曼[*]

赫尔曼·苏德曼一八五七年底生于俄罗斯边境附近的马齐肯的一座破村庄。他的双亲都是出身贫苦的门诺派教徒。可以说，他们的狂热足以使他们不放弃这卑微的、受迫害的信仰。这种信仰禁止信徒们担任神职、官职和操持武器。苏德曼在埃尔宾的中学受过教育。十九岁进了柯尼斯堡大学；二十三岁去了柏林，在那里有一段时间担任家庭教师。后来从事新闻工作，一八八一年至一八八二年担任《德意志帝国日报》主编。一八八六年发表短篇小说集《在阴影中》，一八八七年发表了《忧愁夫人》。这些作品确实与含混和忧郁的标题是谐调的（在一八七一年艰苦的胜利前后，德国是很忧郁的)。一八八九年首次发表了有战斗性的剧本《荣誉》。剧本所获得的成功理所当然地推及他下一部小说《猫径》。这时，出现了一种矛盾的现象。因为现实主义成了欧洲文学的主角；赫尔曼·苏德曼这位本质上的浪漫主义者，在欧洲却成了现实主义的冠军之一（在英国，托马斯·哈代的情况与此相似）。

苏德曼的作品内容广泛，包括剧本《故乡》（一八九三年），因由埃莉奥诺拉·杜斯出演而出名，《蝴蝶之战》（一八九四年），《莫里杜里》（一八九六年）——系列独幕剧，其中一个剧本中写了一个令人难忘的结局，去赴死决斗的人临行前向朋友们告别，朋友们不知道情由也没有理睬他——《三根猎鹰羽毛》（一八九九年），《石堆里的石头》（一九〇五年），《锡拉库萨的乞丐》（一九一一年），《德国的命运》（一九二一年）。他的小说中值得记住的有两部史诗般的作品：《疯子教授》（一九二六年）——俾斯麦时代的编年史——和《斯蒂芬·特隆波特的女人》（一九二七年）。他的短篇小说

* 此篇及以下两篇初刊于 1937 年 8 月 6 日《家庭》杂志。

中，有短小而感人的杰作《约兰达的婚礼》。在所有的作品中，浪漫主义的风格是不可否认的。

苏德曼于一九二八年在柏林去世。

黄锦炎　译

弗兰茨·卡夫卡《审判》

埃德温·缪尔夫妇刚把这本书写幻觉的小说译成英语（原文写于一九一九年，作为遗著发表于一九二七年，一九三二年译成法语）。情节与卡夫卡的所有短篇小说一样，极其简单。主人公不知怎么地被一桩荒唐的罪案困扰，他无法查明告他的罪名，甚至不能与审判他的无形法庭相见；法庭则不经预先的审理终审判决他绞刑。在卡夫卡的另一篇小说中，主人公是个土地测量员，应召去一座城堡，但他始终无法进去，统治城堡的当局也不承认有这么回事。

在另一篇中，主题是讲一道一直没有送到的圣旨，因为人们在信使的路途中设置了障碍，还有一篇中，一个人到死也没能去走访一座邻近的小镇……

谁也不会说卡夫卡的作品不是梦魇，就连作品的古怪的细节都是。所以，《审判》开头一章中抓住约瑟夫·K的那个人的紧身黑衣"有许多扣眼、纽襻、扣子、口袋和一条看上去很实用的皮带，尽管谁也搞不清楚这些东西的用途"。所以，审判厅那么低矮，挤满走廊的听众好像都佝偻着，"有的人还带来了大枕头免得头撞天花板"。

　　卡夫卡的感染力是无可争辩的。在德国，许多人用神学来诠释他的作品。这不是没有道理的——我们知道，弗兰茨·卡夫卡对帕斯卡和克尔恺郭尔是很虔诚的——但也不一定非那样做不可。一位朋友给我指出了他那百试不爽又充满无数细小障碍的虚构作品的先驱：埃利亚学派代表人物芝诺，阿喀琉斯与乌龟的没完没了的比赛就是他创造的。

黄锦炎　译

奈杰尔·莫兰《怎样写侦探小说》

　　多萝西·塞耶斯写过最好的侦探体裁的技巧分析和已知作品——包括埃德加·华莱士和奥斯汀·弗里曼的——中最差的侦探小说。如果相互定理是正确的，那么奈杰尔·莫兰先生的小说——《月球人杀人案》、《豹子街》和《瓦匠姨妈的踪迹》——应该是完美无缺的。然而，这样的事实不至于使我大吃一惊，因为有一个头脑能深刻地分析一种美学效果，就有十个——或者有一百个——头脑能创造它。

　　这本教科书是想教人以侦探小说的创作艺术。是（前言中说）"一本摒弃抽象的废话、揭示现代侦探小说基本规律的强调实用性的书"。但是，书的内容不难缩写成三个要素：剽窃、说废话、错误百出。剽窃的最好例子是该书的前几页，那只是重复了多萝西·塞耶斯小姐的思想。说废话的好例子是第三十六页上那个注意事项："现代读者马上会发现作者的疏忽大意，他们不关心作者是谁，更注意小说开头卧室的红地毯，而在小说结尾说是绿色的。"错误百出的最佳例子是奈杰尔·莫兰先生为新手们推荐的有关毒品学、弹道学、指纹学、法医学和精神分析学著作的那份博学的书单。我们都知道这种令人不忍卒读的研究的严重后果。

一个谜的"科学"解法可能不是骗人的，但有被认为是欺骗的危险，因为读者没有奈杰尔·莫兰推荐给作家的毒品学、弹道学等等方面的知识，所以无法去猜测。能不用那些高深技术而破案，总是要更高明些。

黄锦炎　译

一九三七年八月二十日

盖尔哈特·霍普特曼[*]

　　盖尔哈特·霍普特曼于一八六二年出生在西里西亚的
一个小村庄，是一位饭店老板的儿子，纺织工的孙子和重
孙。无论是在上萨尔茨布伦的学校里还是在布雷斯劳的皇家
学院里，他始终是一个懒散的学生。他最初的雄心是搞雕塑。
一八八〇年他进入布雷斯劳的皇家艺术学院；一八八二年他
进入耶拿大学，在那里攻读鲁道夫·欧肯¹的哲学课程。从
一八八三年起，他在西班牙和意大利进行了一次缓慢而无计
划的旅行。他在罗马一家雕塑工作室里得了伤寒病。一位寡
言少语、满脸笑容的姑娘玛丽·蒂内曼小姐照顾着他，这
位姑娘后来成了他的妻子——这种事情只有在现实中才会

发生。一八八五年他发表了第一部小说，这是部阴郁的小说，他试图（明显地和泛泛地）模仿拜伦的《恰尔德·哈罗尔德游记》。不久，又发表了一部长篇小说《扳道夫蒂尔》。一八八七年，阿尔诺·霍尔茨的友谊和说教使他信仰了自然主义。阿尔诺·霍尔茨在自己浩瀚的图书室里向霍普特曼证明村野之夫用德语俚语或方言进行谈话的合理性；霍普特曼——说到底，他也是村野之夫且像村野之夫一样崇拜约定俗成之规——从来没有想过采用这种文学手法。

霍普特曼写了许多著名的现实主义剧作。家庭生活的恐惧、家庭犹如监狱正是下列剧本的基本主题：《黎明前》、《寂寞的人们》和《和平节》。《织工》（一八九二年）和《弗洛里安·盖尔》（一八九六年）则是两部伤感的史诗剧。《罗泽·贝恩特》（一九〇三年）展现了一位爱自己的儿子又杀了他的女人的命运；《加百列·西林的逃跑》（一九〇七年）则是被两个女人的爱撕碎心的男人的自杀。还应该提及几个象征性的剧本：《奈普升天记》（一八九三年）、《沉钟》

---

* 此篇及以下两篇初刊于 1937 年 8 月 20 日《家庭》杂志。

1 Rudolf Eucken（1846—1926），德国哲学家，1908 年诺贝尔文学奖得主。

（一八九六年）、《碧芭在跳舞》（一九〇六年）、《格里塞尔塔》（一九〇八年）。《尤利西斯之弓》（一九一四年）淡淡地和稍有偶然地叙述了这位荷马英雄的冒险。《白色的救世主》（一九二〇年）则叙述蒙特祖玛的惨死，据萨阿贡神甫说，入侵者发现他正同笨重的玩具在游戏。《印第波第》（一九二三年）重提莎士比亚《暴风雨》中的情节。

盖尔哈特·霍普特曼的散文作品中——《信奉基督的愚人：埃马努尔·克文特》（一九一〇年）、《亚特兰蒂斯》（一九一二年）、《幽灵》（一九二三年）、《达马斯岛的奇迹》（一九二四年）、《耶稣受难书》（一九三二年）、《苏阿那的异教徒》（一九一八年）——也许最值得一提的是最后一部。现在，霍普特曼居住在阿格内特道夫山偏僻的山村里。一九一二年他获得了诺贝尔文学奖。

徐鹤林　译

230

奥拉夫·斯特普尔顿《造星者》

　　这是会使赫·乔·威尔斯的优质读者们心里感到高兴的一件事：奥拉夫·斯特普尔顿又出了一本书。斯特普尔顿远不如作为艺术家的威尔斯，但在数量和创作手法的复杂性上超过了他，虽然在良好的后续发展上并非如此。在《造星者》中，他恰到好处地避免了所有感人的矫作（在第二百八十八页上有一处败笔违反了这个准则）并以一个史学家的客观风格来叙述他的奇事。尽管我担心"史学家"这个词本身有些过于热情了……

　　这本书叙述对宇宙进行了一次想象的探索。在想象中，主人公抵达一个意外的星球，并住宿在它的一位"人类"居民的体内。两种意识达到了共处，甚至还相互渗透，但又不失各自的个性。然后，他们——非人形的——访问了其他世界的其他灵魂，并通过添加的方式建造了一个几乎是不可计数的集体的大写的我。组成这个大写的我的许多极其不相同的个体各自保留着自己的个性，但又具有共同的回忆和经验。从时间的初始到最后一刻，他们都在探索星空。《造星者》则是这项空前冒险活动的缩写。

在有些星球上，味觉是最敏感的。"那些人不仅用嘴尝，而且还用潮湿的黑手和脚来尝。金属和木头的味道、淡性土和酸性土的味道、许多石头的味道、光脚踩踏过的植物的缕缕清香或烘烘腥臭，确定了一个绚丽多姿和精彩动人的大千世界。"在那些广袤的星球上，引力之大使最轻盈的鸟儿也难以展翅飞翔，它们的头脑小得微不足道，但是群体却成了一个单一意识的复合器官。"我们艰难地学着同时用成百万只眼睛看，用成百万双翅膀探知环境的方位。"在某些巨大无比的荒凉的星球上，每个意识的复合体就是一个蜂群或是一个昆虫阵。"我们用不计其数的脚匆匆忙忙地进入物质细微的迷宫之中，我们用不计其数的触角进入工业和农业的漆黑的活动之中，或者进入那个浅显世界上池塘和水渠里小船的航行中。"也有视听世界，它们无视空间，只存在于时间之中……作者不失为社会主义者，他的想象（几乎永远如此）是集体的。

信奉神灵的几何学家斯宾诺莎认为，宇宙具有以无穷无尽的方式存在着的无穷无尽的东西。小说家奥拉夫·斯特普尔顿赞同这个压倒一切的观点。

徐鹤林　译

乔治·麦克穆
《鲁德亚德·吉卜林：艺术家》

    这部厚书——《鲁德亚德·吉卜林：艺术家》——似乎是要分析这位艺术家运用的文学手法。这是个无以穷尽的题材，因为吉卜林思想之无可争辩的简单——他学生般好战的爱国主义、他对秩序的热衷——同他的艺术之巧妙复杂是有直接联系的。但是，乔治·麦克穆先生甚至没有作过分析。他仅仅证实了这位大师喜爱《圣经》式的语言，仅仅记录了莎士比亚、斯温伯恩和莫里斯的某些影响。

    他的整本书都是通过轶事来解决的。有一章的标题为《吉卜林和真正的爱情》，另一章的标题为《东方的妇女》，还有一章的标题为《狗、动物和儿童》。唯恐被指控为诽谤或诬陷的英国式的胆怯，使得他所提及的轶事都是乏味的，或仅仅是泛泛提到那些声名显赫的英国老军人和官员。在英国——奥斯卡·王尔德说过——只有那些已经完全丧失了记忆的人才发表回忆录。

有时候，乔治先生是明说的。于是他就向我们讲述到吉姆的"真正"故事或者确定（在拉合尔的旧地图上）百忧门的确切位置。

仔细看来，这种方式是荒谬的。时间在艺术家身上汇聚经验，就像在所有人身上一样。由于省略和强调、忘却和记忆，艺术家把它们组合起来，并以此做成艺术作品。然后，批评则费力地肢解作品和恢复（或者假装恢复）促使作品产生的混杂的现实。就是说，恢复最主要的混沌。

徐鹤林　译

一九三七年九月三日

爱·埃·卡明斯[*]

  诗人爱德华·埃斯特林·卡明斯一生的履历只须几行字就能写完。我们知道他于一八九四年年底生于马萨诸塞州。我们知道他在哈佛大学上学。我们知道他于一九一七年加入红十字会以及一封不谨慎的信使他蹲了三个月的大牢（在狱中，"所有的不适在那里均有位置，所有伤心的声音在那里均有场所"，他构思了他的第一部作品《巨大的房间》）。我们知道他后来加入陆军作战。我们知道他是个妙语连珠的人以及他的演说常常因为有整段希腊、罗马、英国、德国和法国文学作品的文字而光彩夺目。我们知道一九二八年他同安娜·巴顿结婚。我们知道他经常作画，有水彩画和油画。

呵！我们还知道他喜爱活版印刷术甚于文学。

确实，在卡明斯的作品中——《郁金香和烟囱》（一九二三年）、《四十一首诗》（一九二五年）、《和》（一九二五年）、《他》（一九二三年）、《活女人》（一九三二年）——首先引人注意的是活版印刷的淘气与俏皮：图形诗和取消标点。

这是读者首先看到的东西，在许多情况下也是他们唯一看到的。这一点颇为遗憾，因为读者只顾对此感到愤慨（或感到鼓舞）而从诗歌上分心，事实上，卡明斯交给读者的诗有时是很精彩的。

下面是一节诗，我逐字翻译如下：

　　上帝可怕的脸，比匙子还光亮，它总结了只有一个致命词的形象；甚至连我的生命（喜欢太阳和月亮）都好像是某种没有发生过的事。我是一只没有任何鸟儿的鸟笼子，是一串寻找狗的项圈，是一个没有嘴唇的吻；

---

* 此篇及以下三篇初刊于 1937 年 9 月 3 日《家庭》杂志。

是一声缺乏膝盖的祈祷；但是在我的衬衫里有某种东西在跳动，证明这活生生的、没有死的人，是我。我从来没有像现在这样爱过你，亲爱的。

（一个不完美的对称、一幅失败的和由于连续不断的惊奇而取胜的图画，是这一节诗明显的规律。用"匙子"替代"剑"或"星"；用"寻找"替代"没有"；在"笼子"和"项圈"这类东西之后是作为一个行为的"吻"；用"衬衫"替代"胸"，"我爱"不用人称代词；"没有死"替代"活"，我以为这些是最明显的变异。）

徐鹤林　译

阿道司·赫胥黎
《和平主义百科全书》

　　在讲述对抗忧郁的方法的《忧郁的解剖》——那是在一六一二年——的第二部中，其作者列举了观赏之法，观赏宫殿、河流、迷宫、商店、动物园、庙宇、尖顶方碑、假面舞会、烟火、加冕典礼和战斗。他的天真使我们感到有趣；在健康的节目单中谁也不会把战斗包括进去的。（同样，谁也不会不可思议地对享有盛名的和平主义电影《西线无战事》中拔出的刺刀感到陶醉……）

　　在这部紧凑的、一百二十八页的《和平主义百科全书》的每一页上，赫胥黎均冷酷无情地向战争开火。他从不谩骂或雄辩，对他而言，渲染感情的论据是不存在的。

就像班达或萧伯纳一样，对战争罪行的愤怒少于他对战争的不明智和愚蠢感到的愤怒。他的论据是理智的，而不是感情用事的。但是，在掩饰他提倡的和平主义需要比士兵的绝对服从具有更大的勇气上他聪明绝顶。他写道："非暴力的抵制并不意味着什么也不做。而是意味着作出所需要的极大努力来以正压邪。这种努力不相信强健的肌肉和恶魔般的武器装备：它相信道德的勇气、自控以及坚韧的意识，在地球上没有一个人，哪怕是村野之夫，哪怕是具有个人仇恨，生来不仁慈、生来不爱公正、生来不尊重真和善，任何人通过使用正当的手段都是可以达到这个境界的。"

赫胥黎令人尊敬地不偏不倚。"左派军人们"、赞同阶级斗争的人，似乎不比法西斯分子的危险性小。"军事效率"——他说——"需要权力集中、高度的中央集权、征兵或奴役政府和建立一个地域偶像，偶像的上帝是民族本身或半神化的暴君，军事反对法西斯主义、捍卫社会主义，实际上成了由社会主义社会转变成法西斯主义社会。"他又说："法国大革命运用了暴力，结果成了军事独裁和长期强制征兵或军事奴役。俄国革命运用了暴力，现在，俄国是军事独裁。看来，真正的革命——即把非人类变成人类——不能通过暴力手段来实现。"

徐鹤林　译

米尔沃德·肯尼迪
《世间万物稍纵即逝》

在本书的题献中，米尔沃德·肯尼迪认为，侦探小说是濒临消亡的体裁，他指出必须马上从心理上着手革新。我愿意走得更远：我希望有一天能证明，没有复杂心理因素的纯侦探小说是一种伪装的体裁，那些典范之作——加斯东·勒鲁的《黄色房间的秘密》，埃勒里·奎因的《埃及十字架之谜》、范达因的《圣甲虫杀人事件》——如果写成短篇小说会更有成就。为一个谜语花费三百页是件可笑的事……所以，历史上第一本侦探小说——时间上的第一本，也许就是优点最多的侦探小说威尔基·科林斯的《月亮宝石》（一八六八年）——同时也是一本优秀的心理小说。

米尔沃德·肯尼迪在《世间万物稍纵即逝》中重新发现了这个好传统。"这部作品，"作者说，"是一个试验，讲一个女朋友去世的男人几天的生活。我让读者深入到此人的行为、警察的行为、审判及其他一切的结局中去。"

试验是成功的。我用一个下午和一个晚上读完了《世间万物稍纵即逝》。它不如《死亡营救》——无疑这是米尔沃德·肯尼迪已经发表的九部或十部作品中最好的一部——但又不失为有趣的作品。不仅是题材有趣，人物的性格也有趣。也就是说，题材之有趣是同性格之有趣结合在一起的。我把它推荐给我的读者，甚至包括那些一贯憎恶侦探小说的读者。

徐鹤林　译

关于文学生活

　　鲁登道夫的杂志《德国力量的神圣源泉》仍旧在慕尼黑毫不留情地每半个月一次继续它反对犹太人、教皇、佛教徒、共济会、通神论者、耶稣会、共产主义、马丁·路德、英国和怀念歌德的运动。

　　　　　　　　　　　　　　　　　徐鹤林　译

弗里茨·冯·翁鲁[*]

在所有参加一九一四年战争的国家中，没有一个国家像德国那样产生如此各不相同和具有实质性的反战文学。在许多诅咒战争的德语诗人中（约翰内斯·贝希尔¹、沃尔特·哈森克勒弗²、弗兰茨·韦尔弗、威廉·克莱姆、阿尔贝特·埃伦施泰因、阿尔弗雷德·瓦格茨）没有一个人在心理方面比弗里茨·冯·翁鲁更有意思。诅咒战争的其他诗人——这里我也想到了巴比塞、雷马克、谢里夫、莱昂哈德·弗兰克³——是被突然推进战争的困惑地狱中去的平民。而弗里茨·冯·翁鲁是具有英雄气概的军人，他总是希望从战争中证实他生命的价值（"总是有强烈的预感使我振奋，"

翁鲁笔下的一个人物在进入战斗时说，"就好像是大海的咸味已经来到鼻子和胸腔。但是，我们却还未看到海"）。

翁鲁于一八八五年出生在西里西亚，他的父亲、祖父和曾祖父都是军人。一九一二年，他已经是枪骑兵的军官了。同一年，马克斯·莱因哈特[4]在柏林的德意志剧场首演了他的剧本《军官》。首演获得极大成功；报刊明显地把作者同海因里希·冯·克莱斯特[5]相提并论。莱因哈特向他要别的剧本，翁鲁给了他《普鲁士王子路易斯·费尔南德》。新闻检查官禁止上演。翁鲁于是发表了这个剧本，报刊又把他同海因里希·冯·克莱斯特相提并论，同时，也把他同易卜生和斯特林堡相提并论。

在一九一四年凉爽的夏天里爆发了我们大家都知道的事情。作为骑兵军官的翁鲁终于见到了战争。一九一五年初，

---

* 此篇及以下三篇初刊于 1937 年 9 月 17 日《家庭》杂志。
1 Johnnes Becher (1891—1958)，德国诗人，曾任民主德国文化部长。
2 Walter Hasendeuer (1890—1940)，德国表现主义诗人。
3 Leonhard Frank (1882—1961)，德国表现主义诗人和剧作家。
4 Max Reinhardt (1873—1943)，奥地利戏剧导演。
5 Heinrich von Kleist (1777—1811)，德国剧作家和诗人，代表作有《洪堡王子弗里德里希》等。

"在马鞍和军营之间"，他完成了他的诗剧《决定之前》。

主角是个枪骑兵，人物有死人、神甫、妇女和莎士比亚的幽灵。这种有意的非现实正是翁鲁的典型手法——可能也是整个德国艺术的典型手法。更精彩的当属《牺牲之路》这本书。这是一九一六年三月和四月他在凡尔登前线写成的。在这部短小精悍的小说里——可能是由战争驱使写成的最强烈的一本书——没有任何一行是企图记录现实的。经验马上转变成象征，这就是非同一般的地方。

（《牺牲之路》是用法语出版的，在欧洲杂志出版社以《凡尔登》为名的集子中的第五卷。）

翁鲁的其他作品有：《家族》（一九一八年）、《暴风雨》（一九二一年）、《演说》（一九二四年）、《胜利的翅膀》（一九二五年，这是他在伦敦和巴黎的旅行日记）和《波拿巴》（一九二七年）。

徐鹤林　译

儒勒·罗曼《白人》

　　如果我写道（如我正在写的）：诗歌《白人》是部史诗，就会有人向我指出，史诗发生在文明的初期而不是在它的晚期，儒勒·罗曼先生是不能同荷马相比的——因为他是我们同时代的人，是在笔会的年会上对抗菲列波·托马索·马里内蒂的人——这同一个人（或其他人）也会向我提起《罗摩衍那》、《伊利亚特》、《奥德赛》、《罗兰之歌》、《熙德之歌》、《尼贝龙根之歌》和《贝奥武夫》这些里程碑式的名字，会问我《白人》（一九三七年，巴黎）能否同上述这些令人尊敬的名字相提并论。对此，我会回答说，所有这些有名气的诗作都是讲述地域性的、个人化的事情，而《白人》却只讲述了一件可以用世纪来度量的非特指的事：我们人类的过去和未来的命运。我并不是说这种广泛性具有优越性；我是说它确实是让所有人接受史诗之为史诗的诗史特征，尽管他们对此浑然不觉（例如：《伊利亚特》甚至不是伊里安或特洛伊的诗，它只属于阿喀琉斯系列。"缪斯啊，请歌唱佩琉斯之子阿喀琉斯的致命的愤怒吧！"在它的开场白中如是说）。

《白人》的一百二十页诗是非常不一致的。有的时候，诗人只是在演说：

> 一切压迫的结束，人类从人类中被解救出来。
> 权利统治力量，工作统治金钱。
> 智慧的大众得以自由呼吸。

有时候，只是琐记杂感：

> 像指挥乐队一样，警察弯腰指挥着交通。

相反，也有令人感动的诗句。例如下面这几行，儒勒·罗曼对四千年前的白人，对胆怯地进入打开的房门的野蛮而温驯的祖先们说的话：

　　请看，根本用不着低头，

　　像这样，我们把它叫作门，

　　它温顺地旋转又公正地合上！

　　门！没有比它更忠诚的物品。

例如，下面这几行既亲切又值得深思：

　　我已四十岁。我写了许多书。

　　我有好些诗句，比蜂巢中的蜜蜂还多。

　　它们离开了，它们将有什么险遇？

　　它们喜欢流浪，夜晚帮助它们活下去。

徐鹤林　译

罗伯特·莫瓦特《浪漫时期》

　　类似题裁的书中常常会出现三种轻率、三种错误。第一种：企图用家具、习惯或者过时的穿着一样的词汇来打动我们或打动自己。第二种：崇拜另一个世纪的人，因为这些人不采用某些他们不怀疑其存在的美学程式——像詹姆斯·乔伊斯的内心独白。第三种，毫无疑问这也不会是最后一种，即把过去看作现在的前提，并且只看到"先驱"。

　　总体来说，罗伯特·莫瓦特避免了这三种错误。他对十九世纪上半期的描写充满了非凡的活力。由于作品名为《浪漫时期》，所以在作品里自然就有大量的德国人。过去和现在，不管是好是坏，德国人是欧洲最浪漫的民族，但也不可能把英国排除在外。本书主要的章节是讲德国的，其他的章节讲法国、英国、俄国、西班牙、奥地利、意大利和土耳其。

我顺便发现了某个不可思议的错误。在第一百四十二页上，说歌德的《少年维特之烦恼》不是浪漫主义的作品。我倒要问：如果"浪漫"这个词不适合于这部声泪俱下的作品，那么天上地下还有哪样东西适用呢？

书中的另一个做法，我认为也该受到批评，那就是为每一位名作家插入了包罗万象的传记。这些信息打断也破坏了作者本人的论证或叙述。

让·雅克·卢梭的回归自然，哈勒[1]对中世纪的理想化，拜伦强烈和蓄意的悲观主义，卡莱尔对英雄的崇拜和他把世界历史归结为少数几位英雄的业绩，瓦尔特·司各特无意中介入基督复兴主义，在德国创造的拒绝国家的各种理论和夏多布里昂推崇的向十字架回归，均是本书叙述和讨论的材料中的一部分。

徐鹤林　译

1　Albrecht von Haller（1708—1777），德国生物学家、解剖学家、植物学家、生理学家和诗人。

关于文学生活

　　有两本关于印度的新书。第一本书《印度之行》——是波兰作家费尔南多·格特尔的作品。第二本，讲得几乎有些冒失的一本书，是莫里斯·马格雷先生的作品。书名是一连串列举：《印度、魔法、老虎、原始森林……》。细心的读者会发现，列举中的最后三项包含在第一项之中并且削弱了它。

徐鹤林　译

一九三七年十月一日

康蒂·卡伦[*]

    介绍康蒂·卡伦的生活经历只需简单的几行（经历，是指纯粹统计性质的）。卡伦是位黑人，他的家族传统却不是无产者，也不是奴隶，而是有产者、久居城里、信教（他的父亲，尊敬的阿布纳·卡伦，创建了塞勒姆的卫理公会）。卡伦于一九〇三年出生在纽约。先在纽约大学后又到哈佛大学就读，一九二八年获古根海姆奖学金赴英国和法国留学。

    十四岁时，卡伦写下了他的第一首诗，题目为《致一位游泳者》，这是一首自由体诗歌——这是作者后来从未再采用过的写作方式。在一位文学教师鼓动下写成的这首诗一年后发表在《现代学校杂志》上。卡伦已经记不得这首诗了，但是在发现它已经变成铅字时，喜悦和羞愧——真遗憾，这个词印得不清楚！真遗憾，少了个逗号——促使他又写了几首诗。一九一九年发表《我同生活有约》，一九二三年——在白人阅读的杂志《读书人》——发表《致一位黑人青年》。

丁尼生、阿尔弗雷德·爱德华·豪斯曼、埃德娜·圣文森特·米莱[1]、约翰·济慈是卡伦最喜爱的诗人。四个名字全是英语诗人中的音乐家、热切的艺术家，这并非偶然。没有东西如形式一般使卡伦感兴趣。"我写的几行诗句，"他有一次曾经这样说，"是因为喜爱音乐而作。我再说一遍。我的愿望是成为诗人，名副其实的诗人，而不是黑人诗人。"

毋庸置疑，卡伦的许多诗歌都是出色的。他的相当一部分优点来自他的音乐感，这就使得想翻译它们变成徒劳的（或者是不可能的）。

---

* 此篇及以下两篇初刊于 1937 年 10 月 1 日《家庭》杂志。

1 Edna St. Vincent Millay (1892—1950)，美国女诗人、剧作家。

卡伦已发表的作品有：《肤色》（一九二五年）、《铜太阳》（一九二七年）、《黑人姑娘的叙事歌谣》（一九二七年）和《黑人基督》（一九二九年）。

　　　　　　　　　　　　　　　　徐鹤林　译

切斯特顿《自传》

我惊奇地发现在切斯特顿所有的作品中，唯一不是自传体的作品竟是《自传》这本书，听上去不可思议，但却是确凿的事实。"布朗神父系列"或《勒班陀》或他任何一本使翻开书页的读者颇感吃惊的书都可以比这本自传让人更多地了解切斯特顿。我不是谴责此书，我的主要感觉是高兴，有时甚至感到着迷，但我认为它不如其他作品典型。我明白，它的全部品位，要求和假设了其他作品。但要了解切斯特顿，我不推荐这本书（作为第一本启蒙作品，我推荐五卷本"布朗神父"[1]中的任何一卷，或维多利亚时期的概述，或《名叫星期四的人》，或诗歌……）。相反，对那些已经了解了切斯特顿的人，从这本多姿多彩的书中完全可以得到新的欣赏点。

英国记者道格拉斯·威斯特说，这是作者的巅峰之作。此话确切，因为它有其他作品支撑着。

在这里没有必要提及切斯特顿的魔幻和光彩。我想突出这位著名作家的其他优点：他令人尊敬的谦虚和礼貌。在我们这个正经的国家里，文人们迁就和宽容自传体，他们讲述自己时的距离感和尊敬口吻，就好像在守灵时讲述自己的一位声名显赫的亲戚一样。切斯特顿则同他们相反，他快活地深入到自己的内心甚至还嘲笑自己。他的这种男子汉的谦虚在书的每一页上都有例子。我且援引一则，出自名为《虚构的郊区》（其他几章的名字为：《金钥匙男人》、《如何成为疯子》、《正统的罪行》、《剑影》、《不完整的旅行者》……）。叶芝在一行诗中高傲地声称："没有任何一个傻子把我当作朋友。"切斯特顿同意这句话，并且补充说："就我而言，我认为有许多傻子可以把我当朋友，同样——更有意义的思考——有许多朋友可以当作傻子。"

徐鹤林　译

1　指以布朗神父为主角的侦探小说。

关于文学生活

　　我们时代的文学噱头之一是创作貌似混乱的作品的方法和愿望。假装混乱、艰难地创造混乱、用智慧来达到偶然的效果，在马拉美和詹姆斯·乔伊斯的时代，成了他们的作品。刚在伦敦出版的庞德的《诗章》中的第五个十年延续了这个怪异的传统。

徐鹤林　译

雷蒙·卢尔的思想机器[*]

雷蒙·卢尔在十三世纪末发明了思想机器，四百年之后，他的读者和注释者阿塔纳斯·珂雪发明了幻灯。第一个发明记录在名为《大作》的著作中；第二个发明记录在那本名为《光影的伟大艺术》的并不难读的著作中。这两个发明大名鼎鼎。但是在现实中，在确凿无疑的现实中，幻灯没有那么奇幻，雷蒙·卢尔的理想机器亦经不起推敲，无论粗浅或雄辩的推敲。换句话说，根据发明人崇高的目的来看，思想机器是不管用的。这一点对我们来说是次要的。永动机也是不管用的，虽然它们的图案为热情的百科全书增添了神秘性。形而上学理论和神学理论也是不管用的，虽然它们习惯于声称我们是谁和世界是什么。它们公开的和有名的无用并不减少它们的趣味。思想机器就是一例（我认为）。

思想机器的发明

我们不知道，我们永远也不会知道这机器是如何想出来的（因为希望这部无所不知的机器自己说出来是不可能的）。碰巧的是美因茨著名的版本（一七二一～一七四二）上的插画之一使我们可以略作推测。确实，出版者塞林格认为这幅插画是另一幅更复杂的图画的简缩，我倒是想，它是其他图画的先驱。我们来仔细看一下这幅先驱画（图1）。它是上帝属性的一个图解或图表。位于中心的字母 A 表示上帝。在圆周上，B 表示仁慈，C 表示伟大，D 表示永恒，E 表示权力，F 表示智慧，G 表示意志，H 表示美德，I 表示真理，K 表示荣誉。这九个字母的任何一个均同中心等距，并同其他几个通过绳或斜线相连结。首先，所有的属性

---

* 此篇及以下三篇初刊于 1937 年 10 月 15 日《家庭》杂志。

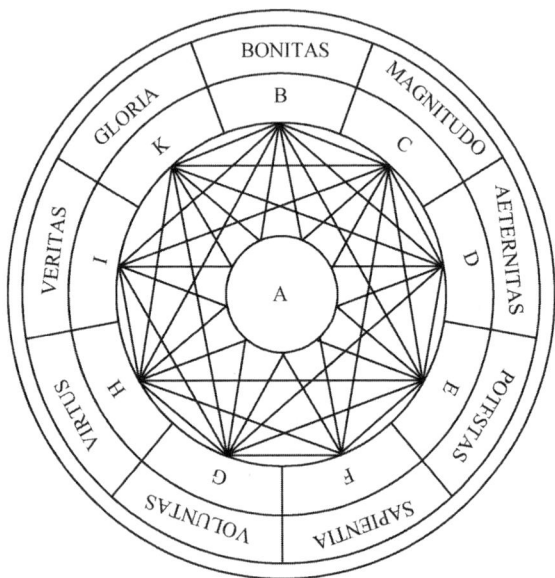

图 1

都是固有的；其次，通过不同的连结方式可以并不异端地
说荣誉是永恒的，永恒是荣誉的，权力是真理的、荣誉的、
仁慈的、伟大的、永恒的、有权力的、智慧的、自由的和
美德的，或者说，仁慈的伟大、伟大的永恒、永恒的权力、
有权力的智慧、有智慧的自由、自由的美德、有美德的真
理，等等。

我希望我的读者能达到这个"等等"的所有范围,其中包容的组合数目远远超过本页所能写下的数目。至于它们都是空洞的——我们认为,说荣誉是永恒的就像说永恒是荣誉的一样空洞——这乃是次要的。这张静止的图表,连同它分布在九个格子里和由一个星形及几个多边形连结起来的九个大写字母,就是一部思想机器。自然地,它的发明人——不要忘记,他是十三世纪的人——构思它的时候所采用的材料,现在我们看来是无足轻重的。我们已经知道,仁慈、伟大、智慧、权力和荣誉的概念不可能提供值得尊敬的启示。我们(从深层次来说,同卢尔相比,更加无知)是用不同的方式来看待它的。无疑是用异序同晶、时间、电子、潜能、四维、相对、质子和爱因斯坦这样的词语。或者,也用剩余价值、无产阶级、资本主义、阶级斗争、辩证唯物主义、恩格斯这样的词语。

三个圆盘

　　如果仅仅是一个分成九格的圆圈就可以有如此众多的组

合，那么用金属或木头制成的每个拥有十五格或二十格的三个用手工转动的同心圆盘，还愁多少数目的组合我们不能得到呢？遥远的雷蒙·卢尔在马约卡天堂般的红色小岛上就是这样想的，随后设计了他那部没有用的机器。对这部机器的情况和目的我们现在不感兴趣；我们感兴趣的是促使他这样做的原则：用偶然的方法来解决问题。

在本文的前言中，我说过思想机器是不管用的。我诬蔑了它：它运转得太好了！在大部分情况下，它是管用的。我们随便想象一个问题：弄清楚老虎的"真正"颜色。我们赋予卢尔的各个大写字母一种颜色，转动圆盘，我们可以得到这只变化多端的老虎的颜色是蓝的、黄的、黑的、白的、绿的、棕的、橙的和灰的或者是黄得发蓝、黑得发蓝、白得发蓝、绿得发蓝、棕得发蓝、蓝得发蓝等。面对如此众多的组合，《大作》的热衷者们仍不退缩：他们建议同时使用许多架组合式的机器，因为（据他们说）这样，通过"重叠"和"轮空"可以渐渐地确定和纠正（图2）。长时期内，有许多人相信，耐心转动这些圆盘就可以肯定地了解到世界上的一切秘密。

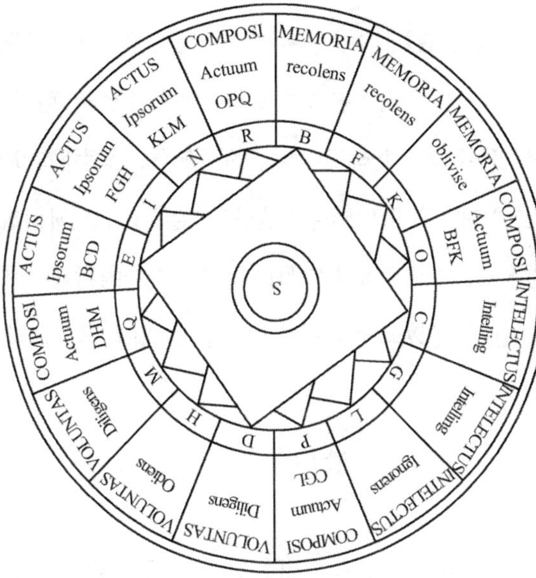

图 2

格列佛和他的机器

我的读者们可能记得斯威夫特在他的《格列佛游记》的第三部分中嘲笑了思想机器，他提出或讨论了另一部机器，更为复杂的机器，在这部机器中，人的作用少而又少。

这部机器——格列佛船长说——有一个木头支架，由用细铁丝连结在一起的大小不一的桶组成。桶的六面上有字。在这个水平支架的各端置有铁把手，只要转动一下把手，就可以把桶翻个身。每翻一次，字和次序就发生变化。然后认真阅读它们，如果有两种或三种组成一个句子或句子的一部分，学生们就把它们记在本子上。"老师，"格列佛冷冷地说，"给我看了几册由御用纸张装订成的本子，上面全是不完整的句子：宝贵的材料，其目的就是把它们组成句子以向全世界提供所有艺术和科学的博学系统。"

最后的辩护

作为哲学研究的工具，思想机器是荒谬的。但是作为文学和诗学的工具，它并不荒谬（毛特纳尖锐地指出——《哲学词典》第一卷第两百八十四页——一部韵脚词典犹如一部思想机器）。需要找出"老虎"的形容词的诗人，他做的事完全像那台机器。他会不断地尝试，直至找到一个比较称心如意的词为止。"黑老虎"可以是指晚上的老虎，"红老虎"可以是指所有的老虎，这是由于血液的含义所致。

徐鹤林　译

阿尔弗雷德·德布林

几乎所有的德国作家都出身于高等学府，他们都是通过文学本身，或神学和哲理的道路投身文学的。阿尔弗雷德·德布林却不是。他出生于一八七八年，多年在柏林的工人居住区行医，一九一五年发表了他的第一部小说。

德布林的作品是好奇的，除了几篇公共的或文学性的文章外——例如，一篇对乔伊斯的《尤利西斯》的详细分析；再如，一篇对马克思主义文学原理的研究——他的作品正好是五部小说。每部小说都是一个不同的世界，一个互不沟通的世界。"人格不过是一种自负的限制而已，"阿尔弗雷德·德布林在一九二八年说，"如果我的小说能继续存在下去，我希望未来会把它们归结为四个不同的人物。"（当他说这番既谦虚又雄心勃勃的话时，还未发表《柏林，亚历山大广场》。）

这五部伟大小说中的第一部是《王伦三跳》。谋反者、复仇、礼仪、中国的秘密社团是这部人物众多的小说的题材。《华伦斯坦》是第二部，也是部历史小说，它的题材是十七世纪流血的德国。《高山、大海和巨人》（一九二四年）是一部关于前途的史诗，类似赫·乔·威尔斯或奥拉夫·斯特普尔顿的作品（小说情节发生的地点是格陵兰，人物则是世界上所有国家的人）。《吗哪》（一九二六年）发生在喜马拉雅山的死人堆。《柏林，亚历山大广场》（一九二九年），最后一部小说，是一部精心构思的现实主义小说，语言是口语化的，主题是柏林的无产者和流氓，它的手法则是乔伊斯在《尤利西斯》中用的手法。

我们不仅知道小说中的人物——失业者弗兰茨——的行为和思想，也知道困扰着他的城市的情况。德布林写道，《尤利西斯》是一部确切的、生物学般的书。

《柏林，亚历山大广场》如出一辙。

徐鹤林　译

约·博·普里斯特利[*]
《时间和康韦一家》

评论界不止一次地问道：艺术中的时间等同于现实中的时间吗？有成千上万个答案。莎士比亚——据他自己的比喻——把历年的作品放在倒置过来的沙钟上；乔伊斯把手法反过来，在读者的日日夜夜之上展开利奥波尔德·布卢姆先生和斯蒂芬·德迪勒斯仅仅一天的生活。比努力缩短和扩展时间更有趣的是弄乱过去和将来的时序。康拉德在他的小说《偶然》中率先使用了这个方法。福克纳在《喧哗与骚动》中充分发展了它（这部作品的第一章发生在一九二八年七月四日；第二章在一九一〇年六月二日，倒数第二章发生在第一章的前夜）。在电影领域内，我不知道我的读者们是否记得斯

269

宾塞·屈赛的《权力和荣誉》。这部电影是一个人的传记，但故意（和令人心动地）省略了时间顺序。第一个镜头就是这个人的葬礼。

约·博·普里斯特利刚把反时间顺序移植到舞台上。他的戏剧——类似福克纳的《喧哗与骚动》——展现了一个家庭的没落。第一幕（一九一九年）是女主人公凯伊·康韦二十周岁的生日聚会。第二幕是在同一个地点的同一些人物，但是在一九三七年（卡罗尔·康韦，最年少的一位，已经去世）。第三幕又把我们带回到生日聚会，每句话均甜蜜又可怕，好像是回忆中的话语。

猝然的对立是这部剧作的最大危险，普里斯特利——自然地——解决了它。

在开场的一幕中充满了不祥的预兆，初看之下，这可能是个缺点。后来，我们发现，如果没有这些，普里斯特利作品的开端就会没有多少戏剧性，而它的泛泛而论恰恰具有激励性。

---

* John Boynton Priestley (1894—1984)，英国剧作家、小说家。

我突出了《时间和康韦一家》中手法的新意；当然，这不是说它缺乏其他优点。

　　　　　　　　　　　　　　徐鹤林　译

一九三七年十月二十九日

弗兰茨·卡夫卡[*]

这位作家的生平，除了同他非凡的作品未经明确的关系之外，别无其他神秘之处。卡夫卡于一八八三年生于布拉格的一个犹太区。他的父母稍有家产。卡夫卡攻读法律，取得博士学位后就职于一家保险公司。关于他的年轻时代，我们知道两件事情：一次失败的爱恋和喜爱阅读冒险小说以及有关旅行的书籍。他是个结核病患者，他的大部分时间是在蒂罗尔、喀尔巴阡山以及厄尔士山的疗养院里度过的。他的第一部小说——《美国》——发表于一九一三年。一九一九年他在柏林定居，一九二四年夏天他去世于维也纳附近的一家疗养院里。同盟军的卑鄙封锁（他的英语译者埃德温·缪尔如是说）加速了他的死亡。

卡夫卡的作品包括三部未完成的小说和三卷本的短篇小说、箴言、信件、日记和草稿（这些作品中的前四种已在柏林出版，后两种在布拉格出版）。

《美国》是他的小说中最有希望的一部，但也许是最不典型的一部。另外两部——《审判》（一九二五年）、《城堡》（一九二六年）——的结构完全像埃利亚的芝诺的那些永无止境的悖论。前一部中，主人公逐步被一件愚蠢的案子压得喘不过气来，他无法弄清楚自己被控的是什么罪行，甚至无法面对要审判他的看不见的法庭；法庭则未经审判，就判处他绞刑。后一部中，主人公K是位土地测量员，他被叫到城堡里去，但是他始终没有走进那座城堡，至死也没有得到统治他的当局的承认。

在卡夫卡的短篇小说中，我认为最值得称道的是《中国长城建造时》，还有《豺与阿拉伯人》、《在法的门前》、《一道圣旨》、《饥饿艺术家》、《家庭之父的悔恨》、《秃鹰》、《巨鼹》、《一狗的研究》和《洞穴》。

徐鹤林　译

---

* 此篇及下篇初刊于 1937 年 10 月 29 日《家庭》杂志。

赫·乔·威尔斯《布伦希尔德》

　　这也并非难以置信，遥远的和未来的注释家们会把威尔斯的作品归纳为六个不同的人：一、虚幻的叙述者（《时间机器》、《隐身人》、《登月第一人》、《莫罗博士岛》和《普拉特纳的故事》）；二、乌托邦主义者（《旧世界替代新世界》、《在美洲的将来》、《上帝，隐形的国王》、《提前》和《公开的谋反》）；三、心理小说家（《伊萨克·哈尔玛先生的女人》、《心脏的隐藏地》、《一位主教的灵魂》和《胡安娜和彼德罗》）；四、幽默的英国人（《波利先生的故事》、《爱情和莱维莎姆先生》、《偶然的轮子》和《基普斯》）；五、百科全书的即兴创作者（《生活的科学》、《世界通史摘要》和《世界史纲》）；六、记者（《黑暗中的俄罗斯》、《华盛顿及和平的希望》和《预测的一年》）。

同样也可以证实，其他的书均来自同一种手法。例如：《托诺－邦盖》属第一类和第四类；《将要出售的房子的形状》属第一类和第二类（更多地属第二类，稍稍带有第一类）。

我肯定，在《布伦希尔德》中同样有风趣幽默的威尔斯和洞烛人心的威尔斯。这种组合是成功的；我阅读过这本书——三百多页——仅仅花了两个晚上。但是，我应坦诚地说，小说的主人公布伦希尔德不如古怪的广告代理人因马努埃尔·克劳特先生更令我感兴趣，更不如有位叫劳阿德的先生，这位令人难忘的被采访者在小说开始前就去世了，他只在主人公的对话或回忆中出现过两三次。我希望作者为他写本书，虽然我担心他的"整体"形象不如上述即时性的和在对话中的形象更丰满。

另一个值得赞美的特点：小说第十章里小说家阿尔弗雷德·宾特的忏悔。这个冗长的忏悔令我们印象深刻是因为我们觉得它很虚伪，我们觉得阿尔弗雷德·宾特犯下了一桩罪行。他正在为同一桩罪行辩护：杀了个人。（威尔斯——故意地——没有说明这一点。）

徐鹤林　译

奥拉夫·斯特普尔顿 *

奥拉夫·斯特普尔顿说："我生来就是受到资本主义制度保护的粗野之人（或者是倒霉之人）。经过半个世纪的努力，现在我才学会如何做人。我的童年有二十五年上下，造就它的是瑞士运河、艾博茨霍尔曼小村庄和牛津大学。我尝试过多种职业，但每次都在窘迫面前逃避了。作为学校的教师，我在上圣教史课的前夜，整章整章地背下了《圣经》。在利物浦的一间办公室里，我丢失了订单；在塞得港，我天真地允许船长们运出超过订量的煤。我着手教育民众。沃金顿的矿工和克鲁的铁路工人教给我的东西多于他们从我这儿学到的东西。在一九一四年的战争中，我非常平和。在法国前线，我领导红十字会的一辆救护车。然后是浪漫的婚事以及家庭的常规琐事和奔放热情。像是个三十五岁才结婚的学生，我醒了。我艰难地从幼虫状态进入变形、滞后的成熟期。两种经验控制着我：哲学和相信我们这个人类巢穴的悲剧性无序……现在，一只脚已踩在思想成年的门楣时，我微笑着发现另一只脚已踩在坟墓的边缘。"

最后一行中那个无关紧要的比喻，是斯特普尔顿迟钝（或冷漠）的好例子，因为这不是个无穷的想象。威尔斯把他的异类——有触角的外星人、隐形人、畸形巨头的月球人——同微不足道的和日常的人交替描绘；斯特普尔顿则以一个自然主义者的精确和乏味来构筑和描绘想象的世界。他不让人类的倒霉事妨碍生物幻觉效应的效果。他的书竭力想包括宇宙和永恒。奥拉夫的作品有：《第一个和最后一个人》、《伦敦最后的人》、《胡安·拉洛》、《美学的新理论》、《一个觉醒的世界》和《造星者》。

徐鹤林　译

---

*　此篇及以下两篇初刊于 1937 年 11 月 19 日《家庭》杂志。

曹雪芹《红楼梦》

一六四五年——克维多去世的同一年——泱泱中国已被满族人征服，征服者是不通文墨的骑兵。于是发生了在这类灾难中不可避免地会发生的事：粗野的征服者看上了失败者的文化并发扬光大了文学和艺术，出现了许多今天已是经典的书。其中有一部杰出的小说，它由弗兰茨·库恩博士译成了德文。这部小说一定会使我们感兴趣的；这是先于我们近三千年的文学中最有名的一部小说的第一个西方文字译本（其他都是缩写本）。

第一章叙述一块来自天上的石头的故事，这块石头原是用来补天的，但是这件事没有做成。第二章叙述主人公出生时在舌头下含着一块玉。第三章向我们介绍主人公"面若中秋之月，色如春晓之花，鬓若刀裁，眉如墨画，睛若秋波，虽怒时而似笑"[1]。然后，小说稍不负责或平淡无奇地向前发展，对次要人物的活动，我们弄不清楚谁是谁。我们好像在一幢具有许多院落的宅子里迷了路。这样，我们到了第五章，出乎意料，这是魔幻的一章。到第六章，"初试云雨情"。这些章节使我们确信见到了一位伟大的作家，而第十章[2]又证明了这一点，该章绝不逊于埃德加·爱伦·坡或弗兰茨·卡夫卡：贾瑞误照风月镜。

全书充斥绝望的肉欲。主题是一个人的堕落和最后以皈依神秘来赎罪。梦境很多，更显精彩，因为作者没有告诉我们这是在做梦，而且直到做梦人醒来，我们都认为它们是现实（陀思妥耶夫斯基在《罪与罚》的最后使用过一次，或连续两次使用过这个手法）。有大量的幻想：中国文学不了解"幻想小说"，因为他们所有的文学，在一定的时间内，都是幻想的。

徐鹤林　译

1　此段文字见《红楼梦》第三回宝黛初见时对贾宝玉的描写。中文原文"眉如墨画"后还有"鼻若悬胆"一词，不见于博尔赫斯原文。
2　原文如此。中文原文应为第十二回。

马克斯·伊斯曼《笑之乐》

  这本书有时是对幽默家手法的分析，有时是部笑话大全：精彩的或者稍差一些的。作者取消了柏格森和弗洛伊德的易于被取消的理论，但是没有提及叔本华的理论（《作为意志和表象的世界》，第一篇第十三节，第二篇第七节），更尖锐和更可信的理论。很少有人记得它。我怀疑我们的时代（受同一位叔本华的影响）不会原谅他知识分子的性格。叔本华把所有的好笑情况归纳为：把某件事情不可思议和意外地放进同它不一致的范畴中以及我们对这种概念和现实不一致所产生的突破感悟。马克·吐温为我们提供了一个例子："我的表走慢了，我把它送去修理，它又走快了，没有多久就走得比全城最好的钟都快了。"这里，过程是这样的：赛马和航船中，超越其他的马匹和船只是个优点，当然表的情况也是这样……我寻找另一个例子，我找到了劳伦斯·斯特恩的下列私房话："我的叔叔是一位非常认真仔细的人，每当他需要刮胡子的时候，他都亲自到理发店去。"这句话看来也符合叔本华的规律。确实，亲自动手做事可以是一个优点；可笑之处在于我们听到了陶醉入迷的侄子说的事是一件不能由别人替代的极普遍的事：请人刮胡子……叔本华说，他的程式适用于一切笑话。我不知道是否如此，我也不知道在我分析的两则笑话中是否有同一个程式在起作用。我请我的读者把这个程式运用到我在伊斯曼的书上读到的一段对话。

"我们不是在辛辛那提见过面吗？"

"我从未去过辛辛那提。"

"我也没有去过。应该是另外两个人。"

我从第七十八页上摘录下的另一则并非不奇异（当然更适用于叔本华的论点）："端来了一只大得须两个人吃

的牡蛎。"

《笑之乐》得到伍德豪斯、斯蒂芬·里柯克、安尼塔·卢斯和卓别林的赞扬。

徐鹤林　译

一九三七年十二月三日

亨利－勒内·勒诺尔芒[*]

　　亨利－勒内·勒诺尔芒于一八八二年出生在巴黎。他的
父亲是勒内·勒诺尔芒，精通诗歌和波斯音乐，还是《亚洲
情诗选》的编辑之一（这本诗选里保留了阿富汗诗人默哈迈
德奇的《黑辫子》，这乃是色情诗中最使人痛苦和迫切的诗）。
勒诺尔芒先在让松·德·萨伊中学就读，后来毕业于索邦大
学。一九〇六年出版了他的第一本书《灵魂的风景线》，一本
散文诗集，但是名字起得不好，还泛泛地注明是在比利时、
苏格兰和英国写就的。阅读易卜生促使他为剧院写本子。他
的第一部戏剧《狂想者》一九〇九年在巴黎的艺术剧场首演，
第二部《灰尘》，一九一四年上演。

战后上演的剧本——《时间是梦》（一九一九年）、《失败者》（一九二〇年）、《吞梦者》（一九二二年）、《红风》（一九二三年）——都分成好几幕，这与习惯的三幕不同。例如《失败者》共有长长的十五幕，随着时间的推移，它展示了一个男人和一个女人灵魂破碎的详细过程。

《西蒙风》和《坏的阴影下》出自他的愿望，即创作一部"像皮埃尔·洛蒂[1]、康拉德和吉卜林的小说那样有异国风情"的戏剧。

"这个想法，"勒诺尔芒也写道，"关于气候对人类本能的影响的想法，促使我到了北非，在那里我认识了《西蒙风》中几乎所有的背景人物：诚实的计量检查员、声音洪亮的阿拉伯仆人、像漂亮有毒的小昆虫一样的妓女。"

勒诺尔芒的其他戏剧有：《人和他的幻影》、《胆小的人》、《巫术爱情》、《无知者》和《秘密生活》。

徐鹤林　译

---

* 此篇及以下两篇初刊于 1937 年 12 月 3 日《家庭》杂志。
1　Pierre Loti（1850—1923），法国小说家。

约·博·普里斯特利
《以前我曾经来过这里》

　　普里斯特利倒数第二部悲剧——《时间和康韦一家》——的第一幕表现了一九二九年的一个下午；第二幕是一九三七年的一个晚上；第三幕是一九二九年那个下午的开始。在最近的这部戏剧——《以前我曾经来过这里》——里时间仍然具有显著的重要性。有四个人物：格特勒医生梦见一位陌生的妇人向他讲述自己不美满的婚姻生活，讲述她同一位名叫奥利维耶·法兰尔的人的私奔，讲述她丈夫沃尔特·欧蒙德的自杀。

　　后来，格特勒医生认识了一位比她稍微年轻一些的妇女，但那是同一位妇女。她的丈夫沃尔特·欧蒙德先生同她在一起。在对话中，有位学校的教师也参加了进来，格特勒毫不惊奇地知道他叫法兰德……悲剧尚未发生，悲剧将要发生，人物中只有一人知道是什么悲剧，并知道所有的细节。这就是《以前我曾经来过这里》的超自然却并非不可信的情节梗概。我不说出结局来，我只是提前说一下，那位沃尔特·欧蒙德没有自杀。

这个转变或赦免似乎使格特勒先前做过的梦没有意义了——更糟糕的是——使作品的全部观念变得无意义了。确实，怎么能在一个如此详实的梦中犯下这样的错误呢？普里斯特利本人作了回答。没有什么错：这个想象的困难的关键是多恩的奇怪论点——每个人在他生活的每一刻都有无穷无尽的未来，都是可以预见的和现实的未来。正如所见，这个论点比普里斯特利的三幕剧更难把握、更加奇妙。

徐鹤林　译

迈克尔·英尼斯《复仇吧！哈姆雷特》

　　《校长宿舍谋杀案》的天才作者的第二部小说里满是埃勒里·奎恩在九到十年前想出的手法：先提出一个秘密，说出或暗示一个甚为可信的体面而惊奇的结论，最后发现"真相"，复杂的、有说服力的、但又是不起眼的真相。本书提出伊恩·斯图尔德——奥登爵士——之死有三个结论。第一个（第七十一页）是同切斯特顿相适合的。第二个（第三百零四至三百一十九页）不如第一个有才华，但不失可信。第三个，即最终确定的那个（第三百四十至三百五十一页）既无才华也不可信。它的乏味和笨拙——现在我只说需要两个凶手而不是一个就足矣——使得我们无法相信它。除了这个缺点外，《复仇吧！哈姆雷特》是一部值得称道的小说。我想突出它的一个特点：在小说的前言中解读了哈姆雷特戏剧——这是不可轻视的解读，因为它悄悄地提示了我们在后面要阅读到的故事。这是侦探小说日益困难的明证，为了不让读者提前知道结论，作者只能采用一种不是必定的结论。一个虚假的结论（美学上的）。

徐鹤林　译

一九三七年十二月二十四日

朱塞佩·马森米 *《威尼斯的罗马渊源》

吉本在他历史书的第六十章中说："在意大利遭阿提拉入侵时，我提到，有许多阿奎莱亚和帕多亚的家庭逃离了匈奴的刺刀，并在围绕亚得里亚海湾的一百个岛屿上找到了黑暗的藏身之处。自由、贫穷、勤劳和不可理解的他们终于在小岛中组成了一个共和国。这就是威尼斯的起源。阿提拉高傲地以世界的讨伐者自居，声称他的马蹄经过的地方将寸草不长，但是，他的仓促行事却为一个强大的共和国打下了基础……"

这些话是在一七八六年写的，也代表了意大利历史学家的一致看法。一位名叫朱塞佩·马森米的威尼斯人，用一本五百页（里面有三十幅插图）的书来驳斥这些话。这五百多页提出来的论点是可以讨论的，但是他论证的感情优势却是不容讨论的。马森米断然否认威尼斯的"逃亡"渊源，他提出了另一个不仅更高贵而且把威尼斯的历史推前了四百年的说法。下面就是他的观点：威尼斯在公元前四十四年由德西默斯·尤尼乌斯·布鲁图斯创建，此人是马尔库斯·尤尼乌斯·布鲁图斯的兄弟，像他一样，也是尤利乌斯·恺撒的继承人和刺杀者。德西默斯·尤尼乌斯·布鲁图斯统率着共和国的军队；他的目的是建造一个港口作为舰队基地来保证共和国对海洋的控制。这些目的无情地失败了，共和国战败了，布鲁图斯被高卢人出卖了，一柄罗马的剑砍下了他的头，但是港口留存了下来（据此论点），勒班陀的荣誉、拜伦和瓦格纳的名字同这个港口紧密相连。

徐鹤林　译

---

* 此篇初刊于 1937 年 12 月 24 日《家庭》杂志。

一九三八年一月七日

威尔·詹姆斯[*]

我们阿根廷共和国具有丰富多彩的高乔文学——《保利诺·卢塞罗》、《浮士德》、《马丁·菲耶罗》、《胡安·莫雷拉》、《桑托斯·维加》、《堂塞贡多·松勃拉》和《拉蒙·阿萨纳》——它们全是首都文人的作品，是根据对童年的回忆或对某个夏天的回忆写成的书。

美国没有以类似的题材创造出同样出名的作品来——牛仔的题材在这个国家的文学中所占的分量不如南部的黑人或中西部的小庄园主，至今还没有一部电影是受此题材启发的——但是它可以为这个近乎令人吃惊的现象而自负，一位真正的牛仔写的关于牛仔的书。由他写的和由他使之出名的书。

　　一八九二年六月初的一个晚上，来自得克萨斯的一辆疲惫的马车在靠近加拿大边界的比特鲁特山一个荒凉的地方停了下来。这个晚上，就在这辆破车上，威尔·詹姆斯出生了。他是得克萨斯一位赶车人和一位带有西班牙血统的妇女的儿子。四岁时他成了孤儿。一位老猎人简·包帕雷收养了他。威尔·詹姆斯是在马背上长大的。他养父家里的一本《圣经》和几本过期的杂志教会了他认字（直到十四岁他还只会写印刷体）。由于贫困或者出于他本人的愿望，他当过庄园的雇工、赶车人、驯马人、工头和骑兵。一九二〇年同一位内华达的姑娘结婚，一九二四年发表了他的第一本小说《牛仔，北方和南方》。

　　威尔·詹姆斯的书是奇怪的，不是言情的、不是粗犷的、不放过英雄的轶事，有各色各样的描写（或讨论）：各种驾车方式、套牲口、厩内或露天干活、在崎岖山路上赶牲畜群、驯马。它们是田园的和理论的文件，值得比我更优秀的读者

　　＊　此篇及下篇初刊于 1938 年 1 月 7 日《家庭》杂志。

去阅读。他的作品有：《流浪的牛仔》、《冒烟的牛马》、《牛栏》、《沙地》、《孤独的牛仔》和《日出》。

现在，威尔·詹姆斯是蒙大拿一家庄园的主人。

徐鹤林　译

阿尔弗雷德·德布林
《前往没有死亡的国度的旅行》

    我们这个城市建城四百周年——无疑是有感染力的纪念，"只要一念及此，就让人重新感到恐慌"——表现出令人迷惑和好奇的品质：只要想起对这些王国的征服和殖民化，就会使我们产生忧伤。我们只能部分地把这种忧伤归咎于百年纪念演说的古风——惯用的连音词缀，像"没落的贵族子弟"和"对您不胜感激"——归咎于必须纪念征服者：那些勇敢和粗鲁的人。伏尔泰短小的《阿尔齐尔》（阿尔齐尔是秘鲁的公主，是蒙特祖马的女儿，而不是阿塔瓦尔帕的女儿）和奥尼尔的《源泉》也同样激起这种忧伤。唯一的例外可能就是来自柏林的医生阿尔弗雷德·德布林的《前往没有死亡的国度的旅行》了。

德布林是我们时代最多变的作家。他的每一本书（就像乔伊斯的《尤利西斯》十八章中的每一节一样）都是一个单独的世界，具有特别的修辞词汇。在《王伦三跳》（一九一五年）中主题是中国：中国的礼仪、复仇、宗教和秘密集会；在《华伦斯坦》（一九二〇年）中，是十七世纪血腥和宗教的德国；在《高山、大海和巨人》（一九二四年）中是二七〇〇年一个人的事业；在《吗哪》（一九二六年）这部史诗中，是印度国王的胜利、死亡和复活；在《柏林，亚历山大广场》（一九二九年）中，是失业者弗兰茨的贫困生活。

在《前往没有死亡的国度的旅行》中，阿尔弗雷德·德布林把叙述紧扣小说中的每一个变化着的人物：亚马孙热带丛林中的部落、士兵、传教士和奴隶。众所周知，福楼拜说他自己不参与到作品里去，但是《萨朗波》的旁观者一直是福楼拜（例如，雇佣兵那场有名的庆典是一次考古工作，与雇佣兵们可信地感觉到的和评判的东西没有任何关系）。相反，德布林好像变成了他笔下的人物。他没有写西班牙入侵者是有大胡子的白人，他写道，他们的脸和手——其他均不可分辨——是鱼鳞的白色，其中有一个人的脸蛋和下巴上长着毛。在第一章中，他故意插入一个不可能的事实，用来忠实于灵魂的魔幻风格。

徐鹤林　译

伊夫林·沃 *

流浪汉体小说的一个显著特点——《小癞子》、《骗子外传》、格里美尔斯豪森[1]的名著《痴儿历险记》、《吉尔·布拉斯》——它的主人公常常不是个流浪汉，而是一个天真而好动感情的年轻人，偶然因素把他卷入到流浪汉的圈子里，最后他就对卑鄙的行为习以为常了（不知不觉地）。沃的小说《衰落与瓦解》（一九二九年）、《邪恶的肉身》（一九三〇年）完全符合这个程式。

一九〇三年年底，伊夫林·沃出生在伦敦。他的家庭是个文学之家：他的父亲是著名的查曼-赫尔出版社的社长，他的兄长亚历克·沃也是位小说和游记作者。沃在伦敦和牛津求学。获得学位后，他从事了"三个月的油画基础学习和两年粗木匠活"。然后，他当了教师。一九二八年，他发表了第一部书，是著名画家和杰出诗人但丁·加百列·罗塞蒂的一部批评传记。一九二九年，出版《衰落与瓦解》；一九三〇年，出版《邪恶的肉身》。这是两本非现实的书，十分有趣：如果说他同哪位作家相像的话（远距离地），那就像《约翰·尼科尔森的不幸》和《新一千零一夜》的不负责任和杰出的作者斯蒂文森。[1]

沃的其他作品有：一九三一年的《标签》（欧洲大陆旅行摘记）；一九三五年的《斯威夫特》，这是本批评传记；一九三六年的《埃蒙德·坎皮恩的一生》。

伊夫林·沃说："休闲：吃、喝、画、旅行和诬蔑赫胥黎。仇恨：爱情、优雅的谈话、戏剧、文学和威尔士公国。"

徐鹤林　译

---

* 此篇及以下两篇初刊于 1938 年 1 月 21 日《家庭》杂志。
1 Grirnmelshausen (1622—1676)，德国作家。

鲁登道夫《总体战》

  鲁登道夫许多书中流传最广的这本书的普及本再版——他的其他书有:《被基督教摧毁的人民》、《我们如何摆脱耶稣》、《共济会因启示它的秘诀而亡》和《耶稣权力的秘密》等——作为这个无能的时代的标志,它在学说上并无甚重要性。克劳塞维茨在一八二〇年就写道:"战争是政治的一种工具,是政治活动的一种方式,是政治活动以不同方式的继续……政治总是目的,战争是方式。要说方式不从属于目的是说不通的。"不可思议的是,这些公理激怒了鲁登道夫。下面就是他的论点:"战争的实质已经改变,政治的实质已经改变。同样,战争和政治的关系也已经改变了。它们应该服务于人民,但是战争是人民根本意愿的最高表现。所以,政治——新的极权政治——应该从属于极权战争。"我在第十页上惊讶地读到了这段话。在第一百一十五页上，鲁登道夫说得更加明确："军事首领应该制定国家政治的领导路线。"换句话说就是：鲁登道夫要求的政治独裁，不仅是在军人执政的政府的普遍意义上，而且还是在完全以军事为目的的独裁上。"最重要是动员灵魂。报刊、电台、电影，所有媒体应该同此目的合作……歌德的《浮士德》不适合士兵的背包。"然后，他以阴暗的满足感说："现在，战场包括交战国的全部领土。"

十五世纪的意大利，战争达到了许多人称之为可笑的完美程度。两军对峙时，将军们把双方的人数、价值和武器装备作个比较，然后决定哪一方失败。偶然性和流血全都取消了。这种战争方式也许与可敬的"总体战"相比根本不值一提，但是，我认为它比鲁登道夫所称道的成千上万人的大屠杀更加谨慎和明智。

徐鹤林　译

威廉·巴雷特爵士《人格不死》

实际上，这本书是在作者死后出版的，是威廉·巴雷特（心理研究会的前主席和创办者）死后从另一个世界写给他的未亡人的（通过奥斯本·莱纳德夫妇之手转递的）。威廉在生前不是个信鬼神的人，任何伪撰的"精神"现象他都不喜欢。死后，在鬼魂和天使的包围中，他还是不信。但他相信另一个世界，这是确实的。"因为我知道我已经死了，因为我不希望认为我自己疯了。"但是，他否认死人可以帮助活人，他重申，重要的是相信耶稣。他说：

"我见到了他，我同他谈过话，在这个复活节我还会见到他，就在你思念他和我的日子里。"

威廉·巴雷特爵士描绘的另一个世界不比斯维登堡和洛

奇爵士 [1] 的世界抽象。这些探索者中的第一位——《从天堂到地狱》，一七五八年——说，天上的东西比地上的更清澈、更具体、更复杂，在天上有大街和小巷；威廉·巴雷特爵士证实了这些话，他还讲到砖砌或石头的六边形房子。(六边形……死人同蜜蜂何其相似乃尔？)

另一个奇怪的特点：威廉爵士说，没有一个国家在天上是没有它的对应国度的，就在上面。所以天上有一个英国、阿富汗、比属刚果。(阿拉伯人认为天堂掉下的一枝玫瑰一定会落在耶路撒冷的圣殿中。)

徐鹤林　译

1　Oliver Lodge（1851—1940），英国物理学家、无线电报的先驱。

一九三八年二月四日

伊萨克·巴别尔 [*]

　　伊萨克·巴别尔 [1] 一八九四年底出生于呈梯形的敖德萨
海港杂乱的地下室中。父亲是基辅的旧货商，母亲是摩尔达
维亚的犹太人。这样，他也就自然地成了犹太人。他的一
生充满灾难。在大屠杀不定期的间歇，他不仅学会读书写
字，而且也学会欣赏文学。他喜欢莫泊桑、福楼拜和拉伯
雷的作品。一九一四年，成为萨拉托夫大学法律系的律师。
一九一六年，他冒险去圣彼得堡。当时，"叛逆者、心怀不满
者、不满足的人和犹太人"都是禁止去首都的。这种分类似
乎有点任意性，但是它不可避免地将巴别尔也包含在其中。
这样，他就不得不通过一位在咖啡店当侍者的朋友帮忙，藏

在他的家里。还借助在塞瓦斯托波尔学到的立陶宛口音的俄语和一张假造的护照。这个时期，他的首批作品发表了，是针对沙皇专制制度的两三篇讽刺诗文，刊载于高尔基主编的著名日报《编年史》。（人们对苏维埃俄国会有什么想法呢——或者保持沉默——难道它不是一个无法理解的行政办事机构的迷宫？）那两三篇讽刺诗文引起了政府的注意，使他处于险境。他被指控散布色情、挑起阶级仇恨。另一个灾难——俄国革命——将他从这个灾难中拯救出来。[1]

一九二一年秋，巴别尔参加了哥萨克兵团。显然，这支吵吵嚷嚷但毫无用处（在人类历史上没有任何民族像哥萨克人那样老是吃败仗）的军队是反对犹太人的，就是想到犹太人骑马的样子，他们也觉得可笑。但是，巴别尔却是一位好骑手，这充分地表达了他的蔑视和愤怒。他通过一系列英勇的事迹，终于使哥萨克人和自己之间相安无事。

不管他写了什么书，在名义上，伊萨克·巴别尔还是一个自由的人。

---

* 此篇及以下两篇初刊于 1938 年 2 月 4 日《家庭》杂志。
1　Isaac Babel（1894—1941），俄苏短篇小说作家。

这本独一无二的书的书名为《红色骑兵军》。它具有音乐性的语言风格，与几乎难以形容的残忍场面的描写形成了鲜明的对照。

他的一部短篇小说《盐》取得了只有诗歌才能获得的成就，散文很难达到这样的境界：许多人都能将它背出来。

徐尚志　译　屠孟超　校

阿道司·赫胥黎《目的与手段》

阿道司·赫胥黎的这部著作《目的与手段》重新挑起了十八世纪初的著名争端——它产生了赫尔曼·布森鲍姆[1]的格言或规则："目的证明手段。"(大家都知道，那则格言被用来诽谤耶稣会教士)鲜为人知的是，原文只谈到几个无关紧要的场面，这些场面可以说不好也不坏。例如，上船这个场面是无关紧要的，但结尾(去蒙得维的亚)写得不错，中间那一部分也写得可以，这一切并非意味着我们有权删去其中的一些章节。

在这本书中，如同在《加沙的盲人》的最后几页中一样，阿道司·赫胥黎认为目的不能证明手段，理由很简单，而且在什么地方都说得通的，即手段决定目的的性质。如果手段不好，目的也会受到它的不良影响。赫胥黎拒绝用各种形式的暴力：共产主义革命、法西斯革命、对少数派的迫害、帝国主义、恐怖主义侵略、阶级斗争和正当防卫，等等。在实践中，他说，反对法西斯主义、保卫民主，意味着民主国家逐步演变成法西斯国家。"备战的国家导致军备竞赛，最后不可避免地会出现这些国家准备的战争。"

阿道司·赫胥黎提出的措施是："单方面裁军是必需的；放弃专制统治，放弃各种形式的经济民族主义；决定在任何情况下采用非暴力的方法；系统地学习这些方法。"这些是在他作品的开头几页中说的。在最后的几页中，他提议建立非教会的君主体政权，这种政权由穷苦纯洁的民众选举产生，不受制于任何神学。但是，要忠实地学习两种基本美德：仁爱和智慧。然而有关什么是纯洁，却未作解释，这有些像威尔斯在他的小说《现代乌托邦》（一九〇五年）中说的那样。

徐尚志　译　屠孟超　校

沃尔弗拉姆·艾伯华译 《中国神话故事与民间故事》

　　只有少数文学样式比神话故事更令人厌烦。当然，寓言故事是个例外（动物的头脑简单和无责任感决定了它们的魅力。把它们贬低为道德的工具，如同伊索和拉封丹所做的那样，在我看来，这是一种反常的做法）。我曾坦率地说过，神话故事令我厌烦。现在我又说，我很有兴趣地读了这本书的上半部分。我的感觉如十年前读威廉的《中国民间故事》一样。怎么来解释这个矛盾呢？

　　问题很简单，欧洲和阿拉伯的神话故事完全是公式化的，由三方面的人物构成：两个好妒忌的姐姐加一个好心的妹妹；国王和三个儿子；三只乌鸦；一个被第三个猜谜人破解的谜语。西方的故事是一种对称的被分成若干部分的装置，一种完全的对称。还有什么东西比完全的对称看起来更美呢？（我不想当混乱的辩护士。我知道，在所有的艺术中，不完整的对称是丝毫也不会赏心悦目的。）相反，中国神话故事是不规则的。读者开始时认为它无内在联系，以为有很多未了的结局，情节也不够连贯。于是，他领悟到，无论是含糊不清，还是前后不连贯，都表明叙述者完全相信自己叙述的故事的真实性。现实生活也不是对称的，也没有形成的画面。

在这本书里的神话故事中我觉得最令人喜欢的有：《参商》、《西王母》、《银人的故事》、《龟仙的儿子》、《魔箱》、《铜币》、《定伯卖鬼》和《神画》。最后一个故事是讲一个有灵通之手的画家，他画了一个圆圆的月亮，和挂在天空的月亮一样，时缺时圆，时消时长。

我看了这本书的目录，发现有的题目并不比切斯特顿的差，如《农夫与蛇》、《灰烬之王》和《演员和魔鬼》等。

徐尚志　译　屠孟超　校

欧内斯特·布拉玛[*]

　　一七三一年前后，一位德国研究人员用很大的篇幅撰文讨论一个问题：亚当是不是他那个时代最好的政治家，甚至是最好的历史学家、最好的地理学家和地貌学家。这种可笑的假设不仅要考虑天堂这一国家的完善与否，也要面对没有任何竞争者，还要考虑到在世界起始的那些日子，某些学科是很简单容易的。当时的世界史是宇宙唯一的居民的历史，这种历史只有七天，当那时的考古学家真容易！

　　本文有可能比根据亚当的情况写的世界史更加空洞和单调。除了他的原名不是欧内斯特·布拉玛外，我们对欧内斯特·布拉玛一无所知。一九三七年八月，企鹅出版社决定把他的《卡龙铺草席》一书收进他们的选集。他们查了一下《名人录》，结果提供了下列情况："欧内斯特·布拉玛，作家。"接着是他作品的清单和代理人地址。代理人送来了一张照片（肯定是假造的），并写信告诉他们"如果想得到更多的资料，请毫不犹豫地与《名人录》再次联系"。（这种说法可能意味着作品清单中有错误。）

布拉玛的作品分为差异很大的两大类，有的书（幸好数量不多）叙述一个盲人"侦探"马克斯·卡拉多斯的历险。这些作品是合乎时宜的，但却是平庸的。其他的书显得有些不伦不类，它们谎称是中文译本。它过分的完美无缺在一九二二年得到了西莱尔·贝洛克无条件的称赞。这些作品的名称是：《卡龙的裙裤》（一九〇〇年）、《卡龙的黄金时代》（一九二二年）、《卡龙铺草席》（一九二八年）、《孔赫的镜子》（一九三一年）和《十分欢乐的月亮》（一九三六年）。

现在我翻译两句警句：

---

* 此篇及以下两篇初刊于 1938 年 2 月 18 日《家庭》杂志。

"想与吸血鬼共餐的人应献出他的肉。"

"宁可要一盘粗制的带蜜味的绿橄榄，不要用千年红漆匣盛着的、供他人享用的乳猪舌馅饼。"

徐尚志　译　屠孟超　校

弗·珀·克罗泽《我杀死的人》

在步兵团士兵巴比塞发表《炮火》的前后，反对战争的文章已经很多。写文章的人都是一些反抗奴隶制度、大肆杀戮被判死刑、正在等待死亡的普通老百姓。《我杀死的人》并不比那些抨击文章缺少感染力，但是一种难以置信的情况把它从所有的抨击文章中区别出来：它是由英国军队里的一位将军写的。在谈及战争的时候，克罗泽可以极具权威地讲话：他辗转在苏丹、缅甸、南非德兰士瓦、法国、佛兰德、爱尔兰、立陶宛和俄罗斯。"屠杀之事我略知一二，"他在作品的第一章中这么说，"我真不幸，杀人之事我知道得太多了，太多了！"

《我杀死的人》中提及的那些死者死得并不光荣，即使我们可以肯定地认为他们是为祖国而死的。他们是一批怯懦或者胆小的人，他们可能会将恐怖传染给其他人，他们不是死在阵前，而是被他们的长官用左轮手枪或被他们的同伴不耐烦地用刺刀杀死的。他们比逃兵略好一些。因为每次重大战役死的人很多，多得数不清，他们也就混在其中了。因此他们给儿女留下了好的名声，这也不足为怪。克罗泽将军肯定地说："很多人错误地认为，英国前线的安全取决于炮兵、勇气和军火，这是谎言。前线在某一点、某一时刻的安全，如果需要的话，取决于两三个准备好了的人，他们以贵族的出身、传统和良好习惯，完全蔑视敌人。在我的军营中，总有这么一种类型的人……民众不怀疑这些事，他们认为战斗的胜利是凭勇气赢得，而不是靠杀人多少。"

将军在他的书中写了以下献词："献给任何国家在前方能坚守到最后时刻的真正的士兵和任何国家在监狱里能坚持到最后时刻的真正的和平主义者。"

徐尚志　译　屠孟超　校

埃·斯·德劳尔
《伊拉克和伊朗的曼达教徒》

除了佛教（佛教既是一种信仰或神学，更是一种舍身救世的过程）外，所有的宗教均妄想将显而易见的、有时是无法容忍的世界的不完善性，和存在一个万能的仁慈的上帝的论点或假定协调起来。此外，这种协调性是那么脆弱，以至多疑的红衣主教纽曼（参见《论赞成的语法》，第二部第七章）宣称，像"如果上帝是万能的，那么，他怎么能容忍在世界上有苦难呢"这样一类宛如死胡同一般的问题，我们不应该从宗教研究的大道走进这些死胡同，也不能让它们成为宗教研究的直接进程的障碍。

在基督教世纪之初，诺斯替教派的信徒们正视这个问题，他们在不完善的世界和完善的上帝之间，又插入了由小到大循序上升的无数神灵。下面我举个例子：伊里奈乌斯[1]把令人头昏的宇宙起源学归因于巴西里德斯。在宇宙起源的最初阶段，有一尊不动的神，下面有七尊从属的神，他们享有并主宰第一个天国。从第一个造物主的王冠上，出现了第二个王冠，也有天使、王权和王座，组成了另一个更低层次的天国，它是第一天国对称的复制品。接着是第二对完全相同的天国，又出现第三对和第四对天国（越往后神性就越低）。以这种方式一直延伸至三百六十五对。最底部就是我们的人间，是蜕化了的造物主创造的。在我们人间，越来越少的神性已趋向于零。波斯和伊拉克的曼达教徒在这种信念下生活着。

阿巴斯是曼达教不动的神。在一个满是泥水的深渊里可以见到。在一定量的永恒之后，他不纯洁的光泽活跃起来，在七个行星的天使帮助下，创造了我们的天和地。正因为这样，我们的世界是不完善的，纯属模拟上帝创造的。伊拉克有五千个曼达教徒，而在波斯有两千多。德劳尔的这本

1　Saint Irenaeus（约 120 或 140—约 200 或 203），基督教神学家。

书是所有描写他们的书中最详细的一本。作者德劳尔女士从一九二六年起就和曼达人生活在一起，几乎目睹了所有的仪式。如果我们想起最隆重的仪式往往要持续十八个小时的话，那真是一件不容易的事。

她也复制和翻译过很多符合教规的教科书。

徐尚志　译　屠孟超　校

西莱尔·贝洛克《犹太人》[*]

　　早在一百多年前，麦考莱曾构思过一部异想天开的历史。他想象，所有现在住在欧洲的红发人曾受过侮辱和压迫。他们被圈定在糟糕透顶的居民区；有的在这里遭驱逐，有的在那里受监禁；财富被掠夺，牙齿被敲掉；有的无中生有，被指控犯罪；有的被狂怒的马在地上拖拉；有的被绞死、遭酷刑、活活烧死；有的不允许服兵役；有的不准在政府机构任职；有的遭流氓无赖石击，并被投入河中。这种情况延续了许多代。之后，他想象一个英国人对这种怪异的命运表示同情，但另一个英国人表示反对说："免除公众对红发人的指责是不可能的。这些无赖很难算得上是英国人。人们对第一个红发法国人，比对自己教区的金发的人更为亲近。所以，只要有个外国的君王出来保护或者表示容忍红发人，那么，人们对他会比对国王还喜爱。他们不是英国人，不应该是英国人，他们的特性和经历都表明，他们不可能是英国人。"

麦考莱的这则清楚的寓言故事无需解释。贝洛克在自己的书里用好大的篇幅来驳斥那种颠三倒四的说法。贝洛克不是反犹太主义者。但是，他坚持认为（并强调），犹太人的问题是实际存在的。他一再说以色列人在每个国家中都不可避免地是客居的民族，这就出现了犹太人的问题。"这是一个纠正或缩小由于外来人闯入所有的机构而引起的不舒服的问题。"十九世纪试图通过否定它的存在而清除这个问题（英国对待意大利人和西班牙人就是这样。按常规，他们不是外国人，但他们还是被当成外国人，就像一个阿根廷人认为他们是外国人一样）。

面对这个问题，西莱尔·贝洛克提出两个解决办法：第一个办法是消灭犹太人，毁灭他们，这种办法是不行的；或

---

* 此篇及下篇初刊于 1938 年 3 月 4 日《家庭》杂志。

者将他们驱逐或流放，这也是相当残忍的；那就采取融合的办法，这个办法遭到贝洛克的拒绝。我的理解，这样做没有站得住脚的理由。

另一个解决办法是承认犹太人是外国人，寻找一种基于承认那种差异的生活方式。这是贝洛克在书的结尾处提出的解决办法。此外，他坚持绝对需要让计划和那种生活方式从以色列的实际出发，而不是从我们的实际出发，这是公正的，但却没有很大的启示作用。

徐尚志　译　屠孟超　校

约翰·迪克森·卡尔*《夜行》

　　在他十四部书里有一部的某一页中，德·昆西写道，发现一个问题和发现一个解决办法同样令人敬佩（也更卓有成效）。大家都知道，爱伦·坡发明了侦探小说。不太为人所知的是他写的第一部侦探小说（《莫格街谋杀案》）中，提出了一个这类虚构小说的基本问题：在上了锁的房间里出现的尸体，"谁也没有进入房间，谁也没有走出房间"。补充一句多余的话：他提出的解决办法并不是最好的，需一个十分粗心大意的法警、一枚在窗上折断的钉子和一只类人的猴子。爱伦·坡的小说是在一八四一年写的，一八九二年英国作家伊斯雷尔·赞格威尔发表了中篇小说《弓区大谜案》，重新提到了这个问题。赞格威尔的解决办法是聪明的，尽管根本不具可行性。两个人同时进到犯罪的卧室，其中一人惊恐地宣称，他们杀死了房主，利用同伴的惊讶（几秒钟时间），实施了谋杀。另一个杰出的解决办法是加斯东·勒鲁在《黄色房间的秘密》中提出来的。另外一种办法（无疑，稍为逊色一些）是伊登·菲尔波茨在《七巧板》中提出的。一个人在一座塔楼里被人用匕首刺死，作者在最后向我们披露，匕首这一近身武器是通过一支步枪射进去的（利用枪械这种手法大大减少甚至消除了我们的兴味。我认为埃德加·华莱士的《新别针的痕迹》同样如此）。就我所记得的，切斯特顿曾两次涉及这个问题。在《隐身人》（一九一一年）中，罪犯是一个邮递员，他得以掩人耳目地潜入屋内是因为这个小人物经常定期地去那里。在《狗的启示》（一九二六年）中，一把精致的带剑手杖和一个凉亭的隙缝解开了奥秘。

约翰·迪克森·卡尔是《盲理发师》、《空心人》、《宝剑八》的作者。他在《夜行》一书中，又提出了一种新办法。不过，我不会愚蠢地披露它。这本书是很有趣的，许多凶杀

---

* John Dickson Carr (1906—1977)，美国侦探小说作家。

案发生在大家都不知道是否真实的巴黎。坦率地讲，最后几章让我有点失望。这也是不可避免的，因为像这样一类小说，要理智地解决无法解决的问题，失望是难免的。

徐尚志　译　屠孟超　校

关于文学生活

　　菲·托·马里内蒂[1]也许是靠风趣机智的言词而非情节取胜的作家中最著名的例子。这是他最后的一次对人物的描绘，在一份寄自罗马的电报里："意大利女人的嘴唇和指甲除了红色外，还应该涂上伦巴第平原的绿色和阿尔卑斯山白雪的颜色，迷人的三色嘴唇将使爱情的甜言蜜语更加完美，使从无往不利的战役中归来的粗鲁的战士心中，燃烧起亲吻的欲望。"

　　女人嘴唇的涂抹，既能替没有欲望的人唤起情欲，也能节制或打消"吻的欲望"，它使马里内蒂的智慧永不干枯。他还提出，用 electrizante（使人兴奋的）一词代替 chic（衣着漂亮），即用五个音节代替一个音节；用 qui si beve（喝水的地方）一词来代替 Bar（酒吧），即用四个音节代替一个音节。他还提出用一种模糊费解的手法组成词的复数。"我们的意大利语应该摒弃外来语！"菲利波·托马斯·马里内蒂以胡利奥·塞哈多尔[2]和有四十个席位的西班牙皇家学院特有的清教主义的态度宣告。

摒弃外来语吗？未来主义的那些老牌作家们可不会这样胡来。

徐尚志　译　屠孟超　校

1　Filippo Tommaso Marinetti（1876—1944），意大利作家，未来主义代表人物，后来成为法西斯分子。
2　Jolio Cejador（1864—1927），西班牙学者、评论家，著有《卡斯蒂利亚语言文学史》。

朱利安·格林*

　　西方世界最丰富的两种文学（法国文学和英国文学）之间的友谊催生了很多作家，朱利安·格林正是其生动表现，因为在他身上，综合了法国散文的手法与简·奥斯汀和亨利·詹姆斯的传统。

　　朱利安·格林一九〇〇年九月六日出生于巴黎。父母亲是美国人，曾祖父母分别是爱尔兰和苏格兰人。他孤僻的童年在孤独和书籍中度过。他操两种母语：他狂热地阅读狄更斯、欧仁·苏、简·奥斯汀的作品。在中学读书时，他的拉丁语成绩优秀，化学成绩一般，代数成绩很糟。一九一七年他在凡尔登附近和意大利前线作战，一九一八年加入法国炮兵团。

协约国与德国签订和约后，他整整一年时间过着无所事事的生活。一九二〇年左右，他横跨大西洋，去弗吉尼亚大学夏洛茨维尔分校待了两年。

在那里，他写就了充满幻觉的小说《一个精神病学徒》的英语初稿，后译成法语，以《在地球上的游客》为题发表，取得了很大成功。

对朱利安·格林文学天赋唯一不能信服的人正是朱利安·格林自己。他不顾一切地投身于音乐和绘画的研究，结果很不理想。随后不久，发表了《英国组曲》，是关于夏洛特·勃朗特、塞缪尔·约翰逊、查尔斯·兰姆和威廉·布莱克的研究。

这时期，他也用笔名写作，如《反对法国天主教的小册子》的笔名是"一个虔诚的天主教徒"和"一个爱好记仇者"。

一九二五年春天，一家出版社向朱利安·格林约稿，请

---

* 本篇及以下两篇初刊于 1938 年 3 月 18 日《家庭》杂志。

他写一部长篇小说，给了他六个月的期限。

这次约稿的结果是《西内尔山》的出版，就其实质来说，这部书是令人生厌的、可恨的，但是却很有条理。

朱利安·格林的其他作品有：《阿德琏·莫絮拉》（一九二八年）、《雷维亚当》（一九二九年）和《克里斯蒂娜》（一九三〇年）。

徐尚志　译　屠孟超　校

赫·乔·威尔斯《弟兄们》

　　我猜想已经没有人记得迭戈·德·萨阿韦德拉·法哈多[1]的《政治事业》了。这本书中有一百幅令人费解的插图并附说明。主导各章的或是一尊花园中的无臂塑像。或是一条盘在沙钟上的蛇，你可以在两面镜子中看到它的头像。接着我们可以读到：部长应该用眼睛来监督，但不是用手来扒窃，或者智者（它的象征是蛇）应该同时考虑过去和未来。先是奇异的图像，接下去是寓言，都是老生常谈。这一切有些像赫·乔·威尔斯的这部小说：形式较内容更为讲究。遗憾的是作者无心去探讨很多的可能性。在现在我们见到的作品中，议论阻碍了寓言故事的展开。反之，寓言也阻碍了议论。

《弟兄们》是关于西班牙战争的寓言。法西斯将军理查德·博拉里斯正在围攻一座由共产党人守卫的无名城市。共产党人是由一个名叫理查德·拉茨埃尔的人领导的（正如人们看到的，寓言故事是相当清晰的）。理查德是一位举世无双的英雄、击剑手，一个在经受考验的时候能献身祖国的克伦威尔式的人物。显然，他正在考虑一次政变。这时，一支巡逻队到达无名城市战壕，逮捕了拉茨埃尔。他们把拉茨埃尔带了进来，他的外形和博拉里斯一样，声音是那么相似，以至于所有人一开始都以为他是在模仿。他们辩论之后，发现拉茨埃尔的思想也和博拉里斯一样，除政治术语外，并无其他区别。他们中的一个讲的是由社团组成国家；另一个讲的是无产阶级专政。拉茨埃尔对抗的是统治者的残暴；博拉里斯对抗的则是他们的无能和虚浮。他们在教育人这一基本需要方面意见特别一致。正如读者所想象的，他们是孪生兄弟（在某一段一切都是常规的历史时期内，常规不会引起麻烦）。书的结局是悲剧性的。

1　Diego de Saavedra Fajardo（1584—1648），西班牙政治家、作家。

我要强调一点看法："马克思向赫伯特·斯宾塞散发臭气，赫伯特·斯宾塞也向马克思散发臭气。"还有一种看法，它不仅与威尔斯，而且和萧伯纳的看法一致："人不像老猕猴、鳄鱼或野猪那样已属定型的动物，人只是一只幼崽。"

徐尚志　译　屠孟超　校

埃勒里·奎因《恶魔的报酬》

埃勒里·奎因是个撰写了十一本侦探小说的疲惫不堪的发明者。在这十一本小说中，有两三本（《埃及十字架之谜》、《暹罗连体人之谜》和《中国橘子之谜》）是写得最好的。

其他几部小说（《罗马帽子之谜》和《美国枪之谜》）不是必不可少的，但也不会令人生厌。《希腊棺材之谜》和《荷兰鞋之谜》写得还可以。

《恶魔的报酬》是他的第十二部小说。埃勒里·奎因通过这本小说，在自己过去创造的纪录之上又补充了一个无可怀疑的新纪录。过去可以说，他是我们时代最好的几部侦探小说的作者；现在可以补充说，他是最容易忘记的一部小说的作者。

我没有夸大其词，只要披露以下一点就够了。在阐明索利·斯佩思（依次被杀害的人的名字）的秘密的过程中，常常出现十八世纪印度支那的一支箭，它致命的尖端已在氰化物和甘蔗汁的溶液中浸泡过。大家都本能地知道，那些当中出现十八世纪印度支那的箭、并且尖端已在氰化物和甘蔗汁的溶液中浸泡过的小说绝对不会是好小说，而是范达因的小说。

令人惊奇的特点是，这本坏小说几乎全部摆脱了埃勒里·奎因那些典型的缺陷：人物多得令人厌烦，小说中更有不少无用的画面。另外，也没有出现那么多门和时钟，有时语言也相当简洁。例如："阿纳托尔·鲁希格出生于维也纳，他很快地改正了语言方面的缺陷。"

还有一个细节，好莱坞也出现在这部小说中。好莱坞被作者（他是美国人）描写成一个杂乱无章、令人生厌、非常阴郁的地方。顺便提一下，对它的评价是，它在美国文学中是具有传统的。

徐尚志　译　屠孟超　校

一九三八年四月一日

埃尔默·赖斯 *

　　我的读者们可能不知道埃尔默·赖斯[1]的名字，这是事实，但不可能不记得他的喜剧《街景》（由金·维多改编成电影）。

　　埃尔默·赖斯的真名很难发音，叫埃尔默·赖岑施泰因。一八九二年九月二十八日出生于纽约。在一所夜校通宵达旦地学习后，在一九一二年毕业时成为律师。一九一四年撰写第一个剧本《审判》，他天真地把写好的剧本塞进一个信封，寄给一位不认识的剧院经理。后者怀着好奇的冲动读完了剧本。《审判》是百老汇的成就之一。在那部喜剧中，埃尔默·赖斯运用了普里斯特利的方法——变换时间，把未来的场面提前放入过去的场景中，评论家认为那部喜剧表现出了电影的影响。

由于他的成就，他和同族的一个女人，纽约的黑兹尔·利维小姐结婚，在纽约他们生了两个孩子。

在一九二三年，赖斯的《加算机》首次上演，说的是一个小职员颇具象征意味的故事。他自己的工作被一架机器所代替，可以预见，他会杀害他的上司。在一九二四年，首演《隔壁的太太》。一九二七年，上演侦探剧《科克·罗宾》。

一九二九年初，几乎所有的纽约剧院经理部拒绝接收《街景》（又名《有塑像的风景》）的手抄本。这部喜剧初演时，遇到过困难，广告登了一年多，但最后得到了普利策奖。

赖斯其他的剧本有：《铁十字架》（一九一七年）、《自由者的祖国》（一九一八年）、《地下铁》（一九二九年）和《观看那不勒斯和死亡》（一九三〇年）。

还有一本针对好莱坞的小说《普里利亚游记》（一九三一年）。

徐尚志　译　屠孟超　校

---

* 　此篇及以下两篇初刊于 1938 年 4 月 1 日《家庭》杂志。

1 　Elmer Rice (1892—1967)，美国左翼剧作家、小说家。

《生动散文的信天翁书》

  诺瓦利斯说:"突变和混合最富诗意。"这句话表明(而不是解释)了文选的特别迷人之处。将两部环境不同、手法和内容各异的作品安排在一起,能够得到它们单独出版所不能得到的效果。此外,抄写书里的某一章节,用以单独出版,这诚然是巧妙的改头换面,但这种改头换面是可贵的。

  《生动散文的信天翁书》包括从十四世纪到我们的时代的一些作品,共一百五十多页。性格活泼但谎话连篇的约翰·曼德维尔[1]先生的《约翰·曼德维尔爵士游记》作为开头,查尔斯·摩根[2]微妙的作品作为压轴戏。查尔斯的书中并没有出现奇迹。而我们几乎是有权利见到奇迹的,如果考虑到在上面讲到的两位作家的作品中间,还有在英国甚至全世界的散文中也数最高水平的作品的话，那就是托马斯·布朗先生令人激动和深思熟虑的文字。

这本书的汇编者们难辞其咎。他们无法解释为什么遗忘了阿诺德、安德鲁·兰、吉卜林、切斯特顿、萧伯纳、托马斯·爱德华·劳伦斯、托·斯·艾略特，相反，却为查尔斯·蒙塔古·道蒂³开了绿灯。

这个作家尽管出版了六十三万字的巨著《在阿拉伯沙漠的旅行》，也受到了劳伦斯轻率的赞美，从而享有一定声誉，但他的作品却是不值一读的。另外，在选择代表性作品的过程中，也没有统一的标准。有些作品太简短。另一些作品（只选某部长篇或中短篇小说的某些章节）则是断章取义，没有看过全文，几乎无法理解。

然而，这部书还是保留下来了。书的内容和它的名称相符，选材非常丰富，光凭这一点就可说没有受编选者的无能

---

1 John Mandeville，十四世纪英国作家，因著有《约翰·曼德维尔爵士游记》赢得了"中世纪最伟大的旅游者"称号，也有"最大的谎言家"的恶名。

2 Charles Morgan（1894—1958），英国小说家、剧作家、散文家和批评家。

3 Charles Montagu Doughty（1843—1926），英国游记作者、诗人。

或情绪消沉的影响，取得了胜利。在这本书中，英国古典文学的代表作比十九世纪和当代文学的代表作选得更多一些。原因很清楚，是时间作出了选择。

当代作家有乔伊斯、高尔斯华绥和弗吉尼亚·吴尔夫。

我翻开几页，发现几行约翰逊的文字："有时，罗彻斯特伯爵退居农村，以写诽谤性文章为乐。在这些文章中，他不希望尊重严格的事实。"

徐尚志　译　屠孟超　校

罗伯特·阿龙《滑铁卢的胜利》

　　叔本华写道："历史事实完全是表象世界的外形，除了从个人身世所派生出的现实外，没有其他现实。要找到这些历史事实的解释，就好像在云雾中寻找成群的动物和人。历史讲到的不是别的，而是人类一场长久、沉重而又难以理解的梦。科学是真实的、有体系的，历史却没有体系，只有没完没了的个别事实的罗列。"

　　相反，奥斯瓦尔德·斯宾格勒却认为，历史是周期性的，并提供一种处理历史上的类似事例的专门技术，一种文化历史的形态学。

　　一八四四年德·昆西写道，历史是永不干枯的，因为排列、组合历史事件的可能性实际上是无限的。正如叔本华所认为的，解释历史不比在云雾中寻找动物和人更少随意性。但是，让你感到满足的是这些动物和人的多样性。

对《滑铁卢的胜利》这本小说的作者罗伯特·阿龙来说，历史是不可避免的，是命中注定的（这个标题——这里也许值得我们注意——对巴黎人来说是荒谬的，而在布宜诺斯艾利斯却不是这样。对我们来说，滑铁卢不是一次失败。所以，说它的胜利，并不使我们感到奇怪）。一八一五年六月十八日，拿破仑在滑铁卢被惠灵顿公爵打败，他的骑兵在英国步兵方阵面前分崩离析。阿伦在那本备受称赞的书里，做了相反的假定：布吕歇尔[1]和惠灵顿被拿破仑战败。阿龙将滑铁卢战役倒了过来。人们会问，这种凭空想象的事情会产生什么样的后果？回答是：真实的情况。我们知道的真实情况是，"滑铁卢的胜利者"拿破仑很快就退位了。他退位了，因为这是之前的历史发展的结果，绝非偶然。"这本书引起了极大的震动，"该书前言说，"其实只要做一些小小的变换和想象，就可以变灾难为胜利，变被迫退位为自动退位。历史事件对

---

1 Gebhard Leberecht von Blücher (1742—1819)，参与滑铁卢战役的普鲁士军队统帅，绰号"前进元帅"。

人们的生活影响不大，道德和心理等其他因素却占很重要的
地位。"

这部作品有一定的魅力，形式新颖，只是作者的论点完
全值得商榷。

徐尚志　译　屠孟超　校

一部令人震惊的文学史 *

在德国的文选中，克拉邦德 [1] 的名字既不是太风光，也不是特别声名狼藉。他带头模仿中国抒情诗，有几首真有些像原文，甚至比原本的中国抒情诗更像。我记得一部题为《灰阑记》的书和一部题为《穆罕默德》的英雄小说。但是我坦白地承认，我对这部有缺陷的、发行量却很大的《文学史》却一无所知。过去曾经建立过功勋的劳动出版社不久前轻率地向西班牙和美洲作了介绍。三个加泰罗尼亚人签订了翻译出版西班牙语版的合同。我认为，这三个人诬蔑了克拉邦德，但我无法因此便掩盖其他所有针对他们的谴责的不真实性，它们绝大部分（暂时这么说吧）是结构性的错误。这三个加泰罗尼亚人所犯的错误事实上只有两个：第一，他们越俎代庖的安排使得在一部世界文学史中，哈辛托·贝达格尔[2]占的篇幅比詹姆斯·乔伊斯还多。对阿索林的赞美，整整用了两页，而对保尔·瓦莱里的评论仅用了四个词，单单他的名字就用去了其中两个词（对巴列－因克兰[3]的介绍用了一页；对奥尔特加-加塞特也用了一页，对斯宾格勒只用两行，对舍伍德·安德森也只用两行，而福克纳则一行也没有）。

第二个缺点是品位很差。在第一百四十九页，总是犯错误的三个人将贡戈拉所有作品中最荒唐的那几行诗推荐给我们，让我们加以崇拜。

　　　　年轻人赤裸着身躯，

　　　　海水灌满了他的外衣，

　　　　又沾上了许多沙子，

---

*　此篇初刊于 1938 年 4 月 8 日《家庭》杂志。

1　Klabund (1890—1925)，原名阿尔弗雷德·亨施克，德国诗人、汉学家。

2　Jacinto Verdaguer (1845—1902)，西班牙加泰罗尼亚语诗人。

3　Valle-Inclán (1866—1936)，西班牙小说家、散文家。

随后摊晒在阳光下；

温和太阳甜甜的舌头，

几乎没有舔到它；

在海浪缓慢的拍击下，

它又渐渐地吸饱了海水。

这一小节水淋淋的诗，居然被译者认为是"赏心悦目的"。（我忘了，在第三百零二页写道：欧亨尼奥·多尔斯·伊·罗维拉[1]在法国知识界施加了特别的影响；又说，豪梅·博菲利[2]是"典范的、随心所欲的艺术家……"还有明显的错误之处，就以歌德著名的诗句来说：

当一个人在痛苦中默不作声，

神灵允许我述说内心的烦闷。

我们的加泰罗尼亚人是这样翻译的：

---

[1] Eugenio D'Ors y Rovira (1882—1954)，西班牙杂文作者、哲学家、艺术评论家，用加泰罗尼亚语写作。
[2] Jaume Bofill (1878—1933)，西班牙政治家、诗人。

如果一个人在痛苦中不吭声，

给我一个神灵，好让我向他倾诉烦闷。）

　　还有一些错误我们不知道该算在谁头上。比如下面这则
讣告我们是该归功于已故的编辑戈德沙伊德还是我们的加泰
罗尼译者："虔诚的东方人保尔·克洛代尔"在一九三七年
去世了？对前面的提法我表示怀疑，我以前曾怀着惊异的心
情读过几页有关亨利·巴比塞、保尔·克洛代尔和弗朗西
斯·雅姆[1]的文章，"正确地说，他们都是法国－德国人"，
这就是说，保尔·克洛代尔根本不是东方人。那篇文章又说：
"就像查尔斯·德·科斯特[2]用法语写有关佛兰德的事一样，
巴比塞、克洛代尔和弗朗西斯·雅姆用法语写德国的事，他
们在德国比在法国遇到更多热情的读者。法国人几乎不把他
们作为自己的同胞看待。"
　　这本书最常见的错误是基本情况的失实。比如书中说，
阿尔弗雷德·阿洛伊修斯·霍恩是美国人，切斯特顿是爱尔

1　Francis Jammes (1868—1968)，法国诗人、小说家。
2　Charles de Coster (1827—1879)，比利时小说家。

兰人，威廉·布莱克是惠特曼的同时代人。法国轻松的戏剧由保尔·热拉尔迪和亨利·莱诺芒德继续耕耘着（将这两个人的名字并列在一起，可能——在这部著作中，不可能的事不多——带有嘲笑或学术争论的目的，可是，作者应该以某种方式加以说明）。

另一个坏习惯是资料不确切、不可靠。这部书写约瑟夫·康拉德时用了四行半字。正确地述说了有关这位作家的生平后，说"他的有关海员的小说受爱伦·坡的影响"。现在问题是，爱伦·坡对康拉德有影响吗？至今谁也没有作过这样的猜想。这是个人的看法，也许值得商榷。但是，在一部供人参考的著作中，这样说是不合理的。

我提到了一些可以原谅的过错，现在我来谈谈根本性的错误：孜孜追求文学的虚荣阻碍了克拉邦德对每位作家作具体、亲切的描述，却促使他使用比喻的方法进行修饰和描写。我们可以想象，有的人从未读过柯莱特[1]的作品，那么，与他大谈"天蓝色的谈话和猩红色、玫瑰色的聊天"有什么

1　Colette（1873—1954），法国女作家。

用呢？同时，我们可以想象，有的人从未读过韦尔弗的作品（也许较之前者更能容忍一点）。我不认为这样一则花边故事便足以弥补对于他生平作品令人痛苦的省略："海姆二十四岁时在穆埃盖尔湖溜冰时淹死。当乔治·海姆在水下消失时，一位海神升到云端，那彩云是阳光下春天的蒸汽组成的。海神发出了高兴的叫喊声，他被阳光所陶醉。摘自弗兰茨·韦尔弗的作品（他一八九〇年生于布拉格）。"

讲西班牙语的读者通常不认识奥多卡尔·布舍兹纳[1]。根据克拉邦德的描述，这是他的形象："为生活的美好而微笑，额部散发出寒星般白色的汗珠，布舍兹纳是一棵开满鲜花、满是嗡嗡作响的小虫的树木"，无疑，他那张脸将永远不会消失。我们现在认识（或者重新认识）一下赖内·马利亚·里尔克[2]：

"里尔克是一位修士，不穿灰色法袍，穿的是紫色法袍。"更令人震惊的是他的形象的描绘同人和作品纠缠在一起了。"奥斯卡·王尔德和亨利勋爵一样，在扣子眼儿上总插着一朵

---

1 Otokar Brezina (1868—1929)，捷克诗人。
2 Rainer Maria Rilke (1875—1926)，德裔奥地利诗人。

兰花，最大限度地享受生活的乐趣。他与道林·格雷的友谊特别深，这种情况带来的后果是吃了官司，使自己从社会最上层跌落到监狱里……通过他的诗，我们觉得他像涂白粉的江湖丑角，只是他脸上的苍白既不是来自月光，也不是涂上了白粉。"

除了这样对人的形象随意描述外，还有如下这些尽人皆知的东西："《一千零一夜》至今还受年轻一代的喜爱。"

不过，作品最微妙之处是在第二百六十六页。在那里写道：诗人兰波"喜欢拥抱狒狒"，译者蠢上加蠢，竟然加了这样一个注："一种猴子。"

徐尚志　译　屠孟超　校

西・弗・波伊斯 *

　　在英国南部多塞特山区的一个家庭里，有几千卷英语和拉丁语书籍；一个沉默寡言、肤色红润的女人，还有一个戴孝的高个子男人，头发斑白，蓝眼睛。这个男人三十年来从下午三点半到六点，每天写一页或者两页，以执著的爱，工整地书写每一个字母。

　　西奥多・弗朗西斯・波伊斯一八七四年出生于一个叫希尔列的村庄，出身名门望族。与他有血缘关系的人中间，有约翰・多恩和威廉・柯珀[1]（至于那些威尔士王子我就不说了。他们古老得快成为传奇式的人物了，太传奇了，以致人们都不相信确有其人）。西奥多・弗朗西斯・波伊斯的父亲和祖父都是教士。他开始时学神学，可以肯定他现在仍是忠于神学。他的小说实际上都是寓言故事，有的是异教式的，有的带有嘲弄的含义，有的则吵吵闹闹的，但实质上都是寓言故事。"我太相信上帝了。"他有一次坦言。

一九〇五年他在希尔列定居，同年结婚。就在这一年，每天下午三点钟后他进图书馆，写到六点钟。两种不同性质的问题使他关切：绝对的好与绝对的坏。语言表达方面，《圣经》式的文风似乎没有受谁的影响。他几乎写了二十年，却连一行字也没有发表。直到一九二三年前后，他的一位朋友（雕刻家）偷了他的写作记事本，把它寄给了大卫·加尼特（《太太变狐狸》和《动物园里的男人》的作者），记事本以《左腿》作为标题发表，这是有关一个庄园主的故事。他慢慢地从肉体到灵魂将村镇上的全部居民都控制住了。之后发表的著作有：《黑果藤》（一九二四年）、《塔斯克先生之众神》（一九二五年）、《无辜的鸟》（一九二六年）、《韦斯顿先生的佳酿》（一九二八年）、《露水塘》（一九二八年）、《回声

---

* 此篇及下篇初刊于 1938 年 4 月 15 日《家庭》杂志。
1 William Cowper (1731—1800)，英国诗人。

之家》(一九二九年)、《寓言》(一九二九年)、《角落里的爱》
(一九三〇年)和《白色的主祷之教》(一九三二年)。

　　所有作品中最值得纪念的也许是《韦斯顿先生的佳酿》,
情节只经历一个晚上。在这个情节中,时间停止不进。中心
人物韦斯顿是嗜酒如命的商人。他慢慢地使我们相信,他是
一位神灵。作品的开始是平淡的,流浪汉式的,却以完全魔
幻和超自然的形式结束。波伊斯喜爱的作家是塞缪尔·理查
森、蒙田、拉伯雷和司各特。

　　　　　　　　　　徐尚志　译　屠孟超　校

理查德·赫尔《良好的意愿》

我一直有一些打算（它们在上帝面前将替我进行辩护），但并不想付诸实施（因为我只乐于欣赏这些打算，而不是去实现它们）。其中之一就是写有关异教的侦探小说（异教是重要的，因为我理解侦探小说这一样式如所有的文学样式一样，存活在不断的、微妙的违法之中）。

有一个晚上，一九三五年或一九三四年的一个疲惫的夜晚，我从九月十一日广场一家咖啡馆走出去的时候，构思了这部小说。在此只将一些简单的情况介绍给读者吧，其他的情况我已经忘了。我把它们忘得一干二净，以至于都不知道当初这些东西有没有写进小说里。我的打算是这样的：写一部一般性的侦探小说，开头几页，写一个难解的谋杀案；在中间的若干页，写一场缓慢的讨论；最后几页是结果。之后，几乎在最后一行，加上一句模棱两可的话，例如，"所有的人都认为，那个男人和那个女人的相遇是偶然的"。用以指明或者留下悬念暗示，结论是虚假的。不安的读者将会再次阅读有关章节，之后得到另一个答案，真正的答案。这本想象中的书的读者会比"侦探"的目光更敏锐。理查德·赫尔写了一本极为优秀的书。他的散文笔法娴熟，人物也是令人信服的，他的讽刺完全是文明的。尽管如此，小说最后的结局却不那么令人感到惊奇，以至于我不禁怀疑这本在伦敦出版的真正的书，就是三四年前我在巴尔巴内拉构思的那一本。在这种情况下，《良好的意愿》隐瞒了一个秘密的情节。不知是我还是理查德·赫尔不走运，我在哪里都没有看到那个秘密情节。

徐尚志　译　屠孟超　校

古斯塔夫·梅林克[*]

梅林克的生平没有像他的作品产生那么多麻烦。他于一八六八年出生于巴维埃拉城，母亲是位演员。（他的文学作品是历史性的，这点太容易证实了。）他的青年时代在慕尼黑、布拉格和汉堡度过。我们知道他曾任银行职员，后来又讨厌这份工作。我们还知道他试行过两种补偿的或者逃避的方法："笼统地进行隐科学"的研究和撰写讽刺文章。在这些文章中，他抨击军队、大学、银行和地方性的艺术（他写道：不存在艺术性的艺术和地方性的艺术）都是假的。一八九九年，著名的《极简》杂志发表他的文章。从那时起，他也翻译了狄更斯的几部长篇小说和爱伦·坡的几部短篇故事。

一九一〇年左右，他汇集了五十部短篇小说，取了一个戏谑性的名字——《德国资本家的魔角》——出版。一九一五年，出版《假人》。

《假人》是一部鬼怪小说。诺瓦利斯有时想写梦幻小说，前后不连贯，像梦一般断断续续地写这样的小说是非常容易的，只是要写得能读懂就不是那么容易了。《假人》真令人难以相信。它是梦幻小说。但恰恰相反，它能读懂。它自始至终是一个梦的、令人头昏目眩的梦的全过程。在开头几章（也是最好的几章），手法是非常直观的。最后几章出现了愈来愈多的连载小说的特点。受巴贝克尔的影响远比爱伦·坡的影响强烈。我们不愉快地进入一个受了刺激的、活版印刷术的世界。在这个世界里四处都是毫无用处的星号和毫无节制的大写……我不知道《假人》是不是一本重要的书，但我知道它是绝无仅有的一本书。

梅林克徒劳地想让他的其他小说和这本小说一样。其他小说有《瓦卜吉司之夜》、《绿面孔》和《西窗天使》。

---

* 本篇及下两篇初刊于 1938 年 4 月 29 日《家庭》杂志。

古斯塔夫·梅林克同时也是《蝙蝠》的作者，这是一部鬼怪短篇小说集。另外，他名下还有一部题为《秘密的皇帝》的长篇小说，虽然它只是一个片断。

徐尚志　译　屠孟超　校

威廉·萨默塞特·毛姆《总结》

令人无法相信的是共同的感觉会闪闪发光，而单纯的明智却使我们着迷。然而，毛姆的自传属这种情况。作者总结了他的一生和作品（他已有六十多岁，写了四十多部书），并作出了一些最后的、或者说是暂时属最后的判断。他自己说的话和我们在他说这些话时对他真诚的信任比较起来是次要的。此外，在他的文章中，我们可以品尝到某种无奈和苦涩，并不期待这部自传中有其他东西。有时，也有正确的看法。例如："好多人似乎没有注意到情节的主要功用。情节是引导读者注意力的线条。简·奥斯汀知道这点。相反，福楼拜的《情感教育》却很少引导读者的注意力。读者对书中人物和他们的命运无动于衷。这么一来，要读完作品就很困难。我不知道有没有其他跟这部小说一样重要的小说给读者留下那么含糊的印象。"

在另一章里，毛姆又说："我们都知道易卜生是很少有创造才能的，我这样说也不算太放肆。高明的他唯一的手法是一位外乡人的突然来到。他闯入紧闭的小屋，把窗门全部打开。于是，发现在小屋里的人都已死于肺病。一切都不幸地结束了。在戏剧艺术中，意念的不利之处在于：如果这些意念是可以接受的，便被接受了；但却将为传播意念作出贡献的戏剧扼杀掉了。"

我翻译了两条意见。这里是一段自白："我由于词汇的贫乏而遭人非议后，去了不列颠博物馆，记录了各种稀有的矿石、拜占庭的珐琅和各种布帛的名称。为了搭配它们，在用词造句方面我花了好多力气，不幸的是，我没有机会来使用这些句子。这些句子就在这小本子上，谁想用都可以用。几年之后，我又陷入了相反的错误中，开始禁止自己使用形容词。我想写一本像冗长的电报一样的书，把所有不是必不可少的词都从这本书中删掉。"

徐尚志　译　屠孟超　校

威廉·卡佩勒
《苏格拉底的先驱者》

在这本五百页的书中，汇编和翻译了古希腊先期思想家们的原著片断和他们的生平或理论。这些理论可能摘自普卢塔克、第欧根尼·拉尔修[1]或塞克斯都斯·恩比利克斯。

这些理论中好多是当今博物馆中纯粹的摆设物。例如：科洛封的色诺芬尼的理论，认为月亮是一团密集的云，它每个月都会消散。其他的思想家也没有留下优秀的遗产，他们的学说只会令人吃惊或分散精力。例如，阿克拉噶斯的恩培多克勒在奇怪的户口登记册上说："我曾经是个孩子，一个女孩，一簇灌木，一只小鸟和一条露出海面的无声的鱼。"（更出人意料、更不能令人相信的是凯尔特游吟诗人的自述："我曾是手中的剑，也当过战争中的首领，还曾经是桥上的灯；我曾经中了魔法，在水泡中待了一百天；我曾是书中的一个词，我曾是一本书。"）

还有其他一些苏格拉底的先驱者，他们存在的意义几乎是无法估计的，他们丰富了我们后来者的哲学。以弗所的赫拉克利特就是这样。我们是通过柏格森或威廉·詹姆斯了解他的。巴门尼德也是如此。从斯宾诺莎或弗朗西斯·布拉德利的回忆中可以了解他的学说。

还有几位哲学家的生命可能是跨了两个世纪。埃利亚的芝诺就是如此。阿喀琉斯和乌龟赛跑这个永传后世的故事就是他发明的。（这个故事的含义众所周知，阿喀琉斯是速度的象征，他却赶不上象征缓慢的乌龟。阿喀琉斯比乌龟跑得快十倍，就让它先跑十米。阿喀琉斯跑完十米，乌龟又跑了一米；阿喀琉斯跑完那一米，乌龟又跑十分之一米；阿喀琉斯跑完那十分之一米，乌龟又跑了一厘米，阿喀琉斯跑完那一厘米，乌龟又跑了一毫米；阿喀琉斯跑完那一毫米，乌龟又

---

1 Diogenes Laërtius (200—250)，古希腊哲学史家，著有《名哲言行录》。

跑十分之一毫米。就这样，阿喀硫斯永远无法赶上它……威廉·卡佩勒在这卷书的第一百七十八页，翻译了亚里士多德的原文："芝诺第二个悖论就是所谓的阿喀琉斯悖论，他论证了跑得最慢的不可能被跑得最快的赶上，因为追赶者必须在被追赶者跨出的最后一步之前到达终点，所以跑得最慢的总是对跑得最快的占有一定的优势。"）

　　哲学史家们总是把苏格拉底之前的那些哲学家看作具有先驱者的重要意义。相反，尼采则认为他们是希腊哲学思想的顶峰。较之柏拉图的辩证风格，他更喜欢他们纪念碑式的风格。（有人宁可被吓倒而不要被说服。）这部书想为他们恢复因为连接和创立希腊散文而得到的荣誉。

　　　　　　　　　　徐尚志　译　屠孟超　校

理查德·奥尔丁顿[*]

奥尔丁顿¹一八九二年生于英国南部的汉普郡，就读于
多佛学院和伦敦大学。十三岁时就创作和书写了第一批诗。
十七岁时，一家杂志不经意地发表了他几首模仿济慈的诗。
一九一五年发表了处女作《新与旧的意象》（一九一三年十月
他已经结婚）。奥尔丁顿当时属"意象派诗人"，认为视觉形
象本质上是有诗意的（一百年前，伊拉兹马斯·达尔文²也
是这样认为的）。这种荒诞的论点导致他写了一些不押韵的
无格律的诗，因为他认为，根据他的论点，听到的应服从于
看到的……理查德·奥尔丁顿跟他的朋友埃兹拉·庞德和艾
米·洛威尔³谈及此事。他那时还不知道巴尔干人的手枪声

将结束这场争论。一九一六年初，奥尔丁顿应征入伍，在英国军队当步兵。

战争没有要他的命，但他患了神经衰弱症，身无分文。他住在伯克郡的一间茅屋里，翻译了不少东西，还给一些报刊撰文，总算没有饿死。他翻译了薄伽丘的《十日谈》、西哈诺·德·贝热拉克[4]的《太阳上的帝国趣史》、伏尔泰和腓特烈二世的信札、谢尼埃[5]的短长格律诗以及数百篇希腊文选中的铭文和碑文。

一九二三年他发表了《流放》，一九二八年出版了《爱情和卢森堡》，一九二九年又发表了令人惊异或出乎意料的小说《英雄之死》。作者以侮辱和诽谤书中所有的人物为乐，这是罕见的。而奥尔丁顿就是这样做的。我们的理解是，他的狂怒较之如卡莱尔或格拉·戎克罗[6]或莱昂·布洛瓦等专业上的

---

* 此篇及以下三篇初刊于 1938 年 5 月 13 日《家庭》杂志。
1 Ricard Aldington（1892—1962），英国诗人、小说家和传记作家。
2 Erasmus Darwin（1731—1802），英国动、植物学家，查尔斯·达尔文的祖父。
3 Amy Lowell（1874—1925），美国女作家、意象派诗人。
4 Cyrano de Bergerac（1619—1655），法国作家，以戏剧创作闻名。
5 Audré Chéniev（1762—1794），法国著名诗人。
6 Guerra Janqueiro（1850—1923），葡萄牙诗人。

狂人在学术方面表现出来的愤怒有过之而无不及。

《英雄之死》是一本独一无二的书，如果说它与其他小说有近似之处的话，那就是塞缪尔·巴特勒的《众生之路》。

理查德·奥尔丁顿同时也是下列作品的作者：《荣誉的方向》、《女人该劳动》和《上校的女儿》。还有一部关于伏尔泰的学术著作。此外还有《男人都是冤家》。今年又发表了一部幽默的作品《七个人反对里夫斯》，读者也许会发觉这个书名是戏谑地模仿埃斯库罗斯的《七将攻忒拜》。

　　　　　　　　　　　　徐尚志　译　屠孟超　校

欧内斯特·海明威
《有钱人和没钱人》

　　一个文人想象出的一个为非作歹的人的故事不会是真的。写这个故事有时有两个打算。其一，想让这个为非作歹的人原本不是那么坏的人，而是一个非常高尚的穷人。他的胡作非为是社会造成的。其二，美化他故事里邪恶的诱惑力，并用轻松的笔法延长有关残忍的描述。如同我们见到的，这两种手法都是浪漫主义的，它们在阿根廷文学中已有杰出的先例，如爱德华多·古铁雷斯描写粗犷的大自然的小说和《马丁·菲耶罗》……海明威在这本书的开头几章，似乎并不在意这两种尝试。书中的主人公，基韦斯特的船长哈里·摩根和同名海盗一样为非作歹。后者袭击了坚不可摧的巴拿马城，还给总督送去了一支手枪，作为足以征服那座要塞的炮兵的象征……海明威在小说开头几章，没有令人吃惊地叙述种种野蛮行为。他的态度是中立的、无动于衷的，甚至有些厌恶。他没有着重描写死亡。哈里·摩根不忍心杀一个人，他以此为荣，且不后悔。看了刚开头的一百页后，我们认为叙述者的语气与被叙述的事件是一致的，与纯粹的吓唬和哀怨保持着相等的距离。我们认为，我们正面对一部由一个离我们非常遥远的人写的作品。他还写过《永别了，武器》。

小说的最后几章毫不留情地让我们看清了事实真相。那些用第三人称写成的章节向我们做出了奇特的披露。对海明威来说，哈里·摩根是一个堪称楷模的男子汉。海明威向"垮掉的一代"展示屠杀的目的是为了对他们进行教育。这样的小说只能使人感到沮丧，在我们心中连尼采式的寓言的寓意也没有留下。

接下去，我翻译了一小段小说，内容是在美洲进行的自杀。

"几个人从办公室的窗口向下跳，其他的人安静地在车库里向两辆轿车走去，发动机已开动。另一些人则采用传统

366

的方法——使用柯尔特或史密斯威森自动手枪……这些制造得那么完美的武器，只要手指一按，就可以结束人们的内疚，消除失眠，治愈癌症，避免破产，替处于难以忍受的境地的人们找到一条出路。这些值得赞赏的美国武器携带方便，效果可靠，专门用来结束一场变成噩梦的美国梦，除了家里人对身上的血污得进行一番清洗外，没有其他不适合之处。"

徐尚志　译　屠孟超　校

乔治·西默农 *《七分钟》

如果编辑部的那些参考资料没有欺骗我的话，那么，乔治·西默农作为侦探小说家在法国享有一定的声誉。安德烈·泰里夫赞扬他"制造气氛"的能力。路易·埃米耶公开推崇他小说的"明晰的气氛"。从《七分钟》来看，以上两人说的都有道理。这本书描述的环境不乏生动之处，没有什么超自然的东西。最大的遗憾是其余的方面都写得不太合适，不够真实，也有些单调。人们或许会对我说，气氛写得好就足够了。这我也同意，但是，如果那样，为什么还要安排不那么谐调的侦探小说的情节呢？

在这部短篇小说集的第一篇小说中，最后的交代是那么枯燥无味，以致昨天看了，今天就忘记了。第二篇小说（《七分钟的夜晚》）的交代很需要一只炉子、一个喷水管、一块石头、一张绷紧的弓和一支左轮枪。第三篇小说的揭示，还需要两个人物（他们的存在不会令读者生疑）。刚才我讲过这书有不合适和不够真实之处，更确切地说，是不合时代潮流。现在我想，更确切地说是不认真。在英国，侦探小说宛如受不可避免的规律所支配的一副象棋，作家不能忽视问题的每一个方面。例如，一个神秘的罪犯应该是一开始就出现的人物之一……相反，巴黎对这种严格的规定还是无知的。巴黎，按《七分钟的夜晚》来看，还是和夏洛克·福尔摩斯同一时代的人。

作品的风格是有效的。不同的是作者落入了像这样的激情之中，它让我们记起的已不是柯南·道尔，而是艾玛·奥希兹或者是加斯顿·勒鲁："我知道在黑暗中、在雨中、在雪景的忽明忽暗中、在神秘的北欧大陆上的恐惧。但是那里的恐惧，是在大白天，在沐浴着温暖阳光的梦境中，那是另一回事，那是令人有些压抑的感觉。"

徐尚志　译　屠孟超　校

---

* George Simenon（1903—1989），比利时侦探小说家。

关于文学生活

在贡纳尔·贡纳尔松[1]《空中之船》这部小说中，我见到了对这种奇异感情的描述："在一片没有山峦的土地上，思想和动物消失了，因为有谁去管束它们呢？我不知道在平原上，人们夜里是怎么睡觉的？"

接受了作者的想象，我说，思想的消散适合于梦境。

徐尚志　译　屠孟超　校

1　Gannar Gannarsson（1889—1975），冰岛小说家。

范·威克·布鲁克斯[*]

范·威克·布鲁克斯¹是美国一些常常对美国进行诽谤的作家之一（其他的人还有尊敬的刘易斯·芒福德和沃尔多·弗兰克）。布鲁克斯是不主张使用暴力的，他以蔑视的态度为美国的粗暴和平庸而伤心，欧洲人为此鼓掌，很多美国人也许是怕被人说成是太爱国，也鼓掌欢迎。布鲁克斯攻击美国的乡村气息，而他正是受到了那种乡村气息的欢迎。

范·威克·布鲁克斯一八八六年二月十六日出生于普兰菲尔德，就读于哈佛大学。一九〇九年底，发表处女作《清教徒之酒》。两年后，和加利福尼亚的埃莉诺·凯尼恩小姐结婚。一九一三年，发表《理想之病》，是关于瑟南古[2]、阿米尔和盖兰的学术著作。一九一四年发表关于约翰·阿丁顿·西蒙兹[3]作品的评论文章。一九一五年，发表《赫·乔·威尔斯的世界和美国的成长》，在那本书中，他后来的作品已现出了雏形。一九二七年，与阿尔弗雷德·克瑞姆伯、保罗·罗森菲尔德和刘易斯·芒福德一起汇编著名的选集《美洲商队》。（一九二三年由于上述著作及其在美洲的影响，得到了《日晷》杂志的年奖。后来，他又获得了舍伍德·安德森和托·斯·艾略特奖。）

范·威克·布鲁克斯的著作很多，其中有罗曼·罗兰和乔治·贝尔盖等作家的译作以及不少学术专著。也许最重要的研究文章都是针对爱默生、亨利·詹姆斯和马克·吐温的。这三位作家试图表明，在同一时间作为美国人和艺术家是不可能的。

第一部专著（《爱默生和其他作家》，一九二七年）是研

---

* 本篇及下篇初刊于 1938 年 5 月 27 日《家庭》杂志。

1 Van Wyck Brooks（1886—1963），美国文艺批评家、传记作家和文学史家。

2 Etienne Pivert Sénancour（1770—1846），法国作家。

3 John Addington Symonds（1840—1893），英国作家、诗人。

究一位不同意美国的艺术家的情况；第二部（《亨利·詹姆斯的历程》，一九二五年）是研究一位逃避美国的艺术家的情况；第三部（《马克·吐温的煎熬》，一九二〇年）是研究一位因为美国而失败的艺术家的情况。最后一本书的最大影响是引起了伯纳德·德·沃托[1]激动而又明确的反驳，他写了《马克·吐温的美国》一书。

徐尚志　译　屠孟超　校

1　Bernard de Voto（1897—1955），美国小说家和新闻工作者。

梅多斯·泰勒《黑镖客成员的自白》

　　这本于一八三九年四月实际上以三卷本出版的不同寻常的书，至今正好满九十九岁，又由耶茨－布朗重新发表，它引起了人们的无尽好奇。题材是有关一些黑镖客成员的事。这是世代相传的杀手组成的帮派集团。在八个世纪中，他们赤着脚，头上包着头巾，在印度各地的路上，在黄昏时刻制造恐怖，他们杀人越货，却又尽了宗教义务。他们是巴瓦妮的信徒，崇拜黑色的女神杜尔迦、帕尔瓦蒂和迦利[1]。对女神要供奉一块杀人时包头的头巾、一块改变信仰的人应该吃的圣糖和一把挖掘墓穴的锄头。不是所有的人都可以包头巾和使用锄头的。信徒们被禁止处死下列人员："洗衣妇、诗人、托钵僧、锡克教徒、乐师、舞蹈家、卖油人、木匠、铁匠、清洁工以及截肢者和麻风病人。"

　　黑镖客的成员们宣誓要成为勇敢、顺从、严守秘密的人。他们组成一个个小分队，人数从十五到二百人不等，在全国各地流窜打劫。他们用一种已消亡了的语言（名叫"罗摩什"）和手势语，以便在印度各地进行交流。他们遍布四方，从阿姆利则到锡兰。他们的组织包括四个层次：诱骗者，他们用动听的故事和歌唱来吸引旅客；执行者，使命是把旅客扼死；收容者，他们挖掘好墓穴；净化者，他们的任务是把死者的衣服剥光。阴暗的女神允许他们背叛和伪装，因此，有些黑镖客被招募成为卫队，用来对付另外的黑镖客，这种情况常有耳闻。他们长途跋涉，走了一程又一程，一直赶到占卜的人指定的遥远而确切的地点，那儿，就是杀人的地方。有的黑镖客（阿拉哈巴德的贝赫拉姆也许是一个最著名的例子）干了四十年，总共杀死了九百多人。

　　这本著作是以真实的司法机关文件作为根据写成的。在那个时候，得到了托马斯·德·昆西和爱德华·鲍尔沃－李

1　即难近母、雪山神女、时母，均为巴瓦妮女神的化身。

顿¹的赞扬。现时的编辑耶茨－布朗加了引人注目的小标题:
《珠宝商和他的星卜家》、《知道得太多的贵妇人》、《胖银行家
轶事》,这与简明扼要的风格并不相配。

　　我刚才说,这部作品引起了人们无尽的好奇心。无疑,
好奇心是难以满足的,例如,我想知道,黑镖客成员本身是
不是土匪?他们是因信奉女神巴瓦妮而把这种职业视为神圣
呢,还是对女神巴瓦妮的信仰使他们沦为土匪?

徐尚志　译　屠孟超　校

1　Edward Bulwer-Lytton（1803—1873）,英国政治家、诗人、评论家和小说家。

保尔·瓦莱里《诗歌入门》[*]

著名的诗人和最好的散文作家保尔·瓦莱里正在法兰西学院做诗歌讲座。这部简单而又宝贵的著作收集了他讲的第一课的内容。在书里，瓦莱里简明扼要地提出了诗的本质性问题，这些问题也许是可以解决的。瓦莱里和克罗齐一样，认为直到现在我们还没有一部文学史，眼下浩瀚而受尊重的文学史著作实际上是篡夺了这个名称，更确切地说，那只是一些文学家的历史。瓦莱里写道："文学史不应该是作家、作家经历或者作品经历的历史，而是作为文学的生产者和消费者精神的历史，这种历史可以自始至终不需要提及任何一个作家而写成。我们可以研究《约伯记》或者《雅歌》的诗歌形式，却用不着了解作者的生平，因为我们对他们一无所知。"

他对文学作出的规定是"技术性要强一些，经典性要强一些。文学，只能是某些语言特性的应用和延伸，而不是其他东西"。之后，他又说"语言难道不是文学代表作中的代表作？因为所有的文学创作归根到底只是一定数量的词汇的能量根据已经建立的形式的组合"。这是在第十二页说的。相反，在第四十页，他又指出精神的作品仅存在于行动中，而这种行动必须以一个读者或一个观众为前提。

如果我没有搞错的话，这种看法在很大程度上修正了第一种看法，甚至与它相矛盾。一种看法似乎把文学仅仅视为一定数量词汇所允许的组合；另一种意见说明，这些组合的效果因每一个新的读者而异。够得上第一种意见的作品虽多，但从数量上看已经到头了；够得上第二种意见的作品从远景上看可以无限增长，因为这种意见认定，时间，以及随之而来的误读和距离感反倒会同作古的诗人合作（我不知道是不是还有比塞万提斯的诗更好的例子）：

---

* 此篇及下篇初刊于 1938 年 6 月 10 日《家庭》杂志。

见鬼去吧，这种崇高令我吃惊！ [1]

当初写这一行诗时，vive Dios 这个感叹词和 caramba[2] 一样常用。而 espantar 和 asombrar[3] 同义。所以，我认为，塞万提斯同时代的人会这样理解那一行诗：

人们也许会看到这东西如何使我吃惊！ [4]

或者作相似的理解。我们看到这行诗是坚定而又生气勃勃的。时间——塞万提斯的朋友——会为他进行更正。

徐尚志　译　屠孟超　校

1　原文为：¡Vive Dios, que me espanta esta grandeza!
2　vive Dios 和 caramba 都是表示愤怒、惊讶的感叹词，意思是"妈的"和"见鬼去吧"，前者多在古西班牙语中出现。
3　西班牙语中 espantar 和 asombrar 基本同义，意思是"使……吃惊"，但 espantar 也有"使……害怕"的意思。
4　原文为：¡Vieran lo que me asombra este aparato!

威廉·亨利·德纳姆·劳斯
《阿喀琉斯的故事》

在《荷马史诗》杰出的第二版的前言中，托马斯·爱德华·劳伦斯因《奥德赛》有二十八个英文译本而感到高兴。越来越多的译本是古代诗歌生命力的象征（如果需要的话，也是它们永垂不朽的象征）。但是，这同时也说明荷马早已死去。那各色各样的译本都是为了使他死而复生的、无用的、人为的做法：有的人将荷马的诗译成四音步诗，有的译成韵诗，有的译成古意大利诗的形式，有的译成亚历山大体诗，有的译成六韵步诗，有的将荷马的诗逐字逐句地译成精细的散文，有的用词组和短诗的形式翻译，有的让荷马的诗与《圣经》相适应。上面说的这种种译本全都出现了，但没有一种译本是令人满意的。劳斯博士这本书是用对话体写的《荷马史诗》，显得很平静。劳斯没有写《伊利亚特》，也没有写《阿喀琉斯纪》，只写了《阿喀琉斯的故事》，他不像我们的卢贡内斯那样作了翻译："缪斯啊，请歌唱佩琉斯之子阿喀琉斯的致命的愤怒吧！"而是写了"一个恼怒的人：佩琉斯家族的王子，阿喀琉斯的痛苦的仇恨"。如果我们想找到一个著名的场景（赫克托尔和安德洛玛刻的告别，赫克托尔之死和他尸体的赎回），再把劳斯的版本同安德鲁·兰甚至同巴克利的版本比较，毫无疑问，劳斯的版本我们认为差一些，不够直截了当。尽管如此，它仍具有其他版本没有的一个优点：出乎寻常地容易阅读下去。我不懂希腊语，所以，我对《荷马史诗》的版本方面学识浅薄。如果劳斯这个版本同某个版本有很大不同的话，那是同勒贡特·德·李勒的版本；如果同有的版本相类似的话，那是和塞缪尔·巴特勒的版本。

《荷马史诗》中人物的外号常常成为争论的原因。卢贡内斯称宙斯为"调遣云雾者"，劳斯博士则称之为"集云神"；卢贡内斯称阿喀琉斯为"神行太保"，劳斯则称之为"飞毛腿"；卢贡内斯称阿波罗为"神箭手"，劳斯说他是

"远射手"。

相反，劳斯对其他人的名字则照抄不误。例如，埃涅阿斯、亚历山大、代达罗斯、墨奈劳斯、拉达曼提斯。

《伊利亚特》在几乎所有的译本中，都是一部时隔久远、讲究形式、有些无法理解的作品。劳斯把它改写成具有消遣性的、易懂的、风趣的、但却没有什么意义的作品。也许这样做是恰当的。

徐尚志　译　屠孟超　校

西莱尔·贝洛克[*]

约瑟夫·西莱尔·皮埃尔·贝洛克一八七〇年出生于巴黎附近，父亲是法国律师路易·斯旺顿·贝洛克。关于他，人们说得很多。有人说他是法国人；有人说他是英国人；有人说他是牛津大学学生，是历史学家、士兵、经济学家、诗人、反犹太主义者、亲犹太主义者；有人说他是乡下人、喜剧演员、切斯特顿的优秀学生和切斯特顿的老师。威尔斯辛酸地说，他完全是个移植后的达达兰¹。又说，他如果在尼姆或蒙彼利埃某一家咖啡店喝着石榴汁发表演讲，那准是个很好的演说家。萧伯纳不同意将他与切斯特顿扯在一起，三十年前就称他们两人组成了一个狮头、羊身、龙尾的喷火怪物。

说道:"有名的切斯特贝洛克²是个四足、自负的妖怪,常常引起很多不幸。"切斯特顿在自己的自传里用了很大的篇幅写他,其中说到贝洛克很像拿破仑的画像,特别像拿破仑骑马时的画像。

贝洛克是在英国受的教育,但为了完成在法国军队服兵役一年的任务,中止了学业(由于这个原因,在英国有人把他说成了士兵)。他回英国之后,进入牛津大学贝利奥尔学院。一八九五年毕业后,很快就投身于文学。在他的首批作品中,暴力是他取得成就的一个条件。一八九六年贝洛克访问美国,在那里和一个美国女人——加利福尼亚的埃洛迪·阿格尼丝·霍根小姐——结婚。一八九八年,他加入英国籍。一九〇六年至一九一〇年,任众议院自由党南索尔福德议员。

---

* 此篇及以下两篇初刊于 1938 年 6 月 24 日《家庭》杂志。

1 法国作家阿尔丰斯·都德(Alphonse Daudt, 1840—1897)作品《达达兰三部曲》中的主人公。

2 Chesterbelloc,是萧伯纳创造的词。贝洛克与切斯特顿是好友,两人都为罗马天主教辩护,并与萧伯纳展开论战,故而得此称呼。

贝洛克曾被人同莫拉斯 [1] 比较。两人的爱好（天主教、古典主义、拉丁文化）显然是相一致的。但是，贝洛克是把自己的爱好推荐给了法国人，法国人与他共享之；而莫拉斯将自己的爱好推荐给英国人，但英国人认为他的爱好只是怪癖而已。从此可以看出贝洛克辩证的熟练技巧。

有一个传说（它由目录登记和贝洛克的自白证实），说他共写了一百多本著作，我说出其中几本著作的名字：《奴隶制国家》、《英国史》、《法国大革命》、《罗伯斯庇尔》、《黎塞留 [2]》、《沃尔西 [3]》、《微不足道》、《关于一切》、《无论如何》、《关于有些事》、《关于犹太人》、《炼金术士》、《当代英国特性论述》、《老路》、《贝林达》和《海梅·塞贡多》等。

徐尚志　译　屠孟超　校

1　Charles Maurras（1868—1952），法国作家。
2　Richelieu（1585—1642），法国政治家、首席大臣。
3　Thomas Wolsey（约1475—1530），英格兰政治家、红衣主教。

威廉·福克纳《不败者》

一般地说，小说家们不介绍现实，只作回忆。他们写真实的或近似真实的事件，但这些事情已经在他们的记忆中加以复核和重新安排（这个过程当然与他们使用的动词时态毫无关系）。相反，福克纳有时想重新制造纯粹的现在时，这种现在时是单纯的、没有经过加工的。"纯现在时"只是一个心理的理想，因此，福克纳作品的内容比原始事件更为含糊，但更丰富。

福克纳在以往的作品中大力玩弄时间概念，有意地颠倒时间顺序，增加了扑朔迷离的东西和错误的东西。这么一来，谁都认为，他的优点就在于此。《不败者》这部小说直接而又不容辩驳地打乱了这种看法。福克纳不打算解释他的人物，而是向我们表明他们想些什么、他们的所作所为。题材非同一般，而他的叙述又是那么生动，以至于我们不能用其他方式来理解他们。布瓦洛讲过："真实的东西有时看起来并不是逼真的。"福克纳为了使不真实性看起来真实，大量地使用了不逼真性，而且达到了目的。说得更确切一点，想象的世界是那么具有现实性，即使其中也包含不真实的东西。有人将威廉·福克纳同陀思妥耶夫斯基比较，两者之相近不是没有道理的。但是福克纳的世界是那么物质，那么有血有肉，以至于与贝亚德·萨托里斯上校或谭波·德雷克[1]相比，解释性的杀人犯拉斯科尔尼科夫就像拉辛笔下的王子一样苍白无力……褐色的河、杂乱的庄园、黑奴、不紧张但又残酷的骑马人之间的战争！这就是《不败者》的特有的世界，这和美国及它的历史有同一血缘关系，也是土生土长的事物。

有的作品实际上我们触摸得到，如走近大海或感到清早的来临。这本书我认为就是其中之一。

徐尚志 译 屠孟超 校

---

1 福克纳小说中的人物。

尼古拉斯·布莱克《走兽该死》

　　尼古拉斯·布莱克已发表的四部侦探小说中,《走兽该死》是我读过的第三部。他四部小说中的第一部《证据问题》,我记得同样给我留下过愉悦的记忆,但已不记得那种愉悦的环境,也不记得人物的名字。第二部《麻烦的啤酒酿造》,尽管其故事基本上和埃勒里·奎因的《埃及十字架之谜》或伊登·菲尔波茨的《红发的雷德梅因家族》相似,但我却觉得它比具有独创性的故事还更迷人。他所有小说中的最后一部(《走兽该死》)在我看来是值得称赞的。我不讲它的情节,因为我希望好奇的读者把书借来看、偷来看,或者买来看。我向读者保证,他不会后悔。现在我不能对它讲什么,我只冒昧地提出一点,这本非常有趣的书与另一本——当然,它的质量要差一些——即范达因的书略有相似之处。在那本字里行间充满恐怖的书中，活动着一位不祥的古埃及学者。

侦探小说可以完全讲侦探方面的事。相反，侦探小说如果不想成为一本难以卒读的书，那么也应该成为心理小说。凭一个悬念就写上三百页，那是荒唐可笑的，三十页已够多了……第一部载入历史的侦探小说（在时间方面，也许又不仅在时间方面）是威尔基·科林斯的《月亮宝石》（一八六八年）。它同时也是一部好的心理小说。布莱克的所有作品都非常忠于这一传统，没有让读者感觉沉闷得透不过气来；没有陷入复杂事件的时刻表和一幅幅平面图这类令人厌恶的描述中。

关于《走兽该死》这本书的最后几页，我读到尼古拉斯·布莱克被人们和多萝西·塞耶斯小姐及阿加莎·克里斯蒂夫人相比较。对那些怀着好奇心寻找相似之处的善良愿望，我不想发表不同意见，也不谈其女权主义，但我认为这种相似是令人泄气和具有污蔑性的。要是我，便会把他同理查德·赫尔、米尔沃德·肯尼迪，或者同安东尼·伯克莱相比较。

徐尚志　译　屠孟超　校

哈罗德·尼科尔森 *

哈罗德·尼科尔森 [1] 是英国驻波斯公使的儿子。一八六六年出生于德黑兰市，有着英国和爱尔兰望族的血统。他的童年分别在波斯、匈牙利、保加利亚和摩洛哥度过。他先在惠灵顿学院，后到牛津大学就读。一九〇九年他在外交部任职，一九一〇年被派往马德里的英国大使馆工作，一九一一年又去君士坦丁堡。一年后，他与薇塔·萨克维尔·韦斯特结婚。尼科尔森谈及她时说："她的作品不管明看还是暗看，都比我的强。"一九一九年哈罗德·尼科尔森作为英国代表团成员参加和平会议，利用自己在巴黎逗留的机会，慢慢地收集魏尔兰的资料。一九二五年，外交工作的偶然性又使他回到出生的城市——德黑兰，一九二九年又到了柏林。同年，他放弃了外交工作，有条不紊地投入了文学创作。一九二一年，发表了他的第一部著作《保尔·魏尔兰》。一九二三年发表了关于丁尼生的评论文章。一九二五年，又发表了最谦逊的自传《某些人》。他在介绍自己时，把自己分成九个连续的人物，都是一些小人物。哈罗德·尼科尔森对一个请求他发表一些看法的美国记者这样说："我住在周围是苹果园的一幢十四世纪的住宅中。我网球打得不好，我的服装和我的年龄相比要年轻一些。我喜欢绘画，但讨厌音乐。我对美国人感兴趣，但从来没有在美国生活过。我想美国有两个不容争辩的优点，它的建筑和阿奇博尔德·麦克利什先生，他是个很好的诗人。休·沃尔波尔[2]跟我说你们是很聪明的，特别是在波士顿。"

尼科尔森写的评传有：《保尔·魏尔兰》（一九二一年）、《丁尼生》（一九二三年）、《拜伦》（一九二四年）、《斯温伯

---

* 此篇及以下两篇初刊于 1938 年 7 月 8 日《家庭》杂志。
1 Harold Nicolson（1886—1968），英国文学家、外交家。
2 Hugh Walpole（1884—1941），英国小说家、评论家和戏剧家。

恩》（一九二六年）等，这些或许是他最值得留念的作品，这些作品有英国传记的特性：严谨缜密，又充分地揭示了传主的特点。

尼科尔森其他的著作有：小说《甜水》（一九二一年）、《英国传记的演变》（一九二八年）、《一位外交家的画像》（一九三一年）。最后这一部作品是他父亲的传记。

徐尚志　译　屠孟超　校

埃·坦·贝尔《数学家》

数学史（此书写的就是数学史，而不是别的事，尽管书的作者不愿这样做）有无法挽救的缺陷：事件时间上的顺序不符合自然的逻辑顺序。在好多情况下，对各要素的明确定义下在最后，实践先于理论，先驱者感性冲动的行动由于世俗的原因较之现代人的行动更难理解。我举一个例子：我知道很多亚历山大的丢番图[1]从不怀疑的数学上的真理。但是，我并不很懂得数学，所以，难以对他的书作出评价（这有点像那些令人茫然的形而上学历史基础课，为了向听众讲解什么是唯心主义，得先向他们介绍无法理解的柏拉图的理论，而几乎到最后才向他们讲解清晰的贝克莱的系统，它从历史的观点看是居后的，但从逻辑上说则是在前面了）。

前面说了那么多，意思是阅读这本极为有趣的著作需要一定的知识，哪怕是一些笼统的基本知识。从根本上说，这部作品不适合于数学，它是一部欧洲数学家的历史，从埃利亚的芝诺直至康托尔。把这两个人联起来不是没有奥秘的。他们被分开已有二十三个世纪了。但是一种同样的困惑既给他们带来了困倦，也给他们带来了荣誉。可以这样认为，康托尔那些奇异的数学能以某种方式被用来解开芝诺数学上的疑团。出现在这卷书中的其他名字有：毕达哥拉斯不怀好意地发现了数学上的不可通约数；阿基米德是"以沙计数"的发明人；笛卡儿是几何代数学家；斯宾诺莎不走运地把欧几里得的语言用于形而上学；高斯[2]"在会说话之前就会计算"；彭赛列[3]发现了圆上的无穷远点；布尔[4]是数理逻辑专家；黎曼[5]是使康德的天地黯然失色的人。

---

1 Diophantus of Alexandria（约201—约285），希腊数学家、代数学的创始人之一。

2 Johann Carl Friedrich Gauss（1777—1855），德国天文学家、数学家。

3 Jean-Victor Poncelet（1788—1867），法国数学家、将军。

4 George Boole（1815—1864），英国数学家、逻辑学家。

5 Bernhard Riemann（1826—1866），德国数学家。

（奇怪的是这本载有大量奇异消息的书没有谈及中国的《易经》，《易经》中的八卦图向莱布尼茨揭示了二进制算数。在十进制中，十个符号足够代表任何数量；而在二进制中，则只有两个符号：一和零，基数不是十个，而是两个。一、二、三、四、五、六、七、八、九分别写成1、10、11、100、101、110、111、1 000和1 001。照这种二进制的规则，对任一数加一个零就是乘以二倍，例如，三写成11，六是三的两倍，写成110，十二是三的四倍，写成1 100。）

徐尚志　译　屠孟超　校

约翰·斯坦贝克 *《人鼠之间》

　　粗野也可以是文学的一个特点。据称，十九世纪的美国人是不具有这种优点的，不管怎么说，反正他们没有这个特点（我们则不是这样。我们有阿斯卡苏比上校的《雷法罗萨》、埃斯特万·埃切维里亚的《屠场》、《马丁·菲耶罗》中杀害黑人的场面和爱德华多·古铁雷斯大力安排的单调而凶残的场景）。我刚才说，美国文学不擅长写粗野。在约翰·梅西《美国文学的精神》中的开头一章，这种说法得到证实："我们的文学是理想主义的、精美的、软弱无力的、甜蜜的……历经巨川大河、惊涛骇浪的尤利西斯在把玩日本图片方面是专家。独立战争中的老战士成功地与玛丽·科雷利小姐较量。沙漠中皮肤晒黑的征服者开始歌唱，在他的歌词中有一朵玫瑰花和一个小花园。"

这种欢快的变异起自一九一二年，说真的，这在当时是符合时代潮流的，而现在则完全过时了。在不到三十年的时间里，一切都已改变了。可以肯定地说，现实主义从来没有像现在这样深刻、这样细致地存在于美利坚合众国——以前委婉地加以姑息的、被热爱的祖国。这种情况从来没有过，无论是在对自己吵吵嚷嚷的理论比对现实更感兴趣的十九世纪勤奋的自然主义者中间，还是在长期地被新教或政治目的所引诱的俄罗斯人中间，都没有过。

《人鼠之间》（这本书和詹姆斯·凯恩[1]的《邮差总按两次铃》相比，略微显得不那么粗野）是它那一类粗野作品中的代表作，它简短明了，能一口气读下去，没有像爱伦·坡说的那种打破作品连贯性的停顿。粗野也有感人之处。因此，《人鼠之间》既粗野，又动人，这两者之间没有矛盾。

徐尚志　译　屠孟超　校

---

* John Steinbeck（1902—1968），美国小说家，1962年获诺贝尔文学奖。
1 James Cain（1892—1977），美国小说家。

一九三八年七月二十二日

伦哈特·弗兰克 *

伦哈特·弗兰克一八八二年出生于维尔茨堡。父亲是木匠，自幼家境贫寒。十三岁去工厂干活谋生。之后，在一家医院的实验室当助手。后来又当过医生的司机。在从事文学创作之前，曾画过画，但无建树。

他的第一部小说《一伙强盗》发表于一九一四年，写十几个孩子在柏林想重复某些海盗在远西和大海上的命运的故事。一九一六年，发表了《缘由》，写一个人在几年后杀死他的老师的故事。一九一八年，又发表了《人是善良的》，这部书也许是他作品中最著名的，里面有一系列反对战争的描述，是自发性的象征主义，书中人物较多典型性，较少具体的个性。在革命的影响下，他写了长篇小说《公民》（一九二四年），这部作品因此更像寓言故事，写作手法像拍电影一样，不同的场面同时铺开，但比电影略逊一筹。《在最后一节车厢里》（一九二六年）写一些由于注定要死而结为兄弟的人的故事，他们一旦得救，就反目为仇。同年，发表中篇小说《卡尔和安娜》，为著名电影《回家》提供了素材。三年之后，发表了《兄弟和姊妹》，这是一部悲剧性的小说。他最后一部作品《梦中的伴侣》一九三六年在荷兰发表。

　　弗兰克奔波于法国北部、瑞士和英国之后，定居在巴黎至今。

徐尚志　译　屠孟超　校

＊　此篇及下篇初刊于 1938 年 7 月 22 日《家庭》杂志。

西·埃·米·约德
《道德和政治哲学入门》

　　报纸的读者和当今求知若渴的读者见到这本书抽象而又冗长的书名就可能被吓跑。我可以向他们担保,他们的害怕没有道理。相反,我们倒是可以指责这本书,在它光亮的八百页中间,不是没有现实性,说得确切一点,是现实性太多了。这部书在一九三七年写成不是徒劳的。在这些书页中无政府主义无容身之地;黑格尔学派的施蒂纳[1]没有出现,而只有黑格尔学派的卡尔·马克思出现了。有几章揭示和讨论了社会主义。但是,傅立叶、欧文·里卡尔多和圣西门的名字却都被作者搁置在一边。作者(他是民主主义者)微笑着以公正阐明了法西斯主义和共产主义的理论。

共产主义本质上是理性的，法西斯主义是感性的。一个好的马克思主义者应该信奉历史的辩证运动，相信客观环境的巨大影响和阶级斗争的不可避免性，相信这种斗争的经济根源和从资本主义到共产主义的暴力过渡，以及个人的微不足道和群众的伟大意义（顺便说一说，可以认为，迄今为止还没有产生共产主义的艺术；对于苏联电影来说，革命不是天定之事，而是受虐待的无产阶级天使反对资本主义大腹便便的妖魔的斗争）。法西斯主义更确切地说是灵魂所处的状态。事实上，它只要求它的信徒们夸大每个人都隐隐地具有的那种爱国的和宗族的偏见。约德完全有理由把卡莱尔说成是第一位法西斯主义的理论家。卡莱尔在一八四三年写道，民主是对没有找到统治人民的英雄的绝望和对没有英雄后的生活的顺从。两者（谁也不会不知道）同样地厌恶民主。

另一个共同点是对首领们的崇拜。约德收集了一些有趣的例子："一份莫斯科官方报纸叹息道：生活在斯大林时代，

---

* Max Stirner（1806—1856），德国哲学家。

在斯大林宪法的阳光照耀下，多么幸福！"在柏林，《工人十诫》写道："每天早晨我们向元首[1]致敬，每天晚上向他致谢，感谢他正式向我们传达了他生命的意愿。"这已不是奉承，而是幻术。

徐尚志　译　屠孟超　校

1　指希特勒。

阿瑟·梅琴 *

记者约翰·冈瑟 [1] 说："梅琴 [2] 像戴维·劳埃德·乔治 [3]，像斯芬克斯，像本达的未来面罩，像乔治·华盛顿，像潘神，像威廉·詹宁斯·布赖恩 [4]，也像阿瑟·梅琴自己。一头乱蓬蓬的头发，又密又白，蓝色的眼睛显出疲惫不堪的样子，像蜡一样的一双手保养得很好……身穿披风，横穿下着雨的伦敦街道，软帽压在脑壳顶上，活像一只漂浮在海浪尖上的鸟儿。"

阿瑟·梅琴一八六三年出生于卡利恩一个很古老的乡村。卡利恩的罗马名字是"神圣军团"，那儿保留着亚瑟王的神话。他是一位威尔士教士的独生子。古罗马保留到今天的废墟、森林中凯尔特族人的阴影以及他父亲杂乱无章的图书馆，对他孤独的童年以及他的整个一生都产生了影响。他的生平在他的著作中说得很清楚，特别在《遥远的事物》（一九二二年）和《近和远的事物》（一九二三年）中说得明白无误。在《梦中之山》（一九〇七年）中又有一些补充。十六岁时，他发表了第一首诗，是关于埃莱夫西斯秘仪的。这首年轻时发表的诗，作者只留下了一份，没有向任何人展示过，但是它的题材（神灵或魔鬼的起源）几乎也是他所有作品的题材。十九岁时他去了伦敦，在那个城市西北郊"不透明的迷宫"中，他重读了另一个孤独者德·昆西光辉的自白。他勤奋地撰写了第一本书《烟草的剖析》。一八八七年出版了昂古莱姆的玛格丽特[5]的《七日谈》的英译本。一八九五年，发表了鬼怪故事集《三个冒牌货》。一九〇二年，又发表了美学研究论文集《象形文字》。一九〇三年，他在一个莎士比亚剧团当演员。

---

* 此篇及以下两篇初刊于 1938 年 8 月 5 日《家庭》杂志。

1　John Gunther（1901—1970），英国记者、作家。

2　Arthur Maehen（1863—1947），威尔士小说家。

3　David Lloyd George（1853—1940），英国政治家。

4　William Jenning Bryan（1860—1925），美国政治家。

5　Marguerite d'Angoulême（1492—1549），法国贵妇，那瓦尔的亨利二世的王后。

一九一四年任《晚间新闻》记者。《伟大的回归》（一九一五年）也许是他最著名的作品。《恐惧》（一九一七年）是一部写得较好的合情合理的神怪小说，手法同威尔斯的有些相似。

评论家为梅琴某些作品的寓意不明而遗憾。他们把这种现象归因于神怪方面的东西写得太乱了。可是，我却认为那是一个错误。在梅琴的书中，关于罪孽的观念是最基本的。他认为罪孽与其说是对神圣法律的自愿违犯，倒不如说是灵魂令人厌恶的状态。他人物孤独的原因就在这里，这也是为什么他们只是受到罪恶的单纯诱惑，却没有干具体的坏事。

他著作甚丰。我以为《灵魂之家》（一九〇六年）也许是其中写得最好的，尤其是题为《白人》的那则故事。

徐尚志　译　屠孟超　校

路易斯·昂特迈耶《海因里希·海涅》

　　还没有一位犹太文人为海涅的盛名著书立说，这是一个学术题材。如果我们认为海涅（他与莎士比亚或者塞万提斯不同）是故意地发掘他生活中讽刺 – 伤感的成分，并对他的作品说了结论性的话语，那么，困难就更大了。对于传记作家来说，难处就在这里：自己要说的话却不断地被他们所要解释的传主先说了……美国犹太诗人路易斯·昂特迈耶（《被烘烤的海怪》的作者）在纽约发表了海涅的评传。不幸的是，他还不甘心充当对不朽的东西进行重复的不光彩角色，他寻求独创性。唉！他在弗洛伊德大量使用的专门术语方面找到了独创性。众多例子之一是：在他的书页中，他写道："一八二八年，年轻的海涅怀着矛盾的心情，在汉堡街头游荡。"这应该是一个难忘的情景。

海涅挽救了这本书，如同他挽救过其他一些写他的书一样。海涅的为人比他的声誉还要高尚。关于他的诗作，人们一般只是记得《抒情插曲》中最激动人心的篇章。这种偏爱是不公正的，因为人们不应该忘却其他无与伦比的作品，如《希伯来调》、《德国，一个冬天的童话》、《历史曲》和《比米尼曲》，（我有必要提醒一下，《希伯来调》最好的西班牙语译本是阿根廷诗人卡洛斯·格伦伯格翻译的吗？）海涅在这本书中有不少妙语，我抄录几则如下：

"在巴黎的德国人要预防思乡病。"

"读着令人厌烦至极的书，我睡着了。紧接着我做了梦，梦中还在阅读，厌倦使我醒了过来。就这样，反复了三四次。"

他对一位朋友说："您会发现我有点愚蠢，某某人刚刚来看过我，我们交换了想法。"

"我还没有读过奥芬贝格的书，但是我猜想他应该像阿兰古，至于后者的作品，我也没有阅读过。"

徐尚志 译 屠孟超 校

施耐庵《水浒传》

　　很显然，政治事件会影响到一个国家的文学。不可预见的是那种特殊效果。在十三世纪初，中华帝国受蒙古人的践踏，这整个过程持续了五十年，毁坏了上百座著名的城市。其结果之一是在中国文学中出现了戏剧和小说。在那个时期，出现了写拦路打劫者的著名小说《水浒传》。七个世纪后，日耳曼帝国被专制所统治：这个强大的帝国统治的间接结果之一是用德语写的原创作品的衰落和随之而来的翻译作品的高潮。于是，《水浒传》被译成德语。

　　弗兰茨·库恩博士（他的《红楼梦》译本，我已在本专栏中作了评论）成功地履行了他的艰难使命。为了使他的读者轻松些，他把原著分成十小册，并且将每章冠以耸人听闻的名字:《寺院第四戒律》、《赤发鬼》、《铁孩儿》、《打虎历险》、《神奇武士》、《木鱼》、《不同的兄弟俩》和《号角声、口哨声、红旗》。在结束语中,他强调了两点:施耐庵作品的内在价值以及汉学家们对作品表示的一种暗暗的轻蔑。这第二点也许是不确实的。不久,翟理思所写的流传极广的《中国文学史》(一九〇一年)用了一页的篇幅来写这个故事……第一点是毫无疑问的。这部十三世纪的"流浪汉体小说"并不比十七世纪西班牙的同类小说逊色,而在有些方面还超过了它们。例如,它完全没有说教,有时情节的展开像史诗般广阔(有围困山寨和城市的场面),以及对超自然和魔幻方面的描写令人信服。最后的这个特点使这部小说和所有这一类小说中最古老、最优秀的作品——阿普列乌斯的《金驴记》——相接近。

作品中有六十幅原书插图,很精美,是木刻的。欧洲的版画家惯于夸大事物粗犷的一面,东方版画家(包括古代的)则倾向于消除粗犷的成分。

徐尚志　译　屠孟超　校

一九三八年八月十九日

西奥多·德莱塞[*]

德莱塞拥有坚硬、硕大的头颅。他的头颅可以同锁在高加索山上度过痛苦一生的普罗米修斯相媲美。无情的岁月将其与高加索山融为一体，使其变得如同岩石般坚硬，并使其终身受尽苦难。德莱塞的作品酷似他忧郁的面孔，粗犷得像高山、大漠，且互不关联。

一八七一年八月二十七日，西奥多·德莱塞出生于印第安纳州一个天主教徒家庭，从小就受尽苦难。同许多美国人的命运一样，在萨米恩托、埃尔南德斯和阿斯卡苏比笔下的国家里，德莱塞年轻时就从事过各种职业。一八八七年前后，他来到后来疤面煞星阿尔·卡彭机枪威慑下的芝加哥。当时，人们聚集在酒吧里无休止地讨论被政府宣判绞刑的七位无政府主义者的悲惨命运。一八八九年，他突然萌发了当记者的想法，开始锲而不舍地写作，并在一八九二年加盟《芝加哥环球报》。一八八四年，他去了纽约，在四年的时间里一直主持一本名为《每月》的音乐杂志。其间，他阅读了斯宾塞的《第一原理》，痛苦但真诚地放弃了他父母的信念。一八九八年，他与一位来自圣路易斯的"美丽、虔诚、爱思索和读书"的姑娘结婚。但婚姻并不幸福。"我无法忍受她的形影不离，于是请求她还给我自由。她同意了。"

西奥多·德莱塞的第一部小说《嘉莉妹妹》发表于一九〇〇年。有人指出，德莱塞总是遇上敌人。《嘉莉妹妹》刚一发表，出版商便拒绝出售。此举在当时是灾难性的，但对他日后的名声大振却是极为有利的。在度过默默无闻的十年后，他发表了《珍妮姑娘》。一九一二年，《金融家》问世。一九一三年，发表自传《一个四十岁的旅人》，一九一四年发表《巨人》，一九一五年发表曾一度被列为禁书的《天才》，

---

* 此篇及下两篇初刊于 1938 年 8 月 19 日《家庭》杂志。

一九二二年发表另一部自传体作品《谈我自己》。一九二五年出版的《美国的悲剧》曾在一些州被查禁，但后来被搬上银幕，在全世界广为流传。

"为了更好地理解美国"，他于一九二八年去了苏联。一九三〇年，他发表了一部"神秘、神奇、对生命充满恐惧的书"和一部"现实主义和超现实主义"的剧本集。

许多年前，他就提倡在自己的国家里培育一种绝望的文学。

徐少军　王小方　译

紫式部《源氏物语》

出版商怀着虔诚的心情发表了东方学家阿瑟·威利[1]翻译的紫式部的《源氏物语》。这个译本只有一集，不是昂贵而又不可及的六集。这是一部经典之作，笔锋流畅而又神奇。威利更注重小说中人物的激情，而不是异国情调（多么可憎的字眼）。这种注重无疑是正确的。紫式部的作品完全称得上是心理小说。日本第二位皇后手下的一位贵妇人在一千多年前就写成这部小说，而欧洲直到十九世纪以前还无法读懂它。这不等于说，紫式部的巨著比菲尔丁或塞万提斯的作品更深刻、更"好"，或更值得纪念，而是说，紫式部的作品更复杂，描写的文化更精致。换句话说，我不敢肯定紫式部拥有塞万提斯的才智，但我敢肯定，只有感情更细腻的读者才能倾听紫式部的心声。在《堂吉诃德》里，塞万提斯局限于将白天与黑夜区别开。而紫式部可以站在窗前望见"雪花飞舞后面的繁星"（见第十卷《梦桥》）。在前面一段，她提到一座潮湿的长桥，在雾霭中"显得那样深远"。也许第一种描写是难以置信的，但两种描写都有神奇的效果。

我列举了两个具有视觉效果的描写。现在还想强调一段具有心理效果的描写。一位妇人站在幕帘后面，看见一个男人走进来。紫式部写道："尽管她十分肯定地知道，他看不见她，但她还是下意识地梳理了一下头发。"

显而易见的是，仅举两三个例子无法展示这部长达五十四卷的小说的深度。我愿向所有阅读这段文字的读者推荐这部小说。促使我写下这一小段力不从心的笔记的英语译本题为《源氏的故事》，去年又被译成德语（《源氏公主的故事》，由岛屿出版社出版）。法文译本是对前九卷的翻译（《源氏的爱情故事》，由普隆出版社于一九二八年出版）。麦克·勒翁的《日本文学史》中也收集了一些片段。

徐少军　王小方　译

---

1 Arthur Waley (1889—1966)，英国学者、翻译家，精通汉语、日语、西班牙语等语种。

安东尼·伯克莱《永远抓不到的人》

　　由于没有一般作品具有的趣味，侦探小说也许只写如何破案。它可以没有冒险，没有景色，没有对话，甚至没有人物个性。它只提出悬念，然后将悬念化解。埃德加·爱伦·坡于一八四二年发表的侦探故事——《玛丽·罗热的秘密》就是最好的例子，它只讨论了一宗凶杀案。马·菲·希尔由三个系列故事组成的《扎列斯基亲王》重复了这一苏格拉底问答法。但是，侦探小说还应该具备一些其他东西，除非作者不想让人去读它。一个可悲的例子就是不知何故能名声大噪的弗·威·克劳夫兹。他的所谓纯侦探小说《谜桶》没有人物个性、没有景物、没有生动的语言，只有时间表和令人费解的事件的堆砌。

　　安东尼·伯克莱在他早年发表的一部小说的题献中写道，

侦探小说的技巧也许已被耗尽，以后应该采用心理小说的手法。顺便要指出的是，这种说法毫无新意。威尔基·科林斯的《白衣女人》（一八六〇年）和《月亮宝石》（一八六八年）就是狄更斯式的心理小说。

作为侦探小说，《永远抓不到的人》不应受到多少重视。作者提出的悬念没有多少意思，悬念的破解比悬念重要得多。悬念和悬念的破解不及小说中的人物和景物来得生动。这部作品有二百五十多页。在第二百二十七页，作者仿照奎因的做法，让读者判断谁是凶手，以及凶杀是如何发生的。我要公开承认，我没能成功。我还要承认，我对小说中的悬念也不感兴趣，那是作者关心的问题。

《永远抓不到的人》描写的是一宗毒杀案。一种毒药可以令人死亡，而下毒者又远离现场。按照我的意见，这种简单的情节简直都不能算是侦探小说。如果作案工具是一把匕首或枪，那么作案的时间是明确的。但如果作案工具是毒药，作案的时间就会被拖长，变得模糊不清。

徐少军　王小方　译

一九三八年九月二日

埃德纳·菲伯*

埃德纳·菲伯诸多的小说是美国的神话故事和令人亲切的史歌。她的每部小说都发生在不同的地区和时代。她笔下的英雄都十分伟大，都在历尽千辛万苦之后赢得幸福。但在今天看来，这种英雄行为不过是打破常规的丑闻。

埃德纳·菲伯于一八八七年八月诞生在密歇根州的卡拉马索。母亲是美国人，父亲是匈牙利人，两个人都是犹太人。同许多美国作家一样，她也是先搞新闻，后攻文学。二十三岁那年，她发表了第一部作品《丑陋的女英雄》。之后，她用整整一年时间写了一部长篇小说，但文稿被她扔进字纸篓里，是她的母亲将其保存了下来。一九一一年在纽约出版了《道恩·奥哈拉》。随后发表的作品有：《埃玛·麦克切斯尼及其同伙》（一九一五年）、《可笑的自己》（一九一七年）、《姑娘们》（一九二一年）、《如此之大》（一九二四年）、《演艺船》（一九二六年）、《壮志千秋》（一九三〇年）和《美国美人》（一九三三年）。

《如此之大》、《演艺船》和《壮志千秋》已被搬上银幕。第一部小说讲述的是一位母亲和她儿子之间的爱与友谊；第二部小说叙述的是乘坐汽船航行在密西西比河上的两位悲剧演员的故事；而最后一部小说描写的是发生在俄克拉何马的英雄故事。

她还著有一些喜剧和短篇小说。

埃德纳·菲伯说过："我的愿望就是坐在芝加哥市中心麦迪逊大街和国家大道拐角的一张藤椅上，看着人来人往，在美好的心情中慢慢走向衰老。"

徐少军　王小方　译

---

* 此篇及以下两篇初刊于 1938 年 9 月 2 日《家庭》杂志。

邓萨尼勋爵《闪闪发光的大门》

　　这部描写军人和猎人形象的作品实际上是邓萨尼勋爵的自传。这是一部有意避开忏悔的自传。这种躲避不是错误。有的自传体作者毫不留情地剖析自己的隐私，而我们对这种隐私躲之唯恐不及。有的作者即便在描写日落或提及一只老虎时，都会不由自主地展现自己伟大的心灵。第一种作者的代表可以是弗兰克·哈里斯和乔治·穆尔等。第二种作者有……邓萨尼勋爵还喜欢运用迂回的手法。糟糕的是，这种手法在他用来并不总是奏效。

　　我们只要看看《一个梦想者的故事》中的随便哪一篇（比如，描写被黑社会永远埋葬在泰晤士河的淤泥中的男人的故事，描写沙流的故事，描写被那些在伟大的未来战斗中死去的人搅得不得安宁的村庄的故事），就能发现，邓萨尼勋爵不乏想象力。但是，我以为，他错误地认为自己创造了"苍天、大地、国王、平民和习俗"。我还以为，他的创造不过是使用了模糊不清的东方氛围中特有的名字而已。这些名字比起威廉·布莱克宇宙起源学中令人作呕的名字稍胜一筹，但想要分享格洛姆、姆罗、贝尔松、贝尔东达里斯、戈尔努斯和基弗的命名者的喜悦，抑或明白他为何后悔没有写《巴达林，一座神奇的城市》而是写了《巴布尔昆德，一座神奇的城市》，也不是那么容易。

下面我抄录第三十三章中描写撒哈拉大沙漠的一段文字：

出了车站后，我抬起左手看表。但举起左手的瞬间，我突然懂得，时间对我来说已经变得没有意义。我没有看表便放下左手，走进大沙漠。时间对于火车十分重要，但在大沙漠，只有日出和日落。正午时分，所有的动物都在休憩。日光照耀下，一动不动的羚羊群依稀可见。

在这部零散但读来令人惬意的作品里，邓萨尼勋爵谈到手表、羚羊、剑、月亮、天使和百万富翁。天地万物，样样提及，唯独没有谈到文学家。对这个重要遗漏，可以有两个解释：第一个出自小人之心，那就是文学家从不谈论他；第二个则比较真实，那就是英国的文学家如同城市建筑师一样是可以避而不谈的。

徐少军　王小方　译

赫·乔·威尔斯《剑津访修会》

　　牛津大学和剑桥大学都十分自豪地称自己是英国最古老的高等学府。吉本在十八世纪末举行的一场辩论中说，他不知道哪座院校更古老，但他清楚，两座院校都将衰败和创伤暴露无遗。

　　在这部书里，威尔斯证实了这一判断。确实，在跋中，他写道，故事中的人物和地点都是虚构的。但剑津来自剑桥和牛津却是真的，它是两座大学的标准型。嘲讽的手法十分巧妙。故事描写的是一个幽灵般的声音。这声音谦恭，却无所不在，既潜入教学活动，也深入教授忧郁的心灵深处。

　　作者用娴熟的笔法令我们相信，那声音不是虚幻的。在第二章，一位文学教授遇到梦魇的困扰。梦魇是"声音"的杰作。"声音"将其唤醒，并在黑暗中与其娓娓交谈。在第五章，威尔斯提及假冒"声音"的两三次出现，并解释拒绝与这假冒声音交谈的种种理由。作者的技巧极其奏效。

七十页长的《剑津访修会》令人赏心悦目。有的人物很值得称赞。比如一位崇拜托·斯·艾略特的人物。"对他来说，文学的首要因素就是自负、暴怒和黑暗。"

这部作品的主要缺陷（如果有缺陷的话）是，"声音"的超自然特征同作者赋予它的轻浮显得不和谐。

谁能证明那幽灵般的、诲人不倦的声音不就是赫·乔·威尔斯呢？他的掩饰并非天衣无缝，在《登月第一人》和《普拉特纳的故事》中也能觅到痕迹。

徐少军　王小方　译

约·博·普里斯特利
《最后审判日之人》[*]

这部作品的前几章是对大名鼎鼎的斯蒂文森拙劣的模仿（斯氏著有《自杀俱乐部》和《胡安·尼科尔森的厄运》）；后几章则是受到无所不能的、可以宣判生死的好莱坞的影响。前三章揭示了三个不同的秘密，一个发生在法国南部，一个发生在伦敦，还有一个发生在加利福尼亚。第四章讲述的是，这三个秘密是一个核心秘密的不同侧面。为了揭示核心秘密，就需要阅读后六章。用世俗的观点来看，小说没有什么出人意料之处。情节的发展有着太多"具有神力"的巧合。任何一个文学家都可以同样公允地指责这部小说令人失望地缺乏出人意料之处。作品不乏"惊奇",但所有的惊奇都能预见。更糟糕的是,这些惊奇编得相当蹩脚。对于习惯或硬着头皮阅读这类作品的人来说,真正令人称奇的是,惊奇从未发生……我前面提到好莱坞。这是有用意的。《最后审判日之人》表明了约翰·博因顿·普里斯特利对那座追名逐利之城的向往。女英雄安德烈娅·马科·迈克尔分明就是罗萨琳德·拉塞尔,乔治·胡克就是加里·库珀,马尔科姆是莱斯利·霍华德。电影的特征俯拾即是。小说中的坏人比好人更有趣,但作者对此毫不知情,或故作不知。作者杜撰出一个帮派,叫最后审判会。这个帮派不传教,却纠缠于一连串的爱情之中。令人难以置信的是,一位小姐居然能比异教创始人更让帮派感兴趣。

我重读上面这些文字时,并不觉得自己有失公允。尽管如此,一个无可争辩的事实是,小说生动活泼,引人入胜。读完六七页后,读者可能并不看好这部作品,却会爱不释手。

我想简单地抄录下第六章中的一段:"这是一个光芒四

---

* 此篇及下篇初刊于 1938 年 9 月 16 日《家庭》杂志。

射、但前晚的寒冷犹存的早晨，如同新匕首般清洁、光亮。大漠像是刚刚形成，一切都显得那么遥远。空气好像比泥土还要清新，没有重量，也没有年纪，任何事都未曾发生过。历史还没有将人类的躁动所产生的流言蜚语注入其中。受爱情所展示的伟大前景驱使，马尔科姆感到自己消失在粗犷的黄色大漠和友好、魔术般的空气之中。"

徐少军　王小方　译

弗兰克·斯温纳顿
《乔治王时代英国文选》

受汉萨同盟[1]的"信天翁"和一小群土生土长的"企鹅"、"大嘴鸟"和"白鹈鹕"的威胁,"人人文库"作出一个虽然迟到但却严肃的决定,即决定实现现代化。把阿瑟·爱丁顿的作品同格林故事集,把尊敬的比德的著作同阿道司·赫胥黎的作品放在同一个书架上。遵照这个愿望,文库出版了斯温纳顿的著作。这本书涵盖了近三十年来的英国文学,临时补充了安德鲁·兰和乔治·圣茨伯里编纂的英国文学史。写这个题目绝非易事,因为我们知道,英国文学不是各学派而是众多个人之间的辩论。法国文学家(南美和西班牙文学家也是如此)服从、修正或突出其传统,而英国文学家则是一些很少关心自己是否正统或异端的个人主义者。法国文学史家要做的事情是给终生都在为自己定位的作家作定论，而英国文学史家则要创造或检验以前的分类。

庆幸的是，弗兰克·斯温纳顿更注重人本身，而不是人的分类。不过，他有时也会贪图省事，例如，同时评论切斯特顿和贝洛克。这两个人有着本质的区别，只在某些政见和宗教见解上有一定的相似性。有时也有随意性，比如，他只字不提梅琴和邓萨尼，但却用整章篇幅竭力赞美多萝西·塞耶斯和埃德加·华莱士。我还发现一些小的错误（包括极端的认识）。但总的来说，这部作品文字干净、流畅、不偏不倚，且可读性极强。

《乔治王时代英国文选》介绍了不少轶闻和有特点的细节，比如，第三百一十一页说，阿道司·赫胥黎去加利福尼亚避暑或旅行时，总要带上二十四卷《大不列颠百科全书》。

徐少军　王小方　译

1　中世纪北欧诸国城市结成的商业、政治同盟，此处借喻欧美出版商之间的合作与竞争。下文"信天翁"、"企鹅"、"大嘴鸟"、"白鹈鹕"和"人人文库"均为欧美大出版社的一些著名的经典文学丛书名。

一九三八年九月三十日

伊登·菲尔波茨
《一个无耻之徒的画像》*

凶杀是英国文学的偏好，但不是英国社会生活的偏好。麦克白和乔纳斯·瞿述伟[1]、道林·格雷和巴斯克维尔的猎犬是这类偏好的杰出代表。就连英语中的"凶杀"一词也比西班牙语的"凶杀"来得更加震撼人心，而且许多书的标题都使用了这令人生畏的字眼：《谋杀是门艺术》、《莫格街谋杀案》、《争权夺利的凶杀案》、《大教堂凶杀案》……（最后这部不是阿加莎·克里斯蒂，而是托·斯·艾略特写的）。

菲尔波茨的《一个无耻之徒的画像》继承了这一令人羡慕的传统。它从一个富有且机智的罪犯的角度，极其平静地讲述了一桩罪行（确切地说，是一系列罪行）。这部小说同弗朗西斯·艾尔斯的作品以及伊登·菲尔波茨的另一部小说《给自己治病的医生》很相似。我发现，当读一本小说或看一部电影时，我们往往会认同第一个出现的人物。在这部残酷的书里，菲尔波茨利用了这条奇怪的心理定律，强迫我们同可恶的欧文·坦普勒－福琼友好相处。我们不可抗拒地成为他罪行的同谋者。

这部作品有两个缺点。一个小缺点是，对话并非不悦目，但过于繁多。另一个是，主要人物，甚至主人公的本质过于脸谱化。在书的结局篇里，主要人物似乎不应该仅仅是一个恶棍，应该比恶棍多一点什么。

我所做的批评可能过于绝对。尽管有一些缺憾，这部作品却获得了成功。这一不争的事实表明，伊登·菲尔波茨具有高超的写作技巧。

徐少军　王小方　译

---

* 此篇及下篇初刊于 1938 年 9 月 30 日《家庭》杂志。
1 狄更斯长篇小说《马丁·瞿述伟》的主人公。

约翰·汉普登《二十出独幕剧》

这个集子收了二十出由二十位不同作家写的独幕剧。第一出剧出自格雷戈里夫人之手，写于一九〇七年，讲述了一个催人泪下的爱国故事。最后一出写于一九三六年。诺拉·拉特克利夫描写了一场沉闷的妖魔夜间聚会。这个集子里几乎所有的剧都使人不得不怀疑，独幕剧是一个错误的剧种。二十出剧中，只有三出使我们感到满意，并令我们摆脱上面那个教人伤心的假设。这三出剧是：约·米·辛格的《骑马下海的人》、邓萨尼勋爵的《酒馆之夜》和斯莱德·史密斯的《不能进天堂的男人》（也许还包括戈登·博顿利博士的《古尔宾·桑茨》合唱剧）。

这几出剧的最大共同特点是什么？我敢肯定地说，是它们完全没有心理描写，平铺直叙、一目了然。这是三个短故事。邓萨尼勋爵的《酒馆之夜》效果最好，情节编排也最出色。三个水手在印度斯坦偷了一块红宝石。那是神的一只眼睛。返回英国之后，三位远方的神的守护者追杀过来，以惩罚亵渎神明的行为，并夺回红宝石。但水手布下陷阱，杀死了守护者。他们欣喜若狂，因为在世上再也没有人知道这个秘密了。他们喝得酩酊大醉，狂呼乱叫。突然，失去一只眼睛的神走进酒馆。伤残的神是来杀水手的（邓萨尼勋爵后来又写过一本书《约肯斯先生回忆非洲》——讲述的是被梦魇守护的绿松石的故事。有人夜晚把它偷走，天明又将其送回。这则故事的名字是《金神》）。

我提到的是集子中情节编排最好的一出剧。最糟糕的一出剧名叫《进步》，由爱尔兰人圣约翰·厄文写成。选编者汉普登在序言中竟对他大加赞扬。此外，他在序言中还严肃地谈到诺埃尔·考沃德的"聪明才智"。

徐少军　王小方　译

两部幻想小说 *

雅克·施皮茨（曾在《地球的痛苦》中幻想美洲脱离地球，成为一个独立的星球）在他最新出版的作品《弹性人》中玩弄起侏儒和巨人来。在此之前，威尔斯、伏尔泰和乔纳森·斯威夫特都曾玩过人体测量游戏。这种游戏理所当然地十分出名，但也无甚意义。施皮茨的新奇之处在于富于变化。他想象，有一位生物学家——弗罗尔博士——发现了一种能将核子放大或变小的办法。这种发现可以改变生物，尤其是人类的体积。博士开始改造一个侏儒。后来，一场欧洲战争及时爆发，他的实验也得以扩大。国防部交给他七千人。弗罗尔没有把他们变成令人敬畏的庞然大物，而是变成四厘米高的小人。这些矮小的战士决定了法国的胜利。之后，人类开始选择不同的高度。有的只有几毫米高，有的则拖着长得吓人的影子。雅克·施皮茨在书中不无幽默地探讨了新人类的心理学、种族学和政治。

美国人威廉·乔伊斯·考恩的《有四条命的男人》的情节更为荒诞。一名英国上尉在一九一八年的战争中，四次杀死同一名德国上尉。他面貌一样，名字一样，戴的戒指也一样，金戒面上都有一座塔和一个独角兽的脑袋。就这样，作者引人得出一个解释：这个德国人是一个出土军人，他的影子可以战斗，并不止一次地为国捐躯。他在最后一页的结论亦十分荒诞：魔幻不如难以置信的解释。他写道，有四位兄弟，长着相同的面孔、相同的脑袋，有着相同的名字。这种同胞兄弟的混合，这种难以置信而又懦弱的相同体反复使我不寒而栗。我愿引用阿道夫·贝克尔的话："当我得知这些，我感到周体冰凉，那是一种钢片插进腹部

* 此篇及以下三篇初刊于 1938 年 10 月 14 日《家庭》杂志。

的感觉……"

休·沃尔波尔比我冷静。他写道:"我不敢肯定考恩先生解决问题的办法的真实性。"

徐少军　王小方　译

一部悲剧性的英国小说

　　它的题目既甜蜜又刚硬，叫《布赖顿硬糖》（这是一种当地出的砂糖）。作者是格雷厄姆·格林。这是一部可以为之下许多定义的著作。任何一个定义都会显得苍白，但任何一个定义都具有一定的真实性。我们可以肯定地说，这是一部现实主义小说，如果我们不拿它与贝尼托·佩雷斯·加尔多斯相比，而是与海明威相比的话。我们可以肯定地说，这是一部心理小说，只要这奇怪的形容词不使我们想起法兰西学院的保尔·布尔热[1]，而是来自印度洋的约瑟夫·康德拉。我们还可以肯定地说，这是一部侦探小说，只要我们还记得，《罪与罚》和《麦克白》也是同一类的小说。我提及这些伟人的名字是因为，他们同格林的新作一样，逐步揭示了一宗凶杀案，并描写了负罪感所引起的恐惧和痛苦。这是人的负罪感，但不是悔恨。

当我们认为一部书可称得上巨著时，我们实际上也承认（或暗示），这是一部单调的作品。《布赖顿硬糖》把这个可悲的规律发挥得淋漓尽致。它有老虎般的力量，也有象棋才有的无穷变化。至于它可能会有的忠诚……故事发生在布赖顿郊区一个肮脏的地方，可悲的英雄人物是信奉天主教或犹太教的恶棍。一天清晨，他们在跑马场外大动干戈，酣战至死。读者也许会问，在英国会发生这样的事情吗？当我们注意到，这部令人绝望的作品实际上反映了美国对英国生活的影响，反映了一个美国人（也就是威廉·福克纳）对一个英国人的影响的话，答案自然是肯定的。《布赖顿硬糖》中可恶的英雄平基·布朗是《圣殿》中可恶的主人公"金鱼眼"绝妙的翻版。这一事实论证了本人的观点。

格雷厄姆·格林是福克纳的继承者（也是简化者），是四分五裂的欧洲的悲剧性诗人，是当今英国最为成功的小说家

---

1 Paul Bourget（1852—1935），法国作家、评论家。

之一。威廉·普洛美尔[1]写道:"他写的对话十分巧妙,可以同海明威相媲美,而且比后者还要多姿多彩。他对景色的描写极其细腻,令人想起弗吉尼亚·吴尔夫。格雷厄姆·格林极具个性,是一位成熟的小说家。"

徐少军　王小方　译

1　William Plomer (1903—1973),英语作家,生于南非,著有《我说非洲》等。

对爱因斯坦理论的小结

关于阿尔伯特·爱因斯坦的两个理论[1]的著作令人颇为费解。读来较少吃力的也许是《相对论和鲁滨孙》。此文发表在《科技消息报》上，署名是 C.W. W.，根据此类文章的习惯，最令人满意的章节是关于四维空间的描述。

四维空间是由英国人亨利·莫尔[2]在十七世纪下半叶发明的。奇怪的是，这一发明源于形而上学，而不是几何学。支持四维空间几何学的人经常这样论证他们的观点：既然移动的点产生线，移动的线产生面，移动的面产生立方，那么，移动的立方为什么不会产生不可想象的形呢？诡辩仍然继续。一条再短的线，也有无穷的点；一个再简单的平方，也有无穷的线；一个再简单的立方，也有无穷的平方；一个四维体有无穷的立方。这个富有想象力的几何学是经过计算的。我们不知道是否存在四维体，但是我们知道，每个四维体有着八个立方、二十四个平方、三十二条交叉线、十六个点。所有的线受点的限制，所有的面受线的限制，所有的立方受面的限制，所有的四维体受立方的限制。

这还不是全部。在三维空间，高度，即圆圈中的一个点可以不触及任何边而脱离圆圈。在并不是想象的四维空间，一个关在囚室中的人可以不触及屋顶、地板或墙壁就离开囚室。

（在威尔斯的《普拉特纳的故事》中，一个人被扔进恐怖的世界里。从那里返回后，人们告诉他，他是个左撇子，心脏长在右边。在另一空间，比如在镜子里，也是如此。当手套翻转过来时，手也会翻转过来……）

徐少军　王小方　译

1　即狭义相对论和广义相对论。
2　Henry More (1614—1687)，英国哲学家、神学家。

关于文学生活

　　爱尔兰最后一次内战期间，诗人奥利弗·戈加蒂被北爱尔兰人关在基尔代尔郡的巴罗河畔的一所大房子里。他明白，自己天一亮就会被枪毙。他借故来到花园，跳进冰冷的河水里。黑夜里立即枪声密布。在子弹横飞的河水中游泳时，他对一只天鹅说，如果天鹅把他救到河对岸，他就娶它为妻。河神听到这些话，便把他救了出来。他兑现了自己的诺言。

徐少军　王小方　译

一九三八年十月二十八日

一部英文版的世界上最古老的诗集*

　　一九一六年前后，我决定从事东方文学的研究工作。当我怀着热情和虔诚攻读一位中国哲学家的英文版作品时，遇上这样一句话："豁出命的死囚不怕死。"译者在这里加了一个注，说他的译法比另一位汉学家（他的对手）要好："摔碎艺术品就不用评判它的好与坏。"从此，神秘的疑团浮上心头，我仿效保罗和弗朗西斯卡，再也不读这类书了。

　　每当命运让我面对中国或阿拉伯文学的经典著作的"忠实译本"时，我都会回想起那件痛苦的往事。现在，当我拿到《源氏物语》的译者阿瑟·威利——他的译作我在本专栏里也评论过——最近出版的译作《诗经》时，我又记起那件事情。据说，这些民间诗歌是公元前七世纪或八世纪时，由中国的士兵和农夫创作的。下面我翻译几段。我从押韵的抗议诗歌开始：

> 兵部大臣，我们乃是国王的爪牙。
>
> 为何要将我们置于水火之中，
>
> 永无出头之日？
>
> 兵部大臣，我们乃是国王的爪牙。
>
> 为何要将我们置于水火之中，
>
> 永无歇息之地？
>
> 兵部大臣，你真是暴戾乖张。
>
> 为何要将我们置于水火之中？
>
> 我们的母亲正啼饥号寒。[2]

＊　此篇及以下两篇初刊于 1938 年 10 月 28 日《家庭》杂志。
2　这节诗歌译自《诗经·小雅·祈父》。原文为：
　　祈父，予王之爪牙。胡转予于恤？
　　靡所止居！
　　祈父，予王之爪士。胡转予于恤？
　　靡所厎止！
　　祈父，亶不聪。胡转予于恤？
　　有母之尸饔！

下面，我翻译一段述说爱情哀怨的诗：

　　　　那天狂风大作，

　　　　你对我既看且笑；

　　　　但那神色不无嘲弄，

　　　　我心痛如绞。

　　　　那日沙暴横行，

　　　　你与我诚心相约；

　　　　可你并未如期来到，

　　　　我思绪万千。

　　　　狂风吹得昏天黑地，

　　　　白昼如同黑夜；

　　　　我辗转反侧，无法入睡，

　　　　欲火中烧。

　　　　忧伤的阴影，

　　　　伴随着轰鸣的雷声；

　　　　我辗转反侧，无法入睡，

欲死不能。[1]

下面是戴着面具的舞蹈家跳的舞：

独角兽的头颅！

大王的子民蜂拥而至。

啊，独角兽！

独角兽的前额！

大王的亲戚蜂拥而来。

啊，独角兽！

独角兽的触角！

---

1 这节诗歌译自《诗经·国风·终风》。原文为：
　　终风且暴，顾我则笑。
　　谑浪笑敖，中心是悼。
　　终风且霾，惠然肯来。
　　莫往莫来，悠悠我思。
　　终风且曀，不日有曀。
　　寤言不寐，愿言则嚏。
　　曀曀其阴，虺虺其雷。
　　寤言不寐，愿言则怀。

大王的子女蜂拥云集。

啊，独角兽！[1]

徐少军　王小方　译

1　这节诗歌译自《诗经·国风·麟之趾》，原文为：
麟之趾，振振公子，吁嗟麟兮！
麟之定，振振公姓，吁嗟麟兮！
麟之角，振振公族，吁嗟麟兮！

关于西班牙绘画的两本书

一本书是保罗·雅莫编著的《西班牙绘画》，叙述了西班牙从居住在阿尔塔米拉石窟里的猎人或巫师到马里亚诺·何塞·福图尼辉煌但又单调的艺术时代。另一本书由雷蒙德·埃绍利耶编著，名叫《格列柯》，描写了塞奥托科普利[1]各个时期的杰出艺术。两本书，尤其是第一本，都有精彩的插图。两本书用各自不同的方式，表现出同样的归纳热忱。有时，它们更注重绘画本身，而不是绘画技巧。它们研究西班牙绘画，但只从西班牙的理论出发。保罗·雅莫先生在他的书的开篇写道：西班牙"有着不可战胜的活力和对死亡英雄式的鄙视。需要指出的是，在艺术领域，自然主义和神秘主义先天性地结合在一起"。他用这种有争议的论断来解释里维拉、莫拉莱斯、苏巴朗、巴尔德斯·莱亚尔、穆里略、格列柯、戈雅和委拉斯凯兹等人的作品。他在研究委拉斯凯兹的作品时指出，委氏的一幅作品中还包含着另一幅作品，并把这一特征同塞万提斯做了正确的比较，因为在《堂吉诃德》这部巨著里，包含着两部短篇。但他由此便轻率地认为，这是典型的西班牙手法。其实，任何一国的文学都采用这一手法。《一千零一夜》就一而再再而三地使用了这一手法。莎士比亚在《哈姆雷特》里写了戏中戏。高乃依在《可笑的幻觉》里除了主线条外，还写了两条副线。

雷蒙德·埃绍利耶先生认为，格列柯出生于一五三七年。我们知道，他直到一五七七年才来到西班牙。一位名叫多梅尼科·塞奥托科普利的人，曾在意大利受过教育，托莱多人都称其为"希腊人"。四个世纪之后，他成了关于西班牙种族的热门话题。这一事实不无幽默，也颇具神秘色彩。

徐少军　王小方　译

1　Doménikos Theotokópoulos（1541—1614），西班牙画家，后被称为格列柯（El Greco），意即"希腊人"。

《彭皮亚尼实用百科全书》

　　剔除某些自吹自擂和恐吓的风格，这部大众化的百科全书的头两卷还是相当值得钦佩的。第一卷包括了文化史，根据它的观点，文化的精华就是意大利现政权。第二卷怀着崇敬的心情描述了现政权（出色的版画再现了战车、掌声雷动、胜利进军埃塞俄比亚、极端愤怒的雕塑、硕大的勋章，以及别的崇拜场面）。一篇公报记录了国家对每个头衔收取的税款。子爵交一万八千里拉，伯爵交三万，侯爵交三万六，亲王交六万。这篇公报之后，是关于地理、生物、神学和经济学方面的小字典，一张方言表，以及对拉丁语、德语、英语和法语的语法介绍。

徐少军　王小方　译

约·威·邓恩和永恒 *

约·威·邓恩（他的早期作品《时间试验》已被译成西班牙语）在伦敦发表了介绍他学说的著作。这本书题为《新永垂不朽说》，有一百四十多页。我认为，邓恩的三部作品中，这一部最清晰，也最没有说服力。前两部作品有着太多的图表、方程和曲线，使人觉得是在参加一个严格的辩证法学习班。在第三部作品里，邓恩减少了这些东西，但他的说服力也变得十分苍白。有的只是间断、预期理由、假象……尽管如此，他的论点颇为吸引人，可他的阐述却显得毫无必要。我们喜欢的纯粹是他的论点的可行性。

神学家们认为，永恒就是由上帝判决同时拥有过去和未来。邓恩骇人地宣称，我们已经拥有永恒，我们的梦可以证明这一点。梦中既有过去，也有未来。醒时，我们穿越连续不断的时间；梦中，我们涉足广阔的区域。做梦就是协调眼前的景象，并将其编织成故事，或一系列故事。我们看见一座狮身人面像和一爿药店。于是，我们想象药店变成了狮身人面像。我们把昨天晚上看着我们的那张嘴安在明天将认识的人脸上……（叔本华写道，生活和梦是同一部书中的书页，逐页读它是生活，随意翻阅则是做梦。）

邓恩向我们保证，在死亡中，我们会轻而易举地掌握永恒。我们会重新获得生命的每一刻，并按我们喜欢的方式加以组合。上帝和我们的朋友将会与我们合作。我们从一连串的声音过渡到和音，从和音过渡到器乐组合（在钢琴伴奏下所做的比喻是这部著作第十一章的内容）。

徐少军　王小方　译

---

* 此篇及以下三篇初刊于 1938 年 11 月 18 日《家庭》杂志。

奥斯卡·王尔德传记

奥斯卡·王尔德曾经说过一句名言：他的天赋在于他的著作，他的才智在于他的生活。不过，他的生活比他的著作更有趣。几乎没有人读过区区几十页的《斯芬克斯》，但几乎所有人都读过哈里斯写的长达四百多页的《奥斯卡·王尔德传》。王尔德的作品，例如《妓女之家》、《斯芬克斯》、《诗集》等，真是美不胜收。这些作品颇受罗塞蒂、魏尔兰、斯温伯恩、济慈等人的影响。他的一生却基本上是悲剧性的。他的不幸并非接踵而来，却常常在他不经意的时候找上门来。王尔德曾错误地指责昆斯贝理侯爵诽谤他。到头来，在狱中度过漫漫长夜的也是王尔德。叔本华认为，我们生活中的每一个事件，无论多么不幸，都是我们主观愿望的结果，梦中的事件亦是如此。或许，王尔德是这一奇怪论点最典型的例子。或许，王尔德根本就愿意蹲监狱。

一位久居美国的俄国文学家鲍里斯·布拉索尔最近重写了王尔德的传记。同弗兰克·哈里斯一样，布拉索尔也认为王尔德的一生是一个自由人同上世纪虚伪、平庸的英国决战的一生。这一论点毫无新意，且很可能是错误的。为了使自己的论点具有真实性，鲍里斯·布拉索尔不得不夸大王尔德的光辉形象，并竭力把伦敦描写得一团漆黑。奇怪的是，王尔德的作品没有使他眼花缭乱。总的来说，布氏只看到王尔德非主要的特征。他对《道林·格雷的画像》的赞誉没有多少热情，对罗伯特·罗斯倍加称赞的《社会主义下人的灵魂》不屑一顾。他在《亚瑟·萨维尔勋爵的罪行》中发现，或曰假装发现"某种疯狂的成分"。我对这一判断也会作出同样的判断。

有关王尔德的经典传闻几乎都在这部书里。下面，我摘录一段读者也许并不记得的传闻。在巴黎，有人把一位长相丑陋的女作家介绍给王尔德。她说："王尔德先生，你说，我是不是法国最丑陋的女人。""夫人，不是法国，而是全世界。"王尔德一边说一边谦恭地鞠了一躬。

另外还有些王尔德说过的俏皮话："写回忆录的人是失去记忆的人。"

"粗俗是其他人的行为。"

"阅读报刊是为了相信，只有难以辨别真假的事才会发生。"

"如果下层人不能为别人树立好的榜样，那还有什么用处？"

"美比善好，但善比丑好。"

徐少军　王小方　译

454

阿兰·格里菲思《当然是维泰利》

这部小说的情节并非独创，儒勒·罗曼曾写过类似的故事，现实生活中更是不止一次地发生过类似的事情。但这部小说趣味性极强。主人公罗杰·迪斯编了一个故事，然后讲给朋友们听。可是没人相信。为了证明故事是真的，迪斯肯定地说，事情发生在英国南部一位"出名的大提琴手维泰利"身上，时间大约是一八五〇年。居然没人不知道这个杜撰出来的名字。杜撰的成功使迪斯勇气大增。他在当地的一家杂志上发表了一篇关于维泰利的文章。一些陌生人像是变魔术般涌现出来。他们说认得维泰利，还指出文章中的几个小错误，甚至展开了一场争论。迪斯大获全胜，又发表了一部带有维泰利"画像、草图和手稿"的传记。

一家电影公司拿到这部书的版权，拍了部彩色电影。评论家指出，电影中维泰利的故事被扭曲了。迪斯又参与了一场争论，但这次他被打败了。他异常恼火，决定把骗局揭发出来。可是，没人相信他，还有人暗示他疯了。集体创造的神话比他要厉害得多。一位名叫克鲁特布克·维泰利的先生站出来为他叔叔的传记辩护。坦布里奇韦尔斯的一个灵魂学研究中心收到死人自己发来的信件。假如这部书的作者是皮兰德娄的话，就连迪斯本人都会相信有个维泰利了。

诺瓦利斯说过，"每部书都有故事中的故事。"这部书的故事是残酷的，也是稀奇古怪的。它说的是一些阴谋家在决定其他人的生与死的故事。

徐少军　王小方　译

关于文学生活

　　梅·韦斯特[1]的一部充满激情的小说《坚贞的罪人》被译成了法语，出版社是巴黎的新法兰西杂志出版社。这是著名的女演员最著名的一部小说。她写过剧本，编过对话，排发过文章。如果我们相信的话，她还将自己的作品拍成过电影。《坚贞的罪人》中的人物是一些贩毒分子、拳击手、谁都可以亲近的女人、歹徒、百万富翁和黑人。一位名叫巴比·戈登的金发碧眼的女人统治着这个世界。作者描写了一桩自杀案和几场狂欢。法语版的标题译得不太理想。是译者不理解原标题的意思，还是忽略了它的意思？

徐少军　王小方　译

1　Mae West（1893—1980），美国女演员。

布勒东的长篇宣言 *

二十年前，人人都爱发表宣言。那些志大才疏的文章革新了艺术，没有标点符号，罔论书写规则，常常是病句连篇。如果是文学家，他们喜欢诽谤韵脚，夸大其词。如果是画家，他们专爱大骂纯色彩。如果是音乐家，他们会偏爱不和音。如果是建筑家，他们宁肯喜欢呆板的加油站，而不是米兰大教堂。尽管如此，所有事情都有它的终了。那些夸夸其谈的文章（我自己也曾有个集子 1，后来被我付之一炬）终于被安德烈·布勒东和迭戈·里维拉 2 新近发表的文章突破。

这篇文章的标题有点生硬：《争取独立、革命的艺术——迭戈·里维拉和安德烈·布勒东关于彻底解放艺术的宣言》。

文章则更加热情，也更加拗口。三千多字的文章说了完全无法并提的两件事情。第一件事关于拉帕利斯上尉，或自恃拥有公理的佩罗格鲁略。他们认为，艺术应该是自由的，而在俄罗斯没有自由。里维拉－布勒东写道："在苏联专制制度的影响下，全世界都弥漫着一种敌视任何有精神价值的创作的气氛。在血与淤泥中，装扮成知识分子和艺术家的人大放厥词说，奴隶制变成了一种手段，对原则的诋毁变成了一种凶险的游戏，作假证成了习惯，为罪行辩护成了愉悦。斯大林时代的官方艺术表明，他们不遗余力地掩饰自己真正的雇佣艺术的角色……不管是今天，还是明天，我们都被迫同意把艺术绳之于某种与其本身手法格格不入的纪律。我们反对没有申辩的否决。经过深思熟虑，我们认为，艺术应该拥有任何一种通行证。"从上面这段话我们可以得出什么结论？我以为，结论只能是：马克思主义（如同路德主义，如同月亮，

---

* 此篇及以下两篇初刊于 1938 年 12 月 2 日《家庭》杂志。
1 指博尔赫斯早年的诗集《红色的旋律》，在创作上受极端主义的影响。
2 Diego Rivera (1886—1957)，墨西哥画家，一九二四年和布勒东一起发表超现实主义宣言。

如同骏马，如同莎士比亚的诗句一样）对艺术可以是一种动力，但由此判断是唯一的动力则是荒谬的。把艺术列为政府的一个部门也是荒谬的。可是，这篇不可思议的文章又恰恰主张这个观点。安德烈·布勒东刚刚写完"艺术应该拥有任何一种通行证"，便感到后悔了。他匆匆写了两页纸来否定自己的判断。他谴责"对政治的无动于衷"，认为纯艺术"常常被用来实现反动派最不纯洁的目的"。他主张，"现代艺术的最高任务就是要有意识地、积极地参与革命的准备工作"。接着，他又建议"组织区域或国际会议"。他简直就要把散文的欢娱抹杀得一干二净。他还宣布，"下一阶段，将要召开一个国际会议，正式成立独立、革命艺术国际联盟"。

可怜的独立艺术变成了一个卖弄学问的委员会！

徐少军　王小方　译

赫·乔·威尔斯的一部最新小说

　　除开总是震撼人心的《一千零一夜》（英国人给它起的美名是《阿拉伯之夜》），我想，可以大胆地说，世界文学最著名的作品的标题往往是最糟糕的。比如，《奇情异想的绅士堂吉诃德·德·拉·曼却》这个标题就最难让人琢磨，也最不知所云。我也要承认，《少年维特之烦恼》和《罪与罚》简直就应该受到谴责……（至于诗歌，我只需要提及一个不可原谅的标题：《恶之花》。）我列举这些巨著，是要让我的读者不要认为有着荒唐标题的作品《关于多洛雷斯》就不易读懂。

　　从表面来看，《关于多洛雷斯》极似弗朗西斯·艾尔斯的心理 – 侦探小说。他用大量篇幅刻画了一个女人和一个男人之间的初恋，以及逐渐发展成的反目。读着这部悲剧小说，我们会慢慢觉得，作者一定会把女主角杀死。当然，威尔斯不会愿意让读者预感到悲剧的发生。威尔斯淡化了死亡和杀戮的肃穆气氛。任何人都会更注重奢华的葬礼，任何人都会认为，生命的最后一天比以前的日子要更有意义。我认为，可以公平地说，威尔斯对所有的事情都感兴趣，也许，除了我们此刻正在谈论的事情。在他刻画的人物中，他只重视一个：多洛雷斯·维尔贝克。其他人物只是在徒劳地与植物、种族和政治竞争。作者还总是离题。下面我抄录一段攻击希腊人的话：

"希腊文化！你们想没想过它的含义？那就是无处不在的科林斯式塔尖、涂鸦的大楼、粉红色的雕塑、聚在门廊的首领、不知疲倦的荷马留下的华丽诗句。他笔下歇斯底里的英雄，只会洒泪和夸夸其谈。"

徐少军　王小方　译

西莱尔·贝洛克《弥尔顿》

　　据我所知，没有一篇研究弥尔顿的文章能够令人完全满意。加尼特和马克·帕蒂森的专著是崇拜，而不是研究。约翰逊的书尽管才华横溢，却不够深入。至于巴杰特和麦考莱的作品，只须说，每个本子只有区区四五十页，而且还不是专门谈弥尔顿的。大卫·马森洋洋万言的传记有六卷之多，但不是专论弥尔顿，而是无所不谈，无所不包。没有一部有分量的、能给人启迪的专著。柯勒律治的几篇文章也许提出了一些设想。西莱尔·贝洛克的作品以足够的篇幅（八开纸三百多页）做了尝试，结果虽不成功，却读来令人愉快。

　　英国人对弥尔顿的崇拜可以同西班牙人对米格

尔·德·塞万提斯的崇拜相媲美。他们怀着几近迷信的心情宣称，这两位作家的散文是最好的。在小范围内，卢贡内斯和格鲁萨克曾指出，对塞万提斯的崇拜是盲目的。贝洛克在这部有争议的书中试图局部破坏弥尔顿的形象，他拒绝承认弥氏最好的散文"具有完美无缺的清晰，标志着一种文明的风格"。这句话是正确的，也是值得记诵的。但是，它好像是在为弥氏散文不是由吉本或斯威夫特写的而惋惜一样。需要指出的是，吉本和斯威夫特的散文直到一个世纪之后才在英国问世。

作者分析了弥尔顿的作品，看到了一些美好的东西，也指出了一些错误，但没有发现（或者没有想象出）两者之间的共同点。他提出了弥尔顿作品中的问题，却远没有提出解决的办法。

撇开麦考莱的论断不说，一般人都认为弥尔顿是纯文学家。贝洛克则完全不同意这种说法。在一篇跋中，贝洛克总结了弥尔顿用拉丁文大约写于一六五〇年但出版于一八二五年的神学专著《约翰·弥尔顿论基督教义》的思想。这部命运不济的书的手稿曾存放在荷兰许多年，它断言，灵魂并非永生，耶稣并非永恒，三圣一体并非永存，物质世界并非来自混沌。弥氏还援引《圣经》的观点为离婚和一夫多妻制辩护。

徐少军　王小方　译

一九三八年十二月二十三日

西莱尔·贝洛克
《小说、随笔和诗歌》[*]

约瑟夫·西莱尔·皮埃尔·贝洛克享有最杰出的散文家和最为出色的英文诗人的美名。有人说，这个美名是公道的；另一些人则说是荒唐的。但没有人会说贝洛克的作品不鼓舞人。大概任何一位作家都希望能享有这种声誉。追求完美的观点是消极的，因为人们会把注意力放在避免出错，而不是弘扬善德上。贝洛克在这部著作第三百二十页写道：约翰·亨利·纽曼的《四世纪的阿里乌斯教信徒》是最好的散文。他说，"我总是对那一段历史抱有兴趣。但我知道，许多读者十分厌烦它。尽管如此，他的散文是完美的。当纽曼准备叙述一些事件或阐述一些观点时，总能选择最好的词语，并把它们排列在最好的次序。这就是完美。"

我不知道他用两个含义不清的最高级形容词（最好的选择，最好的次序）所作的判断有什么意义。但我知道，确实有许多出色的散文，尽管它们的内容千篇一律（比如安德鲁·兰、乔治·摩尔和阿方索·雷耶斯的散文）。贝洛克的散文是否属于这一神话般的家族？我不敢肯定。作为散文家，贝洛克无足轻重；作为小说家，贝洛克脱离了平庸，但却令人难以忍受；作为文学评论家，贝洛克更注重作结论，而不是循循善诱。我认为，作为历史学家，贝洛克十分令人敬佩。

他的历史著作，既不是只见树木不见森林，也不是只见森林不见树木。他把对历史提纲挈领的叙述和对个人细腻入微的描写很好地结合起来。他写过圣女贞德、查理一世、克伦威尔、黎塞留、沃尔西、拿破仑、罗伯斯庇尔、玛丽·安托瓦内特、克兰麦[1]和征服者威廉等人的传记。他关于威尔斯的讨论也是值得记诵的。

---

* 此篇及下篇初刊于 1938 年 12 月 23 日《家庭》杂志。
1 Thomas Cranmer（1489—1556），英国改革教会的首任坎特伯雷大主教。

下面，我摘录一段他写的关于拿破仑的传记：

奥斯特里茨

在通往巴黎的大道上，距布洛涅一二英里处，就是布里克桥。桥的右边，有一座简朴、古典、僻静、幽雅的小房子。在一八〇五年的夏日里，当欧洲漫长的和平期结束之后，盟军再次聚集起来，准备挑战革命和它的领袖时，皇帝就在那座小房子里休息。

八月十三日凌晨四时左右，天空还一片漆黑的时候，传来一个消息：在芒什海峡候命、由维尔纳夫率领的法国海军已经回到费罗尔。不出拿破仑所料，英国的入侵显得比任何时候都可疑。维尔纳夫不理解，时间是决定一切的因素。他所犯下的错误使得皇帝只能驻足不前。对面的盟军在腹地已经壮大起来，并从东面形成威胁：奥地利和俄国准备向他扑来。

他下令去找达恩。达恩回来时正怒气冲天，帽子扣在脑门上，眼睛闪着绿光。他一边气冲冲地来回走着，一边大骂维尔纳夫。当达恩平息下来时，皇帝生硬地说："坐下，拿起笔。"

达恩拿起笔，在一张铺满本子和纸张的桌子前坐下来。拂晓时分，达恩记录下令敌军胆寒的命令：那是向奥地利进军的整个计划，它决定了奥斯特里茨战役的胜利。在几个小时的时间里，这一伟大战役的每个步骤、每条道路、每个高地、每支部队抵达的日期，就像雨点般流泻出来，不需要丝毫的停顿来整理思路，仿佛整个军营都聚集在纸上，已经整装待发。之后，当那个人复杂的思想被付诸实施时，一切就都变成了现实。拿破仑的思路一经串连起来，就会像预言般准确，一切都在预料之中。达恩对此总是惊诧不已。

徐少军　王小方　译

关于文学生活

赫·乔·威尔斯与伊斯兰教徒之战

伊斯兰教对《古兰经》的崇拜是众所周知的。伊斯兰教的神学家认为,《古兰经》是永恒的,它的一百一十四个篇章比苍天和大地还要古远,并会在它们消失之后继续存在;其原本——"众经之母"——存放在天堂,由天使供奉着。有的神学家觉得这还不够。他们说,《古兰经》可以变成人或者动物,将真主不可捉摸的意图付诸实施。真主在第十七章说,即便有人与精灵合作来编纂另一部《古兰经》,也不可能得逞……[1]赫·乔·威尔斯在他的《世界史纲》第四十三章中对这种联手的无能表示庆幸,并为两亿伊斯兰教徒信奉这部书感到遗憾。

居住在伦敦的伊斯兰教徒对此大为恼火。他们在一座清真寺举行了祭祀仪式。面对默默无语的教徒，长着浓密大胡子的阿卜杜勒·雅各布汗阿訇把一本《世界史纲》扔进火堆。

徐少军　王小方　译

1　出自《古兰经》第十七章第八十八节，原文为："你说：'如果人类和精灵联合起来创造一部像这样的《古兰经》，那末，他们即使互相帮助，也必不能创造像这样的妙文。'"

托马斯·曼论叔本华 *

荣耀往往会招致中伤。叔本华也许是最好的例子。西班牙东部的一个出版商出版了他的代表作，作品有个绝妙的题目：《爱情、女人和死亡》。对西班牙人和拉美人来说，叔本华是一个长着受伤的猴脸的人并有一部用很坏的心情写成的文集。形而上学的教授们容忍或鼓励这种错误观点。有人把它归咎于悲观主义。这种论点同把莱布尼茨看成乐观主义一样不公正和荒唐可笑。（相反，托马斯·曼以为，叔本华的悲观主义是他理论不可分离的一部分。他写道，"所有教科书都说，叔本华首先是一位研究意志的哲学家，其次才是一位悲观主义者。但是，并没有首先，也没有其次。作为研究意志的哲学家和心理学家，叔本华不可能不是一位悲观主义者。从根本上讲，意志多多少少是不幸的。那是一种躁动、贪婪、欲望、渴求和痛苦。主观的世界必然是充满折磨的世界……"）我想，乐观主义和悲观主义是富有感情色彩的判断，同形而上学毫不相干，那是叔本华的任务。

作为作家，叔本华是无与伦比的。别的哲学家，比如贝克莱、休谟、亨利·柏格森和威廉·詹姆斯等，都说出了自己想要说的话。但是，他们缺乏激情，没有叔本华那样的说服力。他对瓦格纳和尼采的影响众人皆知。

托马斯·曼在他的新作《叔本华》（一九三八年，斯德哥尔摩）里写道，叔本华的哲学是年轻人的哲学。他援引尼采的话说，每个人都有他所处时代的哲学。叔本华的宇宙诗有着年轻人的印记，充满了情欲和对死亡的思索。《魔山》的作者在他优雅的总结中只提及叔本华最重要的著作《作为意志和表象的世界》。我想，假如他仔细读过这本书，也许会提到有着可怕幻觉效果的《附录和补遗》。在这本书里，叔本华

---

* 此篇及下篇初刊于 1939 年 1 月 6 日《家庭》杂志。

把世上所有的人都归结成一个躯壳、一副面孔（这显然是意志），并且宣称，我们生活中的所有事件，不管是多么悲惨，如同梦中的不幸一样，都是自我的创造物。

徐少军　王小方　译

一部短篇小说集

马塞多尼奥·费尔南德斯在他的《新书集》里，曾经离题地写道，漫长的访问在开始时都是短暂的。我们并不这么认为，因为漫长的访问从一开始就是漫长的，尽管可能只持续短短的几分钟。书也是如此。有些书（诺瓦利斯如是说）是永远无法穷尽的，因为我们有充足而又简单的理由认为，我们永远不会读完它……这个集子里的大部分短篇小说属于这种情况。它的两篇序，一篇是超现实主义的，另一篇则极其糟糕。标题[1]表明，这是一九三八年英国和美国的最佳短篇小说选。接受这种说法，等于是悲哀地承认，在切斯特顿、爱伦·坡、吉卜林和亨利·詹姆斯的国度里，短篇小说已寿终正寝（或者说即将寿终正寝）。我不这么认为。我不认为整部集子都不好。我想，解决问题的间接办法在于我提到的四个伟大的名字。四十四位作家的作品被收进这个集子，没有一个作家试图效仿切斯特顿、爱伦·坡、吉卜林，或者詹姆斯。

　　事实是有启迪作用的。从《一千零一夜》到卡夫卡，短篇小说的情节总是最重要的。除了极个别的例子（曼胡德、艾利克·奈特、萨拉·米林[2]），这部书的作者都避开或减少了情节。（我怀疑，他们是害怕雷同于只注重情节的街头说故事的人。）有时，他们交代一个线索，但不去发展或解决它。我觉得他们很年轻，不是因为他们的笨拙、激情和崇敬，而是他们的根本目的是想不如此行事。他们的目的是想标新立异。这么做的结果也许是有趣的，但常常不能愉悦读者。

徐少军　王小方　译

1　指《一九三八年英美最佳短篇小说选》。
2　Sarah Millin（1889—1968），南非作家。

詹姆斯·巴里爵士 *

我曾经读到过这样的话：创作出世界各国都能接受的人物，创作出让人民容易联想到卓别林或希特勒的人物，是作家最难做到的事情。确实，鲜有作家能做到。极个别能做到这一点的，往往是二流作家。柯南·道尔和詹姆斯·巴里做到了。他们分别创作出夏洛克·福尔摩斯和彼得·潘。

一八六〇年五月九日，詹姆斯·马修·巴里出生于爱尔兰的一个小村镇。那是一个贫穷的家庭。上小学时，巴里是个坏学生，他只有想在书上涂鸦时，才会把书打开。初涉文坛时，他并未有什么像样的成绩，只是在当地报纸上发表一些板球赛事报导，和署名"家长"的信件。他之所以写文章，主要是因为学校总是有漫长的假期。

起初，巴里常常憧憬认识村镇以外的生活。后来，他决定背水一战，写出两部成名之作：《古老轻松的田园诗》和《纱窗》。这些充满情感的作品居然创造出一个乡村言情小说流派。作为对此的回应，他又致力于严肃的现实主义文学。毫无疑问，其中最出色的代表作是小说《绿色百叶窗的房子》，由道格拉斯出版社出版。

一八九一年出版的《小牧师》使巴里名声大振。五年后，他发表了关于他母亲的动人传记《玛格丽特·奥格尔维》。这部书里有一句揭示他全部文学创作的话："童年时，让我感到害怕的是，我知道什么时候该停止玩耍。这使我无法忍受。我决定偷偷地继续玩耍。"这些玩耍是著名的。其中最著名的就是《彼得·潘》。还有一些是剧作：《可敬的克赖顿》（一九〇三年）、《坐在火边的艾利斯》（一九〇五年）、《亲爱的布鲁特斯》（一九一七年）、《玛丽·罗斯》（一九二〇年）和《男孩大卫》（一九三六年）。

---

* 此篇及下篇初刊于 1939 年 2 月 10 日《家庭》杂志。

除了谈及板球之外，巴里是个沉默寡言的人。这个额头宽阔的幸运儿现在居住在一套能望见泰晤士河的公寓里，过着简朴的生活。他喜欢孤独，喜欢打台球和看日落。

徐少军　王小方　译

一部值得纪念的书

　　赫·乔·威尔斯现在更热衷于搞政治和社会活动，而不是严肃地写作。确实，他仍然模仿《登月第一人》和《隐身人》的风格写一些小说。但是，如果仔细研究他的作品，就会发现不过是一些讽刺和寓言故事。

　　幸好，有两位笔锋犀利的后来者弥补了大师的空缺。第一位是奥拉夫·斯特普尔顿。他著有《第一个和最后一个人》、《伦敦最后的人》和《造星者》。他最显著的特点是想象力丰富，但不细腻，而且鄙视小说家的所有技巧。斯特普尔顿有能力创造出一千零一个令人惊骇的虚幻世界，但也能用地理或天文学教科书特有的空泛和贫瘠的语言，把每个世界写在一页枯燥乏味的纸上。

另一位是克·斯·刘易斯。他的新作《来自沉默的行星》是我写这篇评论的动机。刘易斯描写了一次远征火星的旅行和一个人与居住在火星上的聪明、善良的精灵之间的故事。小说是心理学类型的。对读者来说，三种奇怪的"人"和火星神奇的地貌不如主角的反应来得重要。起初，主角觉得那些"人"粗俗和难以容忍。后来，又想和他们同化。

刘易斯的想象力是有限的。如果我总结出他关于火星的观点，威尔斯或爱伦·坡的读者不会感到惊奇。令人钦佩的是这种想象力具有的真诚和虚幻世界里相互关联的真理。

有的小说家的作品会使人感到作者已穷尽其想象。但我保证，克·斯·刘易斯对火星的认识比这部书里提及的所有人都要多。

他的小说里关于描写星际间旅行的章节有着诗的意境。

这本书的影响是罕见的。红色的火星在克·斯·刘易斯的笔下是和平的星球。

徐少军　王小方　译

卡雷尔·恰佩克 *

在那些放弃运用通行的德语而宁肯采用母语的捷克作家中，恰佩克也许名气最大。他的作品在许多国家都有译本。他的剧作在纽约和伦敦都上演过。

一八九〇年一月九日，恰佩克出生在波希米亚北部的一座小城。父亲是医生。他在布拉格获得哲学博士学位，还在柏林和巴黎进修过。威廉·詹姆斯和约翰·杜威对他有着很大的影响。他后来写道："美国哲学对我的影响最大。"他曾多年从事新闻工作。一九二〇年，他发表了一部颇受争议的小册子《语言的批判》。同年，他的首部剧作 R.U.R.（《罗素姆万能机器人》）上演。这个剧本叙述的是机器人如何反叛他们的创造者——人类。次年，发表了《昆虫喜剧》。一九二二年发表的《马克罗普洛斯案件》同萧伯纳一九二一年写的《回到玛士撒拉时代》相似，讲的都是发明长生不老药的故事。当年，还发表了出色的小说《专制工厂》。两年后，写了《炸药》。这是一种威力极大的炸药，因而发明者宁肯被追杀和监禁，也不愿意公布配方。

他是个多产的剧作家。剧作有：与其兄弟合作的《造物者亚当》、鞭挞独裁统治的《白色病》和令人称奇的《母亲》——这部剧中的一些人物在死后重新现身。

值得一提的还有他自己作插图的游记，他编辑的现代法国诗集，他的《与托马斯·加里格·马萨里克对话》和《袖珍故事集》。后者收集了一些微型侦探故事。

一九三八年十二月底，卡雷尔·恰佩克逝世于布拉格。

徐少军　王小方　译

---

* 此篇及以下三篇初刊于 1939 年 2 月 24 日《家庭》杂志。

关于柯勒律治的两部传记

伦敦同时出版了两部关于塞缪尔·泰勒·柯勒律治的传记。一部是埃德蒙·钱伯斯写的，囊括了诗人的一生。另一部的作者是劳伦斯·汉森，叙述了诗人的学徒时代。这是两部思想深刻、负责任的作品。

有的人受人尊重，但我们以为不如他们的作品伟大（例如塞万提斯和他的《堂吉诃德》，例如埃尔南德斯和他的《马丁·菲耶罗》）。而有的人的作品只能是他极为丰富的思想的影子，明显地歪曲或不忠实于原意。柯勒律治属于后一种情况。他的诗集有五百页之多。其中只有近乎神奇的《古舟子咏》能够辉煌地流传下来，其他的则既难读，又难懂。他篇目众多的散文亦是如此。那是睿智的直觉、诡辩、天真的想法、愚钝和剽窃的混合体。阿瑟·西蒙斯在他的重要著作《文学传记》里写道，柯氏的作品是英语世界里最为重要的，同时又是所有语言中最令人厌倦的。

柯勒律治和他的对话者及友人德·昆西一样，嗜好吸鸦片。缘此和其他原因，查尔斯·兰姆把他称作"受伤的天使"。安德鲁·兰更有理性，称其为"当代的苏格拉底、对话者"。他的作品是他主题广泛的谈话的影子。这影子令人难以捉摸。可以不夸张地说，英国浪漫主义运动的源头就是这些谈话。

我在前面提到过柯勒律治睿智的直觉。总的来说，这种直觉体现在美学专题方面。不过，这里有个关于梦的例子。柯勒律治在一八一八年年初为一场讲座写的稿子里说，梦里恐怖的形象从来就不是亲身经历过的恐怖的结果，而是梦本身的结果。例如，我们做了噩梦后会说，有个怪物躺在胸口。是噩梦产生了怪物，而不是怪物产生了恐怖。

徐少军　王小方　译

多萝西·塞耶斯《罪行集》

　　多萝西·塞耶斯的小说往往是不可原谅的，但她编的选集常常很不错。可是，她现在仿佛把只对自己使用，且应受到谴责的宽容延伸到其他作家头上。这部新编《罪行集》的序言（这是她写的第三篇、也许是第四篇序）有着她的签名，但大多数作品是如此之差，以至于读者在失望之余，会怀疑它是这位勤奋的女出版商打破公正的界限，自己动手写成的。这个集子收了许多不出名的作家的作品，这一事实似乎也证明了这一猜测。托马斯·伯克写了一个阴险狡猾的中国人；曼努埃尔·科姆罗夫用伪科学且毫无说服力的手法，改写了《一千零一夜》里患麻风病的国王尤南的故事；奥蒙德·格雷维尔编了一宗所谓"完美的罪行"；亨利·韦德描写的是一位绝望的古埃及学者如何改造他的学生……显然，好的侦探和科幻小说并不是取之不尽的。塞耶斯小姐在她编的头几部选集里已经穷尽了好的故事，现在不得不把先前弃置不用的拿来充数。

这个集子有五十多篇故事。威尔斯的一篇《已故的艾尔维沙先生传》写得不错，几乎都可以为这个集子正名。还有邓萨尼勋爵、圣约翰·欧文、阿·埃·科珀德和梅尔维尔·戴维森·波斯特等人的作品。邓萨尼勋爵的作品讲述的是去火星的远足。在那里（就像格列佛的第四次旅行所见），人是一种家庭宠物，被食人动物关在圈栏里喂养。

徐少军　王小方　译

克利斯多夫·考德威尔[*]
《论垂死的文化》

这本言辞激烈的书收了四篇颇受争议的文章。四篇文章企图毁坏（或曰损害）萧伯纳、赫·乔·威尔斯和两位劳伦斯（一位是小说家，一位是阿拉伯人的解放者）的名声。这是部遗作，它的作者已在去年死于卡斯蒂利亚的国际纵队军营里。

显而易见的是，这本书缺乏理论修养。萧伯纳、威尔斯和两位劳伦斯首先是大写的人，是天才。而这本书运用辩证唯物论，坚持把他们归纳成垂死的文化的代表人物。这明显是不公正的，但作者的激情和好战姿态几乎使我们忘记了他的不公正。

《论垂死的文化》同以前的《错觉和现实》一样，都是用马克思主义特有的辩证法写成的。有一页写道，原罪是"资产阶级的象征"；另一页则说，马克思主义取消了心理学的必要性。

徐少军　王小方　译

＊　Christopher Caudwell（1907—1937），英国马克思主义文学批评家。

一九三九年三月十日

利顿·斯特雷奇 *

一八八〇年，贾尔斯·利顿·斯特雷奇生于伦敦，一九三二年一月二十一日死于伯克郡。这些日期和地名似乎囊括了他的一生。他是一位鄙视留下自己传记的英国绅士，因为他就像我们的上帝那样，对自己的生命漠不关心，或者说，他只关心从事文学和历史的人的生命。他身材高大、瘦削，几乎骨瘦如柴，俊秀的脸庞躲在专注的眼镜后面，长着犹太教士般的红胡子。

他的母亲是位作家，名叫简·斯特雷奇夫人，父亲是理查德·斯特雷奇将军。他从小就在知识分子氛围中接受教育，曾就读于剑桥大学。一九一二年发表了第一部著作

《法国文学的里程碑》。一九一八年出版了《维多利亚女王时代四名人传》。这是关于曼宁[1]、弗洛伦斯·南丁格尔、阿诺德博士[2]和戈登将军[3]四人的令人惊诧的传记。这部书，以及后来发表的书，标志着一种文体的巅峰。但这一手法很快就被埃米尔·路德维希模仿，并变得低俗。人们普遍议论斯特雷奇的讽刺手法。其实，比讽刺手法更加明显的是，他同无动于衷的城市文明和不可抑制的浪漫主义冲动融为一体……有一次，斯特雷奇说："我写作时，并不关心日后的企图。"认为文学作品具有政治目的的人是不会原谅这种说法的。

经过三年的准备和勤奋写作，斯特雷奇于一九二一年发表了《维多利亚女王传》。或许，这是他最重要的著作。他还发表了《书与字》（一九二二年）、《教皇》（一九二六年）和《人物小传》（一九三一年）。不应该忘记伟大的浪漫主义作品

* 此篇及下篇初刊于 1939 年 3 月 10 日《家庭》杂志。

1 Henry Manning（1808—1892），英国圣公会牧师。

2 Thomas Arnold（1795—1842），英国教育家，诗人马修·阿诺德之父。

3 Charles Gordon（1833—1885），又称"中国的戈登"，曾来华参与镇压太平天国起义。

《伊丽莎白和埃塞克斯》。历史学家对这部作品并不特别喜欢，我却十分喜欢。

徐少军　王小方　译

埃·西·潘克赫斯特
《国际语之未来》

　　这部有趣的书像是为了全面维护人造语言，尤其是国际语，或被皮亚诺简化了的拉丁文。乍读时，人们会觉得，这本书充满了激情。但是，作者主要基于亨利·斯威特博士为《不列颠百科全书》写的词条这一事实，又使我们猜测，她的激情是审慎或伪装的。

　　作者（和亨利·斯威特博士）把人造语言分为原生词和衍生词。第一类词具有野心，无法运用。它的超人目的是把人类的思想永远分成不同类型。它不认为把现实明确地分类是不可能的。它迅速地编制着宇宙的清单。毫无疑问，最著名的清单是由生于一六六八年的威尔金斯编制的。威尔金斯把宇宙分成四十类，每类用两个单音字母标示。这些类再分为种，用辅音标示。种再分为组，用元音标示。这样，de 的意思是元素；deb 是火；deba 是火焰。

两百年后，勒泰利耶继续用类似的方法。在他建议使用的国际语里，a 代表动物，b 代表哺乳动物，abo 代表食肉动物，aboj 代表猫科动物，aboje 代表猫，abod 代表犬齿动物，abode 代表狗，abi 代表食草动物，abiv 代表马类，abive 代表马，abivu 代表驴。

创造出来的衍生词没有那么有趣。最复杂的是沃拉普克语。这种语言是由德国神甫约翰·马丁·施莱耶尔于一八七九年初创造出来的。一八八〇年，他完成了最后的创造，并把它献给了上帝。它的词汇是荒唐的，但它给一个单词赋予许多色彩的能力却不容忽视。关于这方面的思索永远也历数不完。在沃拉普克语中，动词可以有五十万五千四百四十种形态（比如，Peglidalod 的意思是："您是受尊敬的人"）。

沃拉普克语被世界语所消灭，世界语被成型中立语所消灭，成型中立语被国际语所消灭。按照卢贡内斯的说法，这些语言"公正、简洁和经济",凡是掌握一门罗曼语言的人都可以立即听懂。

下面是用成型中立语编的一段话:

Idiom Neutral es usabl no sole pra skribasion, ma et pro perlasion; sikause in kongres sekuant internasional de medisinisti mi av intension usar ist idiom pro mie raport di maladirit "lupus", e mi esper esar komprended per omni medisinisti present.[1]

徐少军　王小方　译

---

1 成型中立语不仅可以用于书写,也可以用于交谈。如果在一次国际医学会议上,我用成型中立语就"狼疮"这种疾病作报告,我希望所有的医学家都能听懂。

一九三九年三月二十四日

赫·乔·威尔斯《神圣恐惧》*

　　赫·乔·威尔斯的这部长篇小说获得成功绝非易事，要证明能破坏或无视小说的基本规律亦非易事；要证明这部小说因其思想深刻而不易读懂，也不是件容易的事情。当然，证明这一切没有任何用处。无法一口气读完《包法利夫人》、《卡拉马佐夫兄弟》、《马利乌斯，一个享乐主义者》或《名利场》的我，用了一天一夜的时间读完了这部不怎么讲规则的小说。事实胜于雄辩。但是，值得怀疑的是《神圣恐惧》的魅力并不在于小说的题材。主人公路德·惠特洛不如作者的智慧表现出来的活力来得吸引人。起初，作者想把主人公描写成一个令人厌恶和鄙视的人。他不知道，在写一部长篇小说时（《神圣恐惧》长达四百四十多页），作者多多少少会和主人公同化。桑丘和堂吉诃德像塞万提斯，布瓦尔和佩居谢像福楼拜，巴比特像辛克莱·刘易斯，路德·惠特洛像威尔斯。当我们不得不接受这一事实时，威尔斯让他干了一件十分卑鄙的事，然后将他送进坟墓。这部小说从一九一八年开始，一直延续到二〇〇〇年以后。由于是幻想小说，"大幅度的时间跨越"是正常的，民族要比个人存在的时间长得多。威尔斯用其神来之笔，干脆不写人的传宗接代，而是让他笔下的英雄具有不可思议的长寿。

徐少军　王小方　译

---

* 此篇及以下两篇初刊于 1939 年 3 月 24 日《家庭》杂志。

为以色列辩护

　　为一件好事所作的辩护也许会很糟。我提出这一人所共知的公理，是因为我发现，大多数男人（和所有的女人及记者）都认为，如果是一件好事，那么，为其辩护的理由就都是好的。对于这些不明事理的人来说，目的能证明手段。我不知道路易斯·戈尔丁是否也犯了这个奇怪的错误。但我知道，他的目的是好的，而理由却无济于事。

　　路易斯·戈尔丁试图批判反犹主义。从理论上讲，这是件容易做的工作，只需要批驳反犹主义分子不攻自破的诡辩即可。但戈尔丁觉得这还不够。他在驳斥了那些诡辩之后，又把它们还敬给对手。这些人荒谬地不承认犹太文化对德意志文化的贡献，而戈尔丁也荒谬地不承认德意志文化对犹太文化的贡献。他宣称，种族主义是一派胡言，但他只是针尖对麦芒地用犹太种族主义反对纳粹种族主义。之后，他从必要的辩护转为无用的反攻。之所以说无用，是因为犹太人的优点并不等于就是德意志的缺点。之所以说无用，而且不当，是因为这等于用某种方式接受了敌人的观点，把犹太人同非犹太人截然分开。

在这部书[1]的卷首，作者对读者保证，"要简明、全面地从各个角度来审议犹太问题"。实际上，贝洛克在《犹太人》（一九三七年，伦敦）里已经做了深刻的审议。戈尔丁非但没有做什么审议，反而怀着无可救药的狂热进行报复和开列殉难者的名单。他时而嘲讽，时而愤怒，时而同情，讲述了本尼以色列人漫长的历史。那是一部充满血和泪的英雄逃亡史。此书有二百多页。最后四十多页颂扬亚瑟·贝尔福在叙利亚的作为。作者不再相信南美各国犹太复国主义成功的可能性，因为那些国家"经常流行疟疾，政府也不稳定"。

1　指《犹太人的问题》。

这部辩护之作还配有古老的火刑图像和亨利·柏格森、伊斯雷尔·赞格威尔、西格蒙德·弗洛伊德、阿尔伯特·爱因斯坦、保罗·埃尔利希[1]、保罗·穆尼[2]等人的照片。

徐少军　王小方　译

1　Paul Ehrlich（1854—1915），德国细菌学家，1908 年获诺贝尔生理学或医学奖。

2　Paul Muni（1895—1967），美国戏剧和电影表演艺术家，生于波兰犹太人家庭。

阿·诺·怀特海《思维方式》

如果不理解怀特海，就无法理解当代哲学。但是，几乎没有人能读懂怀特海的作品。他的理论是如此前后不一致，以至于他最坚决的反对者有时都会支持或证实他所提出的观点。他的理论被广泛传播，自然而然地损害了他的声誉……怀特海写的每句话、每页纸，有时甚至每个章节都是易懂的。困难的是如何把局部的理解组织成一个和谐的整体。有人肯定地对我说，这个整体是存在的。我知道，他或许懂得柏拉图的宇宙模型，这个很重要。这种模型（怀特海称其为"永恒的事物"）逐渐进入时间和空间；它们的组合与不断发展决定了现实（惶惑的读者可以查阅将永恒的事物分类的《科学与近代世界》第十章）。

《思维方式》的观点与其说是晦涩，不如说是模糊不清。就像怀特海的所有作品那样，这部书的许多段落写得十分深刻。比如，在书的结尾处，怀特海写道："哲学家坚持不懈的假设会使得他们的思想变得贫瘠。应该确信，应该十分自然地确信，人类拥有的所有思想都可以用于他们的经验。于是，有人认为，这些思想可以明确无误地用人类的语言，用单个的词或句子表达出来。我把这种态度称作'完美无缺的辞典的谎言'。"

切斯特顿（有谁会想到）曾怀着激情批驳过这种观点。下面，我抄录一段他在一九〇四年发表的《墙》的第八十七页里写的话："人们知道在头脑中有比秋天的森林中更纷乱、更不可胜数、更无名的色彩……但是相信，这些色彩及其一切搭配和变化，都能用高低不同的声音的随意性机制确切地表达出来。他们相信一个证券经济人的内心，确实可以发出代表一切记忆的秘密和一切强烈欲望的声音。"

怀特海说："《思维方式》是对我前一部著作《自然与生命》的补充。我想证明的是，哲学的真理应该基于传记作家的论点之上，而不是详尽的声明。因此，哲学同诗歌近似。

两者都要表现文明的最终涵义。"

这部作品分为四个部分："造物者的冲动"、"活动"、"自然界与生命"和"形而上学的目标"。

徐少军　王小方　译

一九三九年四月七日

儒勒·罗曼《凡尔登》*

一九一六年二月二十五日，一支普鲁士步兵巡逻队在凡尔登战役中迷失了方向。他们发现了一座被炸毁一半的大楼和一座吊桥。在大楼的地下室里，他们发现二十三位蓝军士兵正因疲惫不堪而蒙头大睡。普鲁士中尉把他们叫醒，并对他们说，他们被俘虏了。他们目瞪口呆地告诉中尉，他们刚刚占领了杜奥蒙堡。几个小时之后，一份德语公文宣称，尽管遇到了杜奥蒙堡守卫者的顽强抵抗，在凯泽的指挥下，勃兰登堡军团经过肉搏战占领了堡垒……签署这份公文的将军虽然是军人，却十分清楚文人的喜好和感情需要。

儒勒·罗曼的战争小说没有提及上述历史事件。《凡尔登前奏曲》和《凡尔登》首先要强调的是，战争中突发事件的影响力和战争本身的自主性及不可预见性。李德·哈特编造事件，而儒勒·罗曼把它写成小说。罗曼说："军官们不安地眨着眼，咬着嘴唇，以便肯定自己不是在做梦。他们发现，自己未曾料到，被精心策划的事件会有无穷的新奇现象。一场战争是由成千上万的人进行的。这成千上万的人的身体特性同任何一种战略都是不一样的。"

战争或反战文学都已经习惯于观察战争物质的一面，而不顾及其他方面。荷马描写英雄的伤疤时，其精确程度可以同外科医生媲美。吉卜林叙述新兵遇到的琐事。士兵巴比塞不吝惜染上鲜血的泥土。儒勒·罗曼也许是第一位囊括了战争全部题材的小说家，即物质、心理和智力等。他的小说记载了凡尔登战役。那场震撼人心的可怕战争在两百多个日夜里摧毁了法国的山丘。

＊　此篇及以下两篇初刊于 1939 年 4 月 7 日《家庭》杂志。

亨利·巴比塞和弗里茨·冯·翁鲁的小说的情节比罗曼的要紧张。但后者才思敏捷，涉及面广。

徐少军　王小方　译

两部侦探小说

我一向认为，有的文学体裁有着致命的错误。其中之一便是寓言。它总是用无辜的老虎和完全出于本能的小鸟来宣传某种道德观念。这使我惊奇、愤慨和茫然。另一种很少能说服我的文体是侦探小说。长长的篇幅和不可避免的废话使我感到不舒服。所有侦探小说都有一个简单的问题，即可以用五分钟口述完的情节，小说家非要把它写成三百页长的故事。拖长的理由是商业的需要。作者必须在白纸上涂满字。在这种情况下，侦探小说成了被抻长的故事。在其他情况下，侦探小说则是言情或风俗小说的变种。

《致命下降》是约翰·罗得和约翰·狄克森·卡尔合作写的。中心意思是，一个男人在电梯里被杀害，而电梯门直到电梯停了下来才被打开。这个情节仿佛是在重复勒鲁无法读懂的《黄色房间的秘密》里那令人愉快的故事。令人不愉快的是，小说的最后两章机械式的结局使我们发闷。这个结局由于配了一幅插图而显得更加糟糕。在插图（由罗得和约翰·狄克森·卡尔合作）里，手枪射出致命的子弹后，掉在地上，摔得粉碎。

奥斯汀·弗里曼[1]写的《石猴》要好得多。确实，对此类小说有所了解的读者会立即猜透小说的情节，就像读埃勒里·奎因最好的小说一样。作者不是不知道，神秘的情节并不神秘。当到了不得不结尾的时候，作者做了简单的处理，仿佛他知道我们都已经了解结果似的。毫无疑问，作者知道，如果他对能使读者茫然不知所措而感到快意的话，那么，能让读者跟踪可以预见结果的事件的发展也能使他感到快意。

徐少军　王小方　译

1　Austin Freeman（1862—1943），英国作家。

关于文学生活

　　伦敦出版了一部英语版的关于中国西藏的小说《五智喇嘛弥伴传奇》，作者是云丹嘉措喇嘛。小说的目的之一是要更正西方对中国西藏生活和宗教的错误认识。确实，颂扬明显地削弱了作品的真实性。小说描述了一桩纯洁的爱情和它的悲惨结局。情节过于平庸，但因一个显著的特征而得以升华。这个特征就是：平静地叙述神奇的故事，故事中不乏现实主义的细节。

徐少军　　王小方　　译

一九三九年四月二十一日

威廉·萨默塞特·毛姆
《圣诞假日》*

　　查利·梅森是一位如此典型的英国青年，以至于人们会觉得他是法国作家或好莱坞创造出来的人物。他到巴黎待了一周，目的是"寻欢作乐"。童年时代的朋友西蒙·费尼莫尔领他去了一个合适的地方，并把他介绍给一位丈夫犯有令人发指的杀人罪的俄罗斯姑娘。她用一周的时间详细讲述了那桩罪行，并表明，她生活的目的就是要赎丈夫的罪。莉迪娅（这是她的名字）不相信上帝，但相信原罪和宽恕，相信可以通过身体的堕落来赎罪。未曾读过陀思妥耶夫斯基的查利惊愕地听取了忏悔。回英国时，他只剩下一副空空的躯壳。他品尝到了现实的滋味。那滋味是苦涩的……这就是毛姆新作的情节。

很明显，作者是在调侃查利。不幸的是，作者就像对待天真的查利那样，也在明显地调侃莉迪娅。

根据这个不完整的总结（或曰记忆），小说并不令人钦佩。但在阅读时，却毫无这种感觉。此书有着许许多多对场景和语言的细腻描写。毛姆用神来之笔，发挥了充分的想象和组合能力。

就像许多别的著作一样，此书的次要人物（罗伯特·贝格、莱昂蒂娜·贝格夫人、西蒙·费尼莫尔、特迪·乔丹等）比主要人物要显得真实。我们真希望毛姆也为他们写几部小说。

小说的前几章写得有些漫不经心，显得有些笨拙。也许那是急躁或信心所致。一旦深入进去，我们便会兴趣大增。

徐少军　王小方　译

---

* 此篇及以下两篇初刊于 1939 年 4 月 21 日《家庭》杂志。

两位政治诗人

通过对坎贝尔[1]的《开花的步枪》和对贝希尔的《七大重负》[2]的分析，我们可以发现，无论是纳粹主义还是共产主义，都没有找到它们的沃尔特·惠特曼。第二种情况比第一种情况还要明显，因为辩证唯物主义和对历史简单的表述是无法产生诗意的。相反，纳粹主义感情冲动、缺乏逻辑，它没有产生诗人倒是令人奇怪。

罗伊·坎贝尔不懈努力，以期成为诗人。在信仰罗森堡和豪泽的理论之前，他是兰波的好弟子。在纳瓦拉和卡斯蒂利亚打了两年仗后，他的热情未减，但语言能力却下降不少。《开花的步枪》纯粹是在谩骂国际纵队、红军战士、左派知识分子和犹太人。这种谩骂与其说是创造，不如说是出自憎恨。

有些具有讽刺意义的诗句写得不错，使人想起拜伦。但更多的时候，他的诗句使人想起戈培尔的声音。其中也有赞美斗牛和佛朗哥将军的诗句。

共产主义诗人约翰内斯·贝希尔亦是徒劳无功。一九一六年前后，他曾是欧洲名列前茅的诗人之一，尤其是在语言的华丽方面。那时，贝希尔写了一些战争题材的诗歌，来揭露战争的罪行。威廉二世统治下的德国似乎比别的交战国更宽容，或许更漫不经心，居然容许出版他的作品，容忍他的作品在文学圈子以外的地方流传。贝希尔现在被流放到莫斯科，只能凄楚地写一些取悦斯大林政权的东西。

他的作品有两百页之多。我以为其中有价值的是他对德国的思念——一首描写夜晚的十四行诗——和《镜中人》。后者描写了一个被关在连天花板和地板都是用镜子做成的迷宫里的男人。

徐少军　王小方　译

---

1 Roy Campbell（1901—1975），南非诗人。
2 即贝希尔 1938 年出版的诗集《追求幸福的人和七大重负》。

关于文学生活

伦敦出版了一部引人瞩目的《给西班牙的诗选》，选编者是斯蒂芬·斯彭德和约翰·莱曼。其中一首值得记诵的"西班牙"诗歌是奥登写的：

那荒芜的长方形国度，

那从炎热的非洲夺来的不毛之地，

被粗糙地焊接到有创造力的欧洲。

在河流纵横的高原上，

我们的理想正得以实现，

我们的热情现出鲜活而威胁的形象。

他还写道：

今天是斗争，

今天是死亡的危险不可免的增加，

今天是在必要的杀戮中自觉承担罪行。

徐少军　王小方　译

乔治·巴格肖·哈里森《莎士比亚入门》[*]

据我所知，这本文字简明、内容丰富的书是关于莎士比亚研究最好的引子。可能我不同意哈里森的所有观点——比如，他更喜欢《暴风雨》，而不是《麦克白》或《哈姆雷特》。但是，我不能不感谢他的评论和提供的信息。让我来找一个具体的例子。莎士比亚在一幕戏中就要换许多场景。这一点曾被人指责（或赞扬）。出版商普遍认为，《安东尼与克莉奥佩特拉》的最后一幕有三个难以表现的场景，每个场景是亚历山大城的不同地方。开始时，哈里森提醒人们注意，伊丽莎白时代的剧院缺少装潢。后来，他又拿着一六二三年出版的剧本指出，剧本中并没有指明地点。他由此得出结论：莎士比亚以及与莎士比亚同时代的人并不关心事件发生的地点。严格地说，没有地点的变化，只有一个不确定的舞台。换言之，莎士比亚描写的事件并不总是发生在一个确切的地点。莎士比亚并没有触犯地点的统一性。他超越了这种统一性，或者对这种统一性浑然不知。

翻阅这部书时，不能不为莎翁作品的丰富多彩所震撼。除传记外，作者提出的问题亦是涵盖文学、伦理学、诗歌、心理学。（我们的格鲁萨克曾正确地指出："莎士比亚在创造了财富之后，回到他的村庄，像一个退休的店员一样养老送终，永远没有再提及他写过的东西。也许，完全忘却自己创造的绝世佳作才是最非凡的创作。"）

作品的丰富性弥补了对莎士比亚过于盲目的崇拜。（反之，可以说，塞万提斯使西班牙变得贫瘠。歌德、但丁、莎士比亚居住在一个复杂的星球，而塞万提斯只是谚语的收集者。对西班牙来说，克维多比塞万提斯更合适。）

徐少军　王小方　译

1　此篇及下篇初刊于 1939 年 5 月 5 日《家庭》杂志。

威廉·福克纳《野棕榈》

　　据我所知，还没有人写过小说形式史，或者说小说形态学史。假设有一部这类公正的历史书，当中肯定会突出威尔基·科林斯、罗伯特·勃朗宁和约瑟夫·康拉德的名字。当然，也会以显而易见的公正突出威廉·福克纳的名字。科林斯开创了由小说中的人物叙述故事的方法。勃朗宁的叙事长诗《指环与书》分十次，通过十张嘴和十个心灵，细腻入微地描述了一桩罪行。康拉德让两个对话者逐步猜测和编织第三者的历史。同儒勒·罗曼齐名的福克纳是少有的几位注重小说形式和人物结局及性格的作家。

　　在福克纳的代表作——《八月之光》、《喧哗与骚动》和《圣殿》——中，技巧总是必不可少的。但在《野棕榈》里，他的技巧与其说吸引人，不如说使人不适；与其说有理，不如说使人发闷。这本书包括了两本书和两个并行但相悖的故事。第一个故事——《野棕榈》——讲的是一个男人被淫欲送进坟墓；第二个故事——《老人河》——讲的是一个目光无神的青年企图抢劫火车，在监狱里度过漫长岁月之后，密西西比河洪水泛滥，给了他无用、残酷的自由。第二个故事相当精彩，当中总是以大段的篇幅一次又一次地插入第一个故事。

毋庸置疑，威廉·福克纳是当代首屈一指的小说家。为了与此相一致，我认为，《野棕榈》是他作品中最不理想的一部。但是，就是这部著作（如同福克纳的所有著作一样）中也有描写深刻的章节。他的能力远在其他作家之上。

徐少军　王小方　译

一九三九年五月十九日

东方文学巡礼 *

诺瓦利斯曾经说过一句名言："突变和混合最富诗意。"

包罗万象使一些名作具有特殊的吸引力，比如，老普林尼的《自然史》、罗伯特·伯顿的《忧郁的解剖》、弗雷泽的《金枝》，也许还有福楼拜的《圣安东的诱惑》。长达三百多页的《龙之书》也是内容繁多，包括了人类文学中历史最为悠久的中国文学——大约有三千年历史——的许多有趣的段落。

此书分七个部分。专论诗歌的部分也许是最没有诗意的（这不是中国文学专有的）。编撰这本书的爱德华小姐宁肯用自己的翻译，而不是用韦利的经典译本。我对这种做法很难苟同。

书中有许多谚语。我在这里抄录几句：

"贫能养俭。"

"有钱是条龙，没钱是条虫。"

"石狮不怕雨淋。"

"便宜没好货。"

"人怪病也怪。"

"良宵苦短。"

"宁肯挨冻，也不要守着发疯的大象取暖。"

"妇人之言可听不可信。"

"唯求寿终正寝。"

第二章收集了使人想起中世纪的鬼怪动物。在那些内涵丰富的字里行间，我们认识了头颅被砍去、眼睛长在胸前、嘴巴长在肚脐上的刑天；其状如犬，面如人，笑声能引起飓风的狴；长着六只足、四个翅膀，但没有脸和眼睛的红色灵鸟帝江；默不作声的北方黑猴交叉着双臂等主人停笔时好喝墨汁。同时，我们还学到，人有三百六十五根骨头，同天地

---

* 此篇及下篇初刊于 1939 年 5 月 19 日《家庭》杂志。

转一周所需的时日完全一样，动物也有三百六十五种。这就是和谐的力量。

　　第四章有一段对庄子著名的梦的总结。两千四百多年以前，庄子梦见自己是只蝴蝶，醒来以后，他不知道自己到底是梦见自己是只蝴蝶的男人，还是现在梦见自己是个男人的蝴蝶。

徐少军　王小方　译

埃勒里·奎因《红桃 4》

　　无人不知，侦探小说是由聪明的美国发明家埃德加·爱伦·坡于一百多年前创造的。它也许是各类文学体裁中人工痕迹最多的一种。由于无法同爱德华·伊斯特曼和阿尔·卡彭创造的震古铄今的现实世界竞争，侦探小说便移民到了罪行泛滥的不列颠岛。英国的侦探小说家多如牛毛，而在美国，可以不失公允地说，只有两位：埃勒里·奎因和令人扼腕的范达因。截至今日，奎因的作品已有十三卷之多（其中，《埃及十字架之谜》、《希腊棺材之谜》和《中国橘子之谜》也许是最好的）。

　　埃勒里·奎因小说的情节总是十分有趣，而他描写的氛围往往不太令人愉快。但是，这不一定是什么缺憾。作家习惯于夸张令人不愉快的氛围，以期获得恐怖、怪诞的效果。不过，这本《红桃4》像岩石一样，对人类甚至植物的各种能力毫无察觉。埃勒里·奎因在他的新作里，体会不到他笔下的人物是多么令人厌恶。相反，硬要我们去参与他的爱情纠纷，去验证他的暴怒和狂吻。

说出上述看法之后，还必须说出一个或许能纠正上述看法的看法。我用了两个晚上就读完了有二十三章之多的《红桃4》。我没有对任何一页感到厌倦。我也没有猜出结局，但结局是符合逻辑的。

徐少军　译

小说中的小说 *

我第一次对无限的认识是在孩提时代看到一个硕大的饼干盒。那种神秘感使我头晕目眩。盒子一边有个不规则的物体，上面有日本风格的画面。我已不记得那是些孩子还是武士。但我清楚地记得，在画面的一角，有一个一模一样的饼干盒，上面有着一模一样的画面。画面就这样无限地重复着……十四或十五年之后，到了一九二一年，我在拉塞尔的一个作品里看到乔赛亚·罗伊斯类似的创造。罗伊斯假设，在英国的国土上，有一幅英国地图。这幅精确的地图里另有一幅地图，地图里还有一幅地图，如此无限重复。在普拉多博物馆，我曾见到委拉斯凯兹一幅著名的画《宫女》。在画中，委拉斯凯兹正在为菲利浦四世和他的夫人画像。国王和王后虽然不在画布上，但有一面镜子映出他们的身影。画家的胸前有一枚闪闪发亮的圣地亚哥十字勋章。那是国王授给他的骑士称号。我记得，普拉多博物馆的负责人在画前放了一面镜子，以便这个魔术得以延续。

当把画中画的美妙手法运用到文字上时，就是在一篇小说中再写一篇小说。塞万提斯在《堂吉诃德》里又写了一个短篇小说。阿普列乌斯在《金驴记》里插入了一个著名的故事——丘比特和普绪刻。这种小说中的小说是如此精确、自然，就好像是在现实生活中，一个人正在大声朗读或歌唱。真实和理想两个层面互不交叉。相反，《一千零一夜》则令人目眩地不断将中心故事分解成小故事。但作者并不关心故事之间的层次。这种效果本应深刻，但实际上就像波斯地毯一样流于表面。故事的开篇已为人熟知：悲痛欲绝的国王发誓，每天晚上要和一个处女睡觉，第二天拂晓再把她处死。山鲁佐德决定用美妙的故事来分散他的注意力。这样过了一千零一个

---

*　此篇初刊于 1939 年 6 月 2 日《家庭》杂志。

夜晚之后，她为他生了一个儿子。为了凑足一千零一个故事，编撰者们用尽了各种办法。最令人惶惑的是发生在第五百零二个夜晚里的事情：国王从王后嘴里听到了关于他自己的故事。他听到了包含所有的、当然也奇怪地包含他自己的故事的故事。难道读者不会从这种无限的可能性中感觉到某种危险吗？那就是，波斯王后和无动于衷的国王将永远聆听永远也讲不完的一千零一夜的故事。在《一千零一夜》里，山鲁佐德讲了许多故事，其中一个故事几乎就是《一千零一夜》的故事。

莎士比亚在《哈姆雷特》第四幕里，创造了一个戏中戏。他安排了毒死国王的情节，并用它来衬托主要情节。用这种手法足以创造出无穷的情节。德·昆西在一八四〇年写的一篇文章里指出，这出戏中之戏反而使得主戏更加真实。我想补充的是，他的基本目的恰恰相反，他要把现实变得不真实。

《哈姆雷特》写于一六〇二年。一六三五年底，年轻的作家皮埃尔·高乃依写了一部魔术喜剧《可笑的幻觉》。克林多尔的父亲普里达曼特为了寻找儿子遍游欧洲。他出于好奇，而不是信仰，参观了"神奇的魔术师"阿尔坎德雷的岩洞。幽灵似的阿尔坎德雷向他讲述了他儿子多灾多难的生活。我们看见克林多尔用匕首刺死一个敌人，逃避法律的制裁，死于一座花园，之后又与一群朋友谈天说地。克林多尔杀死敌人后，成了喜剧演员。染有鲜血的花园既不是现实生活中的一部分，也不是高乃依杜撰出来的"现实"中的一部分，而是一出悲剧。但坐在剧院里时，我们并不了解这一点。剧终了时，高乃依突然赞颂起戏剧来：

> 君王其威兮，英武盖世，
>
> 声名远扬兮，天下畏惧，
>
> 桂枝饰额兮，贵亦不矜，
>
> 乐见喜闻兮，法国戏剧。

可惜的是，高乃依让魔术师念了并不具有魔力的诗歌。

古斯塔夫·梅林克于一九一五年发表的《假人》讲了一个梦，梦中有梦，（我以为）梦中还有梦。

我历数了许多语言迷宫，但没有一个比弗兰·奥布赖恩[1]

---

1 Flann O'Brien（1911—1966），爱尔兰小说家，原名布赖恩·奥诺兰（Brian O'Nolan）。

的《双鸟戏水》来得复杂。都柏林的一个学生写了一部关于都柏林一位酒馆老板的小说。这位老板写了一部关于他酒馆老主顾们（那个学生也是其一）的小说。老主顾们写了一部关于老板、学生和编写关于别的小说家的小说的人的小说。这本书由那些真实或虚构的人物的大量手稿组成，而收集这些手稿的人正是那位学生。《双鸟戏水》不仅是一座迷宫，而且是对理解爱尔兰小说的多种方式的探讨。它汇集了大量反映爱尔兰各种风格的诗歌和散文。建造迷宫的大师和文学巨匠乔伊斯对这部包罗万象的作品的影响不可否认，但这种影响并不是无所不在。

叔本华曾经说过，做梦和生活是同一部书中的书页，逐页阅读是生活，随意浏览是做梦。画中画和书中书有助于我们理解其含义。

徐少军　译

乔伊斯的最新作品*

　　《孕育中的作品》终于呱呱坠地，这一回的名字叫《芬尼根的守灵夜》。据说，这是在文坛不懈耕耘十六年之后得到的成熟且光彩照人的果实。我不无困惑地读完它，发现了九至十个并不能愉悦读者的同音异义词的文字游戏。我还浏览了《新法兰西杂志》和《时代》周刊文学副刊发表的令人惶恐的赞扬文章。高唱赞歌的人说，乔伊斯发现了如此复杂的语言迷宫的规律。但他们拒绝使用或验证这些规律，甚至就连分析某一行或某一段都不愿意。我怀疑，他们实际上同我一样困惑不解，也有无用、片面的感觉。我怀疑，他们实际上是在偷偷等待（而我则公开宣布我在等待）詹姆斯·乔伊斯的权威译员斯图尔特·吉尔伯特作出诠释。

毋庸置疑，乔伊斯是当代首屈一指的作家。也可以说，是最好的作家。在《尤利西斯》里，有些句子和段落不比莎士比亚或托马斯·布朗的逊色。就是在《芬尼根的守灵夜》里，有的句子也是值得记诵的（比如下面这句：在流淌的河水边，在此起彼落的水花上，是一片夜色）。在这部篇幅很长的作品里，效果是唯一的例外。

《芬尼根的守灵夜》把英语梦呓中的双关语串连在一起。很难说这种串连不是失败和无能。我毫无夸张之意。德语里的 ameise 是蚂蚁；英语里的 amazing 是恐慌。詹姆斯·乔伊斯在《孕育中的作品》中造了一个形容词：ameising，意思是蚂蚁引起的恐慌。还有一个例子，或许不太吓人。英语里的 banister 是栏杆，而 star 是星。乔伊斯把两个单词合二为一——banistar，把两种景象合并成一个。

拉弗格和卡罗尔玩此类游戏要高明得多。

徐少军　译

---

* 此篇初刊于 1939 年 6 月 16 日《家庭》杂志。此处略去《一个阿拉伯传说》一文，其中国王和迷宫的故事已收入小说集《阿莱夫》，见《两位国王和两个迷宫》一文。

一九三九年七月七日

威·亨·德·劳斯关于荷马的手稿*

英国文坛有二十九个《奥德赛》译本和比此数目略少的《伊利亚特》译本。按时间顺序排列,查普曼居第一。《诗歌之祖荷马的七卷〈伊利亚特〉,乔治·查普曼骑士根据原作翻译》出版于一五九八年。排在最后的是和蔼、博学的古希腊语言文化研究家威·亨·德·劳斯。

"作为一种文学体裁,诗歌翻译有其不可违抗的独特准则。首要的准则是,不应该创造。"前不久,格鲁萨克受莱奥波尔多·迪亚斯文章的启发,写下上面这段话。安德鲁·兰和勒孔特·利勒也发表过类似的观点。劳斯博士同意这个意见,但他坚决不同意用古老的《圣经》风格来翻译。他用口

532

语化的语言译出荷马的两部史诗。人们难以对他的译作表示钦佩，也不会引用他的话，但是会喜欢这部易读易懂的书，他翻译的不是《奥德赛》，而是《尤利西斯的故事》。他谈论的不是弓箭手阿波罗，也不是腾云驾雾的宙斯，而是能把箭射得很远的阿波罗和会舒卷云彩的朱庇特。（巴塞罗那大学的班克·伊·法利于博士也许过于偏好连字符号。他在描写赫尔墨斯时写道，"天黑时，他偷走阿波罗用射得 - 很远的 - 箭 - 射死的牛"。在描写一位处女时，他写道，"她在 - 长着 - 高大的 - 灯心草的 - 梅莱斯河里饮完马后，熟练地驾着装满 - 金 - 块 - 的马车，从艾斯米尔纳驶向克拉罗斯。"）

《荷马》是研究荷马的必读本和序言。在第一百零四页，作者很有礼貌但没有太多说服力地提及维克多·贝拉尔关于腓尼基的假设。这一假设曾给詹姆斯·乔伊斯和他的诠释者吉尔伯特留下深刻的印象。在第二章，他与其说是诚实，不如说是稳重地宣称："吴尔夫的左道邪说已经寿终正寝"，并重申信奉传统、统一、不可分割的荷马风格。在第十章，他

---

* 此篇及以下两篇初刊于 1939 年 7 月 7 日《家庭》杂志。

把荷马的品质同善于自我表现的斯堪的纳维亚诗人做了一番比较。后者说"剑之水",而不是说血;说"死者之鸡",而不是说乌鸦;说"死者之鸡的挑逗者"而不是说战士。

关于考古学家海因里希·施里曼的章节,是这部著作中写得最好的章节之一。他在希沙里克山挖掘出特洛伊。他挖的不是一座城的废墟,而是像书上记载或人们记忆的那样,挖掘出八座城。特洛伊具有的古老历史本身就如同普里阿摩斯和赫拉克勒斯一样,是神圣的。

徐少军　译

先驱者约翰·威尔金斯

英国的报刊披露，由于要扩建赫斯顿军用机场，邻近的克兰福德镇将要消亡。报刊对此消息未作许多评论。那里有座建于十四世纪的灰色石头校舍。一六四〇年前后，机械飞行的构想者和先驱者约翰·威尔金斯曾在那里居住过。

很少有人像威尔金斯那样，值得进行探究。我们知道，他曾是切斯特的主教、牛津大学瓦德汉学院院长，还是克伦威尔的连襟。家族、学术和宗教的荣耀分散了他唯一的传记作者赖特·亨德森的注意力。他单纯（或曰厚颜无耻）地宣称，他只是"草率、随意"地浏览了威尔金斯的作品。但是，对我们来说，作品才是重要的。他著有许多书，其中一些是学术性的，所有的书都是乌托邦式的。第一本书出版于一六三八年，题为《探索月球上的世界，或试图说明在那个星球上可能会有适于居住的世界的报告》（一六四〇年出的第三版增加了一章。他在那里提出，月球旅行是可能的）。《水星，或秘密、敏捷的送信者》出版于一六四一年，是一部用密码写成的书。《数学魔术》发表于一六四八年，包括两本书，题目分别是《阿基米德》和《代达罗斯》。后者讲述一位十一世纪的英国修士"用机械翅膀从西班牙一座教堂的最高处飞下来的故事"。出版于一六六八年的《关于真实符号和哲学语言的论文》提出一份包罗万象的清单，并从中派生出一种严格的国际语言。威尔金斯把宇宙万物分成四十类，用两个单音字母标明；每一类又分成用一个辅音字母标明的种。每一种又分成用一个元音字母标明的组。所以，de 是元素，deb 是火，deba 是火焰……

就在威尔金斯揣测"飞人"的地方，将要停放可以上天的钢制飞行器。我想，威尔金斯会对这种巧合感到高兴，因为这是对他无可辩驳的肯定和敬意。

徐少军　译

关于文学生活

今天，最让人茫然的事情就是迪翁五胞胎[1]以其数量和遗传原因在全球激起的热情。威廉·布拉茨曾为她们写了一部篇幅很长的书，并且配了一些迷人的照片。在第三章，他说："一眼看去就知道，伊冯娜是老大，玛丽最小，安内特容易同伊冯娜混淆，而塞西尔极像埃米莉。"

徐少军　译

1　1934年在加拿大安大略省出生，他们是世界上首例有文献记载共同存活的五胞胎。

亲德分子的定义 *

　　激烈反对词源学的人认为，词根并不表明单词的含义。而拥护词源学的人则认为，词根表明单词现在不代表的意义。例如，大主教（Pontifice）不是桥梁（Puente）的建造者；缩小模型（Miniatura）不是用铅丹（Minio）画的；晶体（Cristal）物质不是冰（Hielo）；豹（Leopardo）不是美洲豹（Pantera）和狮子（Leon）杂交的产物；候选人（Candidato）可能没有被洗去污点（Blanqueado）；石棺（Sarcofago）不是植物（Vegetariano）的反义词；鳄鱼（Aligatore）不是蜥蜴（Lagarto）；朱砂（Rubrica）不是鲜红色（Rubor）；美洲（America）的发现者不是阿美利哥·维斯普奇（Americo Vespucci）；亲德分子（Germanofolio）不是虔诚热爱德国（Alemania）的人。

这不是虚构，更不是夸张。我曾天真地同阿根廷的许多亲德分子交谈过。我试图谈论德国和不可摧毁的德意志。我提到荷尔德林、路德、叔本华，或莱布尼茨。我发现，亲德的对话者几乎分不清这些名字，他们情愿谈论英国人于一五九二年发现的、大约位于南极洲的一个群岛。可是我一直也没弄清楚它同德国有什么联系。

但是，对德国的无知并不是亲德分子的定义。还有一些同此点有关的特征。其中之一是，亲德分子会因为南美某个国家的铁路公司有英国股份而感到悲伤。他们会因为一九〇二年南非战争的激烈程度感到悲痛。此外，他们还是排犹分子。他们想把居住在我们国家的斯拉夫 – 日耳曼民族驱逐出境。这个民族有德国姓氏（罗森布拉特、格鲁恩伯格、尼伦斯坦、利林塔尔等），讲一种叫作意第绪语或犹太语的德国方言。

---

* 此篇初刊于 1940 年 12 月 13 日《家庭》杂志。

综上所述，可以推论，亲德分子实际上是仇英分子。他们并不真正了解德国，但满足于为一个向英国宣战的国家奉献激情。我们看到，事实就是如此。但这还不是全部事实，甚至不是基本事实。为了表明这一点，我扼要介绍一下我同亲德分子进行过的谈话。我发誓再也不做这样的事情，因为人的时间不是无限的，而那种讨论不会有任何成果。

我的对话者总是一开始就谴责强迫德国在一九一九年作出赔偿的《凡尔赛和约》。而我总是出示威尔斯和萧伯纳的文章。他们在胜利时刻，揭露了那个残忍的条约。亲德分子从不拒绝这些文章。他们认为，战胜国应该放弃压迫和复仇，而德国试图摈弃屈辱是自然的事情。我同意这个意见。然后，紧接着就发生了不可思议的事情。不同凡响的对话者说，正是因为德国在过去遭受了不公正的待遇，所以才有权在一九四〇年摧毁英国和法国（为什么没有意大利），以及对不公正待遇并没有责任的丹麦、荷兰和挪威。一九一九年，德国受到敌人的虐待。这个理由足以允许德国人对欧洲各国，甚至全球烧、杀、抢。正如所见，这个道理令人毛骨悚然。

我小心翼翼地向对话者表明这一点。但他们嘲笑我过时的谨小慎微，并列举出耶稣和尼采的观点：为了实现目的可以不择手段，需要本身没有规则，唯有强者的意志才可谓意志，"帝国"是强大的，"帝国"的空军摧毁了考文垂等等。我小声嘟囔道，我宁肯从耶稣的道德观过渡到查拉图斯特拉或者"黑蚂蚁"的观点。但是，我们的话题转换得很快，以至于来不及对一九一九年德国遭受的不公正待遇表示同情。事实上，在对话者不愿意忘记的那个时期，英国和法国是强国，而唯有强国的意志才可谓意志。所以，这些国家想使德国崩溃是对的。对他们的唯一谴责是，他们犹豫不决（甚至有应该受到谴责的同情心），没有坚决执行那个条约。我的对话者对这抽象的观点嗤之以鼻，并对希特勒大加赞扬。这位天佑之子声嘶力竭地宣称，要消灭所有夸夸其谈和蛊惑人心的人。随着战争声明而来的是一颗颗从天而降、宣告资本主义灭亡的炸弹。然后，又是紧接着，发生了第二件不可思议的事情。这是道德观念方面的事情，令人几乎无法相信。

我发现，我的对话者总是崇拜希特勒。那不是因为从天而降的炸弹、闪电般的入侵、机关枪、告密和谎言，而是因为习惯使然。他们热衷于邪恶和凶残。他们并不在乎德国是否获胜。他们关心的是使英国蒙受耻辱，是让伦敦燃起令他们心满意足的熊熊大火。他们崇拜希特勒，就像以前崇拜芝加哥罪恶的黑社会老大一样。讨论无法继续，因为凡是我归咎于希特勒的罪行，我的对话者都认为是魅力和业绩。赞扬阿蒂加斯、拉米雷斯、基罗加、罗萨斯或者乌尔基萨的人会原谅他们犯下的罪行，或者对他们的罪行轻描淡写。但希特勒的捍卫者却愉悦于他的罪行。希特勒分子总是充满仇恨，偷偷，有时也公开地，赞扬所谓的"活力"和残暴。由于缺乏想象力，他们认为，未来不可能异于现在。到目前一直战无不胜的德国不可能走向灭亡。这些罗曼人总是渴望属于胜利者的一边。

阿道夫·希特勒不可能没有一点理由。但我知道，亲德分子没有一点理由。

徐少军　译

图书在版编目（CIP）数据

文稿拾零 /（阿根廷）博尔赫斯著（Borges, J. L.）；
陈泉等译. —上海：上海译文出版社，2017.6（2020.3重印）
（博尔赫斯全集）
ISBN 978-7-5327-7000-7

I. ①文… II. ①博… ②陈… III. ①读书笔记-阿
根廷-现代 IV. ①G792

中国版本图书馆CIP数据核字（2015）第100299号

JORGE LUIS BORGES
Textos cautivos

图字：09-2010-605号

本书由上海市新闻出版专项资金资助出版

文稿拾零	JORGE LUIS BORGES	出版统筹 赵武平
Textos cautivos	豪尔赫·路易斯·博尔赫斯　著	责任编辑 张　鑫
	陈泉　徐少军　等 译	装帧设计 陆智昌

上海译文出版社有限公司出版、发行
网址：www.yiwen.com.cn
200001　上海福建中路193号
上海信老印刷厂印刷

开本850×1168　1/32　印张17.5　插页2　字数163,000
2017年6月第1版　2020年3月第2次印刷

ISBN 978-7-5327-7000-7/I·4238
定价：58.00元